权威·前沿·原创

皮书系列为
"十二五""十三五"国家重点图书出版规划项目

工业和信息化蓝皮书
BLUE BOOK OF
INDUSTRY AND INFORMATIZATION

战略性新兴产业发展报告
（2016~2017）

ANNUAL REPORT ON STRATEGIC EMERGING INDUSTRIES
(2016-2017)

主　　编／尹丽波
国家工业信息安全发展研究中心

社会科学文献出版社
SOCIAL SCIENCES ACADEMIC PRESS（CHINA）

图书在版编目（CIP）数据

战略性新兴产业发展报告. 2016－2017／尹丽波主编
. －－北京：社会科学文献出版社，2017.6
（工业和信息化蓝皮书）
ISBN 978－7－5201－0386－2

Ⅰ.①战…　Ⅱ.①尹…　Ⅲ.①新兴产业－产业发展－
研究报告－中国－2016－2017　　Ⅳ.①F279.244.4

中国版本图书馆 CIP 数据核字（2017）第 036614 号

工业和信息化蓝皮书

战略性新兴产业发展报告（2016~2017）

主　　编／尹丽波

出 版 人／谢寿光
项目统筹／吴　敏
责任编辑／吴　敏

出　　版／社会科学文献出版社·皮书出版分社（010）59367127
　　　　　　地址：北京市北三环中路甲 29 号院华龙大厦　邮编：100029
　　　　　　网址：www.ssap.com.cn
发　　行／市场营销中心（010）59367081　59367018
印　　装／北京季蜂印刷有限公司

规　　格／开　本：787mm×1092mm　1/16
　　　　　　印　张：20　字　数：299 千字
版　　次／2017 年 6 月第 1 版　2017 年 6 月第 1 次印刷
书　　号／ISBN 978－7－5201－0386－2
定　　价／89.00 元

皮书序列号／PSN B－2015－450－3/6

工业和信息化蓝皮书
编 委 会

《战略性新兴产业发展报告（2016～2017）》
课 题 组

课题编写 国家工业信息安全发展研究中心
工业经济与政策研究部

组　　长 李新社

副组长 李　丽　冯　媛

编写人员 李　彬　刘　丹　杨培泽　王邵军　余新创
方鹏飞　宋晓晶　郭　雯　张鲁生　陈雪琴
张　敏　江欣欣　孔腾淇

主编简介

尹丽波 国家工业信息安全发展研究中心（工业和信息化部电子第一研究所）主任，高级工程师。国家工业信息安全产业发展联盟理事长、中国两化融合咨询服务联盟副理事长、国家网络安全检查专家委员会秘书长。长期从事网络信息安全和信息化领域的理论与技术研究，先后主持工业转型升级专项、国家发改委信息安全专项、国家242信息安全计划等几十项重要研究课题，作为第一完成人获部级奖励1项。

国家工业信息安全发展研究中心

国家工业信息安全发展研究中心（工业和信息化部电子第一研究所），前身为工业和信息化部电子科学技术情报研究所，成立于 1959 年，是我国第一批成立的专业科技情报研究机构之一。

围绕工业和信息化部等上级主管部门的重点工作和行业发展需求，国家工业信息安全发展研究中心重点开展国内外信息化、信息安全、信息技术、物联网、软件服务、工业经济政策、知识产权等领域的情报跟踪、分析研究与开发利用，为政府部门及特定用户编制战略规划、制定政策法规、进行宏观调控及相关决策提供软科学研究与支撑服务，形成了情报研究与决策咨询、知识产权研究与咨询、政府服务与管理支撑、信息资源与技术服务、媒体传播与信息服务五大业务体系。同时，国家工业信息安全发展研究中心还是中国语音产业联盟、中国两化融合服务联盟、国家工业信息安全产业发展联盟的发起单位和依托单位。

国家工业信息安全发展研究中心将立足制造强国和网络强国的战略需求，以"支撑政府、服务行业"为宗旨，以保障工业领域信息安全、推进信息化和工业化深度融合为方向，致力于成为工业信息安全和两化融合领域具有国际先进水平的国内一流研究机构，成为国家战略决策的高端智库和服务行业发展的权威机构。

序

新一轮科技革命和产业变革正在兴起，制造业与互联网融合发展，使其数字化、网络化、智能化特征越来越明显。云计算、大数据、物联网等新一代信息技术席卷全球，典型应用层出不穷，人工智能、量子计算、光通信、3D 打印等前沿技术正取得重大突破。以智能制造、信息经济为主要特征的信息化社会将引领我国迈入转型发展新时代。

由国家工业信息安全发展研究中心编写的"工业和信息化蓝皮书"已连续出版三年，在业界形成了一定的影响力。2016～2017 系列蓝皮书在深入研究和综合分析的基础上，密切跟踪全球工业、网络安全、人工智能、智慧城市和信息化领域的最新动态，主题覆盖宽广、内容丰富翔实、数据图表完备，前瞻探索颇具深度。

值此系列图书付梓出版之际，谨以此序表示祝贺，并期望本系列蓝皮书能对我国制造强国和网络强国建设有所助益。

工业和信息化部党组成员、副部长

2017 年 5 月 23 日

摘　要

2016 年，新兴产业继续保持全球产业的增长极优势，增速保持在 7.5%
以上。发达国家新兴产业间的竞争由传统的主导行业及其产品的规模与市场
竞争，转变为细分领域的技术突破挖掘与掌控发展主导权的争夺，世界各国
选择符合本国产业基础条件且具有全球产业引领效应的新兴产业细分领域重
点培育。美国聚焦于掌握机器人和人工智能领域的全球技术话语权，日本发
力商业模式创新与全球瓶颈技术和先导产品的研发，德国以工业 4.0 集成系
统为抓手，确立全球数字化工业生产模式和标准，英国突破生物和新材料领
域核心技术，韩国调整成长动力产业并培育新增长点。总体来看，2016 年
全球新兴产业规模总体平稳，细分市场分化，技术创新由通用共性技术向细
分领域聚焦，扶持战略政策更加精准。展望 2017 年，全球新兴产业中的人
工智能等产品将集中发力，全球生产网络趋于稳定，内部融合发展将大力提
升价值链延伸能力。

我国正处于经济结构深度调整时期，战略性新兴产业对经济发展的支撑
作用日益增强。2016 年，我国战略性新兴产业呈现总量规模增长快、技术
突破赶超快、具有优势的企业和行业发展进一步加速、产业集聚特色突出、
中央和地方政策措施密集出台、融资环境有所改善的总体态势，但仍存在研
发投入需增加、资金支持力度需加大等问题，同时八大细分产业发展各具
特点。

2016 年，战略性新兴产业相关政策呈现一些亮点和方向：新一代信息
技术产业采用和而不同、区分对待、有序推进产业发展的方式；高端装备制
造业产业政策体系呈现更加注重提供指导和参考、创新融合发展、创新财政
支持方式、引导社会资本参与、全方位开展国际合作等特点；新材料产业政

策体系保障措施完善，执行层面上的财政投入与土地保障实施力度大；生物产业相关政策中财税金融政策不断完善，政策着力于打造产业集群，并将支持创新摆在突出的位置；新能源产业政策集中在可再生能源消纳、装备和核心技术加强及新能源标杆上网电价等方面；新能源汽车政策着力于充电基础设施建设、政府机关和公共服务机构采购、技术研发支持方面；节能环保产业政策覆盖全面，支持工具日趋多元化。

2016 年，战略性新兴产业各重点领域进入加速发展期：我国物联网产业在技术标准研究、应用示范和推进、产业培育和发展等领域取得了进步；我国工业机器人国产品牌的市场份额有所增加，各级政府积极推动工业机器人产业发展，产品的研发和推广应用显著提速；我国石墨烯产业处于起步期，规模实现增长，初步构建上下游产业链条；我国医疗器械行业同比增速为医药工业各子行业之冠；我国已具备汽车网联化的初步基础，从规划进入实操阶段，并开展了智能汽车与智慧交通创新示范区工作；我国锂离子动力电池进入产业链整合阶段；我国并网风电装机容量及发电量快速增长，设备利用小时降幅略有收窄。2016 年，我国涌现出一系列新兴产业热点：工业大数据、服务机器人、新型生物医用材料、医学影像产业等。这些产品和技术将在"十三五"期间迎来快速发展机遇期。

目 录

Ⅰ 总报告

Ⅱ 政策篇

Ⅲ 产业篇

Ⅳ 热点篇

皮书数据库阅读 **使用指南**

总 报 告

General Reports

B.1
2016年全球新兴产业
发展态势与未来趋势

刘 丹[*]

摘　要：　2016 年，以节能环保、高端装备制造、生物医药、新能源、
新材料、信息产业、现代物流等为代表的新兴产业，连续三
年保持了全球产业增长极优势，2016 年前三季度全球新兴产
业平均增速达到 7.8%，比 2015 年和 2014 年同期分别提升
0.2 个和 0.6 个百分点。从 2016 年主要国家新兴产业发展态
势看，美国抢占机器人和人工智能领域的全球技术主导权，
日本创新调整新兴产业发力点，德国构建工业集成系统推动
工业 4.0 实施，英国抢占生物和新材料领域的全球技术制高
点，韩国战略调整成长动力细分领域并培育新增长点。从

---

* 刘丹，国家工业信息安全发展研究中心高级工程师，博士后，研究方向为工业经济运行分析。

2016 年全球新兴产业发展特点来看，一是全球规模总体平稳，增速下滑，市场分化；二是技术创新由通用共性技术向细分领域产品技术聚焦，发达国家掌控产业创新导向；三是全球格局调整，开启了新一轮新兴产业细分领域全球主导权的争夺；四是国家战略密集调整出台，扶持导向更加明晰。从 2017 年全球新兴产业发展趋势看，石墨烯产品、人工智能产品将在 2017 年集中发力；模块化全球生产网络将趋于稳定；产业内部融合发展将大力提升价值链延伸能力。

关键词：　全球　新兴产业　美国　日本　德国

一　2016 年主要国家新兴产业发展态势

2016 年，相较于连续三年徘徊于 2.6% ~ 3.1% 水平的全球经济增速，以节能环保、高端装备制造、生物医药、新能源、新材料、信息产业、现代物流等为代表的新兴产业，连续三年保持了全球产业增长极优势，2016 年前三季度全球新兴产业平均增速达到 7.8%，比 2015 年和 2014 年同期分别提升 0.2 个和 0.6 个百分点[①]。同时，依托于新兴产业对科技创新及其产业化的高敏感性和强推动力，2016 年新兴产业孕育出的细分行业领域（精准医疗、无人驾驶、合成生物技术等）纷纷发力，显示出令人瞩目的全球市场高成长性和强盈利性。与此相对应，全球新兴产业格局加快调整，世界各国不再追求新兴产业的全面布局，而是根据本国产业技术实力和科技研发优势，选择符合本国产业基础条件且具有全球产业引领效应的新兴产业细分领域重点培育，开启了新一轮新兴产业细分领域全球主导权的争夺。

---

① 此数据来源于经济合作与发展组织（OECD）于 11 月发布的最新一期《全球经济展望》。

（一）美国：抢占机器人和人工智能领域的全球技术主导权

2016年，美国将新兴产业的发展重点从国际市场规模扩张转向技术主导，机器人和人工智能领域成为新兴产业技术发力点。

1. 机器人领域

2016年美国确立了技术立国的机器人产业方略。基于机器人本体制造"利润和技术含量"双低的产业特征考量，美国基本放弃重点发展机器人本体制造产业，将产业焦点转向机器人技术研发，截至2016年底，美国共向世界五大知识产权局申请1.8万余件相关产业专利，居全球首位。基础技术（控制单元、机械手、机床零件、焊接等）和高智能（太空机器人、国防机器人等）机器人成为主攻方向。2016年11月，美国发布《2016年美国机器人路线图》，明确指出"以技术确保全球领导地位"的产业发展纲要，并将"人机协作的协作机器人"确立为新增长点。在产业发展导向上，提出重点研究"材料、集成传感器和计划/控制方法"，获得"灵活的抓握机构"，开发出"部署系统化传感器、运用现代设计、更加灵活到位的机器人协调系统"，改观"机器人的宏观概念和基本行为"，特别针对制造业（机械臂）、物流业（基础导航系统）、家用业（清洁机器人和家庭伴侣机器人）、航空航天业（无人机、航天器）市场进行技术攻关。

2. 人工智能领域

2016年美国取得了一系列全球瞩目的产业尖端技术重大突破。谷歌公司凭借"深度学习算法"[①] 和"混合型学习算法"[②] 开发的人工智能程序，获得了人工智能技术的国际尖端话语权；微软雷蒙德研究院凭借"指定主题对话学习算法"，将计算机语音识别率增至94.1%，首次实现计算机与人类语音识别能力的同步；劳伦斯利弗莫尔国家实验室和IBM公司凭借"真

[①] 深度学习算法：2016年3月，以深度学习算法为核心开发的"阿尔法围棋"程序，以4∶1的大幅优势战胜世界围棋冠军，标志着人工智能技术达到新高度。

[②] 混合型学习算法：由谷歌"深度思维"公司研发，集聚神经网络系统的优质学习能力和计算机复杂数据处理能力于一身，极大拓宽了人工智能技术的应用范畴。

北"仿脑处理器芯片开发的深度学习超级计算机，垄断了广泛应用于网络安全、核武器模拟等领域的全球认知计算技术。同时，通过国家"大脑计划"的积极推动，美国艾伦脑科学研究所绘制出迄今最完整和最清晰的数字版人脑微观解剖学结构图谱，美国华盛顿大学研究小组公布了最新发现的 97 个人类大脑皮层区域精准图谱，标志着在人脑结构领域的巨大飞跃；美国国家卫生研究院研发出最新神经成像技术，用以确定人脑中影响精神健康的基因开关位置，标志着精神分析领域的监测工具获得新突破；普林斯顿大学研制出具有节点神经元响应特征的光子神经形态芯片，标志着光子计算产业的确立；明尼苏达大学通过非植入性脑机接口技术的应用研发，实现意念控制下的机械臂抓取物品，标志着脑控技术领域的全球尖端突破。

（二）日本：创新调整新兴产业发力点

2016 年，受本国宏观经济不景气影响，日本新兴产业增速普遍下滑。鉴于在全球新兴产业中的优势犹存，日本抓住国内新兴产业调整的契机，一方面积极创新运营和发展模式，另一方面大力布局产业应用技术精准发力点，以期实现产业效益的量级突破。

1. 运营和发展模式

日本新兴产业运营和发展模式突破主要集中在信息通信领域，在 2014～2016 年全球行业领先运营商营业收入持续负增长、利润率快速下滑的背景下，日本运营商 KDDI 凭借运营模式不断创新，截至 2016 年底，营业收入同比增长 4.8%，净利润同比增长 25.3%。其中，au Smart Value 用户增长 24.9%，au Smart Pass 用户增长 13.5%。UQ WiMAX 用户同比增长 89.7%。KDDI 运营业绩居全球首位，其运营模式受到全球运营商的普遍关注。2016 年 3 月和 5 月，KDDI 分别发布了 2016～2018 年三年发展规划和三年发展目标，明确提出"3M 战略"。该战略以 Multi-Use（以优质数字化应用为核心，创新用户体验价值）、Multi-Device（以丰富终端产品为核心，巩固物联网并提升智能手机渗透率）、Multi-Network（以智能网络环境，推进深度捆绑业务）为主导，以"生活设计战略"为核心，逐步转变运营商发展重点和方向，力促从"电信公司"向"生活设计公司"转型，最终实现全面代理"以应用支付为核心的居民数字化生活"。

2.布局产业应用技术精准发力点

2016年6月28日，基于2030年新兴产业全球和本国发展趋势和特点，日本产业技术综合研究所（AIST）发布日本《2030年研究战略》。该战略明确指出了本国新兴产业技术创新的发展导向。一是超智能产业，具体包括：实现人类知觉、控制的扩展，人工智能硬件和软件的创新，数据流通保密技术，情报交换设备和高效率网络，新一代制造系统，针对数码化制造业的创新测量技术等。二是绿色产业，具体包括：加强再生能源普及，开发新能源，开发节能储能技术，实现氢能源社会，推进环保资源开发和循环利用，开发环保的新催化剂、新化学合成技术等。三是活用物质和生命构造产业，具体包括：超显微测量，新机能材料，高附加值材料，新原理、新机能设备，合成技术创新，生理构造解析，生物芯片与健康可视化等。四是社会安全产业，具体包括：评估和降低自然灾害风险、新测量、地质信息可视化、保障稳定供水供粮新系统等四项产业应用技术。

（三）德国：构建工业集成系统推动工业4.0实施

2016年，在本年度汉诺威工业博览会上，德国政府和企业第一次明确阐明在工业4.0中占据核心地位的工业集成系统，以及各子系统的构建内容和代表产品，工业集成系统形态首次被完整呈现，受到世界各国的一致关注。从构成形态看，工业4.0集成系统由八个子集成系统组成，具体分为五个技术集成子系统和三个合作方式集成子系统。

1.五个技术集成子系统

一是兼容性集成，即升级系统与原有系统全面兼容，操作便捷，从而实现低成本智能化突破，代表产品为兼具硬件兼容、软件兼容、扩展性强等三大特性的MICA模块系统，主要用于收集、存储、处理和发送智能化工厂数据，被誉为广泛适用于各种企业环境的智能工厂神经系统。

二是智能能量链集成，即对新材料—能量—信息进行大数据整合，形成物联网入口，构成数据的远程智能回流，代表产品为由传感器与高性能聚合物材料集成打造的智能能量链产品，通过链条发出信号—信号本地汇总—通信模块传递至云端，实现远程接收和分析现场实时数据。

三是增材制造—软件技术集成，即融合软件技术、3D数据建模技术和系统仿真技术，通过增材制造过程，快速制造出高品质产品原型，大幅度提升智能制造过程效率和研发水平，代表产品为"粉末层融合"制造电动汽车，以塑料和碳纤维为原材料，一辆汽车实现"客户特定需求—数字方案系统—完成3D打印"，仅需要20小时。

四是虚拟—现实空间集成，即以虚拟现实眼镜为媒介实时对接感知现实生产线运行情况，以视频投影仪为媒介指示现实生产线各步骤工序的工件配备，代表产品为虚拟现实眼镜，通过"以人为中心"的虚实结合技术应用，大幅度减轻劳动者体力负担，形成人与机器和谐共存的新型工业生态系统。

五是智能决策集成，即运用大数据和认知技术，掌握全角度数据，智能分析得出重要价值信息，搭建数字化决策软件平台，代表产品为大型机械大数据智能决策平台，通过模仿人的学习和思维过程，以先进学习算法为核心工具，高效优化参数组合，明显改善大型机械运行效果。

2. 三个合作方式集成子系统

一是企业间技术集成，即通过技术企业与生产线企业的强强联合，形成"技术—产业"高效对接，有效提升国家高精尖领域企业间协同发展水平，代表产品为多托盘系统，由 Festo 和西门子合作研发，Festo 提供通信模块、电机和磁力牵引领域的技术支撑，西门子提供数字化设计、控制技术和驱动技术的技术支撑，知名企业间通过优势技术的互补，实现相关产业领域的高端引领和利润垄断。

二是企业生态集成，即在大企业的主流平台中，形成大量小型企业活跃与集成的发展空间，打造大企业与小企业相容的良性生态圈，代表产品为智能管理系统，通过与大企业平台整合，凭借自身技术核心竞争力，加强定制化服务水平，实现"大企业以通用性为主，小企业以定制化为主"的产业组织比较优势均衡发展。

三是国际标准集成，即以既有国际工业标准为核心，采取相关领域工业标准整合模式，通过不同国家或机构对工业领域"顶层架构设计标准"的对立、争论、合作与妥协，谋求合作共赢，代表产品为"OPC-UA + 云"标准，在 OPC-UA 通讯和云服务既有国际标准的基础上，德国 SAP 公司和美国微软公司通过标准协商，形成新的集成标准——"OPC-UA + 云"标准，规范全球该领域集成模式，据此边缘化不符合此模式的企业，实现行业标准和话语权垄断。

（四）英国：抢占生物和新材料领域的全球技术制高点

2016 年，英国在按照既定发展战略进一步深化制造业与创意产业①结合发展的同时，在生物和新材料领域取得的技术突破受到全球瞩目，英国的新兴产业发展道路明显拓宽。

1. 生物领域

曼彻斯特大学研究人员采用脑波频率技术，成功降低人体疼痛感，开发出治疗慢性疼痛的国际新疗法。英国科学家通过进行人脑细胞和分子层面研究，首次揭示大脑"长时程增强效应"现象运行机制，从而对人类的记忆和学习能力进行了有效解释和控制，该研究获得 2016 年度"格雷特·伦德贝克欧洲大脑研究奖"。英国爱丁堡大学研究人员利用先进成像技术，首次获得人类全部 46 个染色体三维结构详解图，从而清晰展现出组成染色体的物质中仅占一半的遗传物质。

---

① 根据英国文化、媒体与体育部的定义，创意产业是指源于个人创造力、技能与才华的活动，而通过知识产权的生成和取用，这些活动可以创造财富与就业机会。在这样的定义下，13个产业部门被划归为创意产业，包括广告、建筑、艺术品与古董、手工艺、设计、时装设计、电影与录像、互动休闲软件、音乐、表演艺术、出版、软件与计算机服务、电视与广播。

2. 新材料领域

剑桥大学科学家设计出"石墨烯基油墨沉积在棉花上生产导电纺织品"的产业应用技术。曼彻斯特大学科学家运用石墨烯等离子体特性，研发出可调谐太赫兹激光器，改变全球太赫兹激光器只能固定一个波长的产业限制。剑桥等多所大学的科学家通过将石墨烯集成纳入硅光电子电路，首次为全球提供便宜的硅基光电探测解决方案。

（五）韩国：战略调整成长动力细分领域并培育新增长点

2016 年，为应对瞬息万变的国际新兴产业细分领域发展动向，韩国政府继 2015 年后再次调整新兴产业成长动力细分领域，引导国内产业发展。

2016 年 12 月韩国产业通商资源部发布的《第四次产业革命时代下扶持新产业发展政策课题》指出，顺应全球产业格局智能化、服务化、可持续化、平台化的四大发展趋势，政府及时调整成长动力产业，将电动及无人驾驶汽车、新一代半导体、新能源产业、智能船舶、尖端新材料、增强现实及虚拟现实技术、新一代显示器、生物养生、机器人、物联网家电、航空及遥控无人飞机、高端消费品等 12 大新兴产业细分领域，列为国家未来重点发展导向，并在今后 5 年内持续投入总计超过 7 万亿韩元的核心技术研发专项资金。同时，韩政府配套一系列政策扶持措施，着重在产业市场准入、完善负面清单制度方面加大政策力度，并制订"12 大新兴产业细分领域占韩国出口比重由 2015 年的 6.6% 提高到 2025 年的 13.2%，创造 38 万个就业岗位"的 2025 年产业发展目标。

与 2015 年版《未来产业发动机：综合实践计划》相比，考虑到国际产业发展趋势、国际竞争比较优势和资源禀赋，可穿戴装备、智能生物生产系统、虚拟训练、深海装备、5G 通信、医疗照护等六大细分领域退出了重点发展导向，而智能船舶、增强现实及虚拟现实技术、新一代显示器、生物养生、高端消费品等五大细分领域首次出现在重点发展导向中。

二 2016年全球新兴产业发展特点

（一）新兴产业全球规模总体平稳，增速下滑，市场分化

2016年前三季度，全球新兴产业平均增速达到7.8%，虽然与同期3.0%的全球经济增速相比，新兴产业仍然是全球产业增长的强力引擎，但全球新兴产业平均增速仅比2015年和2014年同期分别提升0.2个和0.6个百分点，而全球经济增速比2015年和2014年同期分别提升0.2个和0.4个百分点，基本相当，全球新兴产业的增长后劲受到质疑。

从细分领域看，2016年前三季度，在全球客户群持续扩大和产业技术日臻成熟的推动下，节能环保、新能源、现代物流三大细分领域的全球平均增速分别为8.6%、8.8%、9.3%，与上年同期相比分别提升2.9个、3.5个、3.8个百分点，仍然保持了良好的产业增长态势。与此相反，受全球供应链重组和技术瓶颈影响，高端装备制造、生物医药、新材料、信息产业四大细分领域的全球平均增速分别为7.5%、7.7%、7.1%、7.4%，与上年同期相比分别提升0.5个、0.9个、0.3个、-1.2个百分点，产业结束高增长态势，步入结构调整期。

从市场布局看，2016年前三季度，发展中国家新兴产业平均增速达到10.8%，比上年同期增长3.1个百分点，同时，发展中国家在新兴产业国际市场销售总额中所占比重达到42.7%，比上年同期增长6.8个百分点，发展中国家新兴产业保持了蓬勃发展态势。反观发达国家，同期，新兴产业平均增速仅为6.2%，比上年同期增长0个百分点，而新兴产业国际市场销售总额首次下滑至60%以下，全球新兴产业生产和销售的格局分化态势凸显。

（二）新兴产业技术创新由通用共性技术向细分领域产品技术聚焦，发达国家掌控产业创新导向

2016年，全球新兴产业频频获得创新科技突破。与往年以产业通用共性

技术为主的创新突破相比，2016年的技术创新聚焦于细分领域的具体产品，集中体现为石墨烯、无人集群、仿生技术、先进动力、光量子、纳米技术、新型器件等细分领域的产品突破。然而，分国别看，2016年95%的新兴产业技术和专利仍然由发达国家掌控，而产品和产业的突破性技术100%由发达国家垄断，发展中国家仍然处于新兴产业技术模仿和实用改造阶段，极个别产业通用共性技术和产品研发技术的突破，也无法摆脱发达国家技术支援的背景。

以新型器件为例，美国科学家以DNA为支架，组装计算机电路电子器件的各项材料，改变了传统电子器件的成本结构。哥伦比亚大学研制出能够成倍提升无线射频通信能力的全球首款同时同频全双工射频通信元件，极大地提升了雷达、通信等领域装备的效能。美国加州大学突破光频梳技术瓶颈，研制出全球首个芯片级光频合成器，在定位导航、激光通信等领域提升现有授时精度达3个数量级。荷兰科学家将全球存储器密度提升至商业硬盘的500倍，有望改变全球存储市场格局。美国洛马公司成功研制出冷却效果超过传统芯片6倍的新型微流体散热片，基本解决了市场集成电路的散热瓶颈问题。美国爱荷华州立大学科学家研制出自毁速度大幅提升的新型实用瞬态电池，开拓了自毁型电子器件市场。美国威斯康星大学成功研制的碳纳米晶体管的性能首次超越砷化镓晶体管和硅晶体管，开启了碳纳米管在半导体电子器件领域的市场应用。

（三）新兴产业全球格局调整，开启了新一轮新兴产业细分领域全球主导权的争夺

2016年，在技术创新突破的推动下，虽然新兴产业整体发展趋于平缓，但其细分领域蓬勃发展。新兴产业国家间的竞争由传统的主导行业及其产品的规模与技术竞争，转变为细分领域以技术突破挖掘增长点与掌控发展导向话语权的争夺。各国对新兴产业的发展定位更为明晰。

美国将新兴产业聚焦于掌控全球机器人和人工智能领域的全球技术话语权；日本试图通过商业模式创新和全球瓶颈技术先导产品的研发，获得管理模式和高附加值产品的国际市场话语权；德国以工业4.0集成系统为抓手，

争夺全球数字化工业秩序和标准体系的国际话语权；英国下大力气疏通
"产学研用需"各环节，抢占生物和新材料领域的全球技术制高点；韩国通
过国家扶持产品导向的不断调整，以期改变后发劣势，争夺细分领域新市场
增长点的国际市场话语权。

（四）新兴产业国家战略密集调整出台，扶持导向更加明晰

2016 年，多国密集出台了一批提振本国新兴产业的国家战略。与往年
的国家战略相比，2016 年多国的国家战略中，细分领域和产业定位更加明
晰，国家间战略重点的差异化明显增强，虽然技术创新仍然是诸国国家战略
的核心，但对基础研究、应用推广、模式升级、系统完善、用户分类、对象
跟踪、竞争分析、发展盲点等细分领域具体产业培育内容，进行了更加细致
的梳理和说明，国家战略的精准性明显提升。

美国发布《2016 年美国机器人路线图》，明确在全球机器人行业中技术
立国的地位，将产业发展聚焦于"人机协作的协作机器人"的突破。日本
发布《2030 年研究战略》，明确"国内市场需求"是未来 15 年日本新兴产
业发展的核心，在超智能产业、绿色产业、活用物质和生命构造产业、社会
安全产业四个细分领域，实现日本标准的全球通用，垄断高端产品成为战略
核心。德国按部就班地实施《工业 4.0 战略》，2016 年推出《工业集成系统
战略》，确立全球数字化工业生产模式和标准，垄断生产线成为战略重点。
英国通过调整早先制定的《国家创新计划》，修正发展导向，确立"主导生
物和新材料领域的全球技术趋向"的发展目标。

三 2017年全球新兴产业发展趋势

（一）新兴产业中的石墨烯产品、人工智能产品将在2017年集中发力

石墨烯产品方面，在 2016 年石墨烯产业技术创新成果的有效推动下，

2017 年石墨烯产品市场将实现产品种类的显著突破。一是定制化产品，通过石墨烯供应商与应用商的高效合作，定制化石墨烯产品和中间体将成为市场主流产品。二是电子元件产品，石墨烯射频标签和导电油墨将在消费电子产品市场普及，石墨烯电磁干扰屏蔽/静电保护元器件将在电子生产企业普及，石墨烯中央处理器和芯片将在大型电子巨头企业试用。三是防腐涂料产品在石墨烯复合材料中所占市场份额将大幅提升，成为市场主导产品。

人工智能产品方面，随着人工智能技术的日趋成熟，2017 年人工智能将实现应用领域和市场收益的显著突破。一是企业应用软件产品，根据 Gartner 预计，到 2017 年，超过 150 家跨国大型企业通过大数据工具包和分析软件的设置实现智能应用系统关系，用于改善客户体验和产品升级。二是人工智能硬件产品，自动驾驶车辆、机器人和无人机将成为 2017 年的市场焦点，IDC 预测未来五年内 AI 硬件收入的复合年增长率将超过 60%。三是医学诊断和治疗产品，2017 年药物研究和发现以及诊断和治疗系统将受到市场青睐，IDC 预测未来五年医疗健康人工智能投资的年均复合增长率将达到 69.3%。

（二）新兴产业模块化全球生产网络将趋于稳定

以国家技术优势和资源禀赋为依托，经过近 10 年全球新兴产业链和价值链的高强度竞争，2017 年全球新兴产业模块化全球生产网络将基本确立。在这一全球产品价值模块化的过程中，依据产品结构分工的国际产业生产方式，同一产品不同构成模块的生产依据生产效率进行国别分工，且一国突破既有模块的成本和难度日益提升。

技术模块由发达国家分领域执掌，2017 年是全球新兴产业技术创新的产业推广年，大量实验室尖端技术将实现产业普及，但技术拥有国进一步收紧技术合作，强化垄断壁垒，依托国内科技、人才、机制等优势，规避高劳动力成本等弊端，围绕应用技术突破、基础科学探索和产品功能创新，以自主研发为主要方式，以标准、专利为主要输出形式，通过全球一体化产业推广渠道，占据新兴产业产业链和价值链的最高端。

中低端生产模块由发展中国家分领域执掌，由于在新兴产业高端技术领域的先天不足，发展中国家承担了全球绝大规模的生产线任务。2017年全球新兴产业生产线向发展中国家转移的趋势将明显加快，同时发展中国家间也呈现一定的新兴产业生产线转移趋势，其中，发展中国家内部依据国家实力，进一步细分为低端和中端产品生产模块。

高端生产模块由德国、日本、韩国分领域执掌，2017年高端生产模块将是全球新兴产业最具竞争性的模块，但这种竞争并不发生在已经在该模块具有绝对优势的德国、日本、韩国间，而是发生在具有一定产业实力的发展中国家间，这些国家面临日益收紧的德、日、韩高端生产垄断和其他发展中国家低端生产升级，形成了两端挤压之势，竞争将更为激烈。

系统模块由德国执掌，2017年是德国工业4.0集成系统的全球推广年，德国将在本国企业中大力普及该集成系统，并通过本国企业的国际影响力和跨国企业的生产驱动力，借助于全球标准运作，将该集成系统推广为全球数字化工业标准系统。当前与之形成一定国际竞争的是美国和日本，但鉴于德国拥有由长期累积形成的全球制造业高端市场优势，美、日在该模块的竞争能力和全球扩张能力均不强。

（三）新兴产业内部融合发展将大力提升价值链延伸能力

全球新兴产业内部的融合发展将力促新细分领域的诞生并带来巨大的市场效益。2017年全球新兴产业内部融合发展的步伐将进一步加快，最具有市场经济效益的融合领域为"新一代信息技术＋其他新兴产业"和"新材料＋其他新兴产业"。

"新一代信息技术＋其他新兴产业"方面，"互联网＋"是主流的融合发展模式，2017年颇受市场青睐的融合产品为智慧制造产品（即通过定制化服务，贯通移动客户端、云计算、智慧工厂和物流，并通过网络实时监督生产过程，实现高效柔性制造）和智慧医疗产品（即大数据链接医疗设备，通过影像云平台，实现网络扫描指导、图像诊断、病例会诊）。

"新材料＋其他新兴产业"方面，"碳纤维＋"是主流的融合发展模式，

2017 年颇受市场青睐的融合产品为碳纤维高端装备产品（即运用碳纤维材料轻质高强性和优良可设计性的材料特性，获得轻量化并一体成型的高端装备产品）和碳纤维医疗产品（运用碳纤维高比强、高比模、X 射线透过性好、生物相容性强的材料特性，获得高耐用性的医疗产品）。

参考文献

许光建、吴岩：《战略性新兴产业效率与政府投入关联关系的实证分析——以中关村国家自主创新示范区为例》，《国家行政学院学报》2016 年第 6 期。

隋志强：《从"六个转变"到"六个提升"》，《高科技与产业化》2016 年第 10 期。

李城宇：《新常态下战略性新兴产业创新驱动发展的路径探析》，《新经济》2016 年第 33 期。

苏山乞、姜雪松：《高技术企业云创新系统构建与保障措施研究》，《科技进步与对策》2016 年第 3 期。

B.2
2016年中国战略性新兴产业发展
现状及未来趋势

李　彬*

摘　要：　2016年是"十三五"规划的开局之年，我国经济在新常态下继续深化结构调整，战略性新兴产业在各项政策的扶持下获得了蓬勃发展，成为稳定经济增长的重要力量。2016年前三季度，我国战略性新兴产业增加值同比增长10.8%，远高于规模以上工业增加值增速，国内发明专利授权量增长近50%，核心技术国产化程度不断提高，通信设备等行业优势地位进一步凸显，区域间产业分工格局更加鲜明，政府资金支持力度加大但市场融资依然面临困难。2017年，有关战略性新兴产业的政策体系将逐步得到细化落实，战略性新兴产业在经济发展中的重要地位将进一步凸显，其中大数据、云计算和物联网将进入黄金发展时代，智能制造推动工业机器人取得突破性进展，节能环保产业迎来重要发展机遇期，数字创意市场规模将快速扩张。

关键词：　中国　战略性新兴产业　技术进展　政策环境

当前，中国推动战略性新兴产业发展的一系列政策举措正在逐步生

---

* 李彬，国家工业信息安全发展研究中心高级工程师，博士，研究方向为工业发展和投资、新兴产业。

效。2016 年以来，我国经济保持平稳运行，经济结构战略性调整出现积极变化，战略性新兴产业和高技术产业保持相对较快增长，新经济新动能加速形成，对创新驱动发展、产业转型升级、维护就业稳定等都发挥了积极作用。

一　2016 年中国战略性新兴产业发展总体态势

（一）总量规模增长快，占 GDP 比重待提升

根据国家统计局数据，2016 年前三季度，我国战略性新兴产业增加值同比增长 10.8%，比规模以上工业增加值增速高出 4.8 个百分点。中国工程院发布的《2017 中国战略性新兴产业发展报告》显示，2016 年上半年，战略性新兴产业的 27 个重点行业规模以上企业主营业务收入达 8.6 万亿元，同比增长 11.6%，增速高于全国工业企业总体 8.5 个百分点，高于 2015 年同期 0.6 个百分点；规模以上企业的利润增速则高达 15.9%，超出同期全国工业企业总体水平 9.5 个百分点，比 2015 年同期提高了 1.5 个百分点。

尽管我国战略性新兴产业的相对增长速度明显快于旧产业旧动能，但目前总量依然相对较小，产业增加值占国内生产总值的比重仅为 8% 左右。财新智库与数联铭品科技联合发布的中国新经济指数①显示，我国新经济行业产出在整个国民经济产出中的占比仅为 30% 左右，与发达国家尚存在一定的差距。

（二）技术突破赶超快，研发投入需提高

在国家政策的大力支持和推动下，中国企业的自主创新实力大大增强。

---

① 新经济指数（New Economy Index，NEI），表示新经济占整个经济投入的比重。该指数覆盖了节能与环保业、新一代信息技术与信息服务产业、生物医药产业、高端装备制造产业、新能源产业、新材料产业、新能源汽车产业、高新技术服务与研发业、金融服务与法律服务等 9 个类别，共 111 个行业。

《2016年全球创新指数（GII）》显示，中国排名上升至第25位，成为报告发布9年来第一个跻身25强的中等收入经济体。该报告指出，中国在创新效率排名中列第7位，在创新质量排名中升至第17位，缩小了与高收入经济体之间的差距。

2016年以来，我国战略性新兴产业在多个技术领域取得了喜人的成果，仅前7个月国内发明专利授权量就增长了49.5%，国内企业正在逐步摆脱引进和模仿国外先进技术的依赖状态，逐步在某些领域内实现赶超并取得国际领先地位。在2016年召开的全国科技创新大会上，超级计算、量子通信和大飞机等尖端领域创新成果纷纷呈现。2016年10月17日，神舟十一号飞船由长征二号F遥十一运载火箭搭载两名航天员发射升空，在太空中开展了8个领域共计14项实验任务，并于11月18日结束33天的飞行任务后成功返回着陆，标志着中国载人航天工程"三步走"第二阶段任务的顺利完成。2016年11月17日，在3GPP RAN1 87次会议的5G短码方案讨论会议上，中国华为公司主推的Polar Code（极化码）方案打败来自美国和法国的竞争对手，成为5G控制信道eMBB场景编码方案。编码与调制被誉为通信技术的皇冠，体现一个国家通信科学基础理论的整体实力。这是中国公司首次进入基础通信框架协议领域，切实提升了中国企业在未来全球通信领域的话语权。此外，固废处理、集成电路制造、虚拟现实、智能家居、3D打印、碳纳米管材料等领域也取得了突破性进展（见表1）。

表1　2016年中国战略性新兴产业重大技术突破或重点产品进展

细分领域	重大技术或重点产品
节能环保	光解水制氢催化剂、MBR工艺节能降耗与优化运行技术、氧化沟优化运行与节能降耗自控系统技术、海绵城市屋顶立体绿化节能减排关键技术、乙炔法煤化工新工艺、低阶煤快速热解与火电锅炉一体化节能脱硝新工艺、生物质及其他有机固废热解处理新技术
新一代信息技术	基于16nm FinFET技术的商用SoC芯片、28nm高介电常数金属闸极工艺、Polar Code（极化码）成为5G控制信道eMBB场景编码方案、基于YunOS系统的NB-IoT终端芯片方案、全球首款VR电视暴风55X、Al掺杂量子点的自钝化技术、核级数字化仪控系统设备

续表

细分领域	重大技术或重点产品
生物	苹果酸奈诺沙星胶囊获准上市、抗癌新药艾维替尼启动Ⅱ期临床研究、有效治疗病毒性肝炎的长效干扰素"派格宾"正式上市、黏膜免疫调节剂"壳聚糖"取得新突破
高端装备制造	神舟十一号载人飞船成功发射、自主研发国内首台智能柔性7轴轻载复合机器人和国内首台完全拥有自主知识产权的双臂协作机器人、成功研发机器人的核心零部件减速器
新能源	全背电极接触晶硅光伏电池、A+A+A+/全光谱/长脉冲新型太阳模拟器
新材料	3D打印可降解镁吻合技术、具有预防感染功能的新型抗细菌黏附生物材料涂层技术和相关产品、碳纳米管晶体管批量制备
新能源汽车	电动助力转向系统产业化、纯电动汽车整车集成控制和评价技术

资料来源：根据公开资料整理，系不完全统计。

但由于起步较晚，我国战略性新兴企业规模相对较小，缺乏独立开展技术和产品研发的能力。目前，许多企业仍以加工代理贸易为主，自主研发活动较少或多处于高科技行业的中低端层次，产品附加值和品牌知名度较低，国际竞争力不强。总体来看，我国研发投入占比依然偏低，各行业技术投入水平仍与发达国家存在差距，部分高技术领域的差距尤为明显，虽然2015年我国R&D经费投入强度已经突破2%，但是全国规模以上工业企业投入研发经费占主营业务收入的比重仅为0.8%，远低于主要发达国家2.5%~4%的水平。

（三）具有优势的行业与企业发展进一步加快

2016年，在经济下行压力依然存在的大背景下，战略性新兴产业作为经济发展新动能继续保持蓬勃的发展势头，具有突出优势的行业和领域发展进一步加快，企业研发和生产实力不断增强，国际竞争力水平稳步提升（见表2）。

国家统计局数据显示，2016年上半年，我国高技术产业增加值同比增速为10.2%，其中航空、航天器及设备制造业，信息化学品制造业，电子及通信设备制造业实现较快发展，上半年增加值增速分别达26.4%、22.3%及

表2　2016年我国战略性新兴产业部分相对优势行业或企业的情况

细分产业	相对优势行业	2016年行业进展	代表企业	2016年市场地位变化
新一代信息技术	通信设备	主要通信设备产品生产增速向好,出口增速加快,智能手机厂商市场占有率显著提升,全球12强中我国占据8强	华为	全球最大通信设备厂商,2016年上半年收入2455亿元,同比增长40%,智能手机发货量6056万部,同比增长25%
	智能电视	中国智能电视市场仍保持快速增长态势,2016年销售量达6000万台左右,市场渗透率可突破90%	海信	自主研发的Hi-View Pro画质引擎芯片夺得2016年中国芯"最具创新应用产品"大奖,是唯一获此荣誉的彩电企业
	集成电路	产业规模继续快速增长,技术水平和企业实力同步提升。2016年1~9月全国集成电路产量为943.9亿块,同比增长约18.2%	中芯国际	28nm高介电常数金属闸极工艺成功流片,成为国内首家能同时提供28nm多晶硅和高介电常数金属闸极工艺的晶圆代工厂
高端装备制造	消费级无人机	销量保持高速增长,2016年前三季度出口额同比增长106.7%,主要出口至美国、中国香港及欧洲等地区	大疆	全球飞行影像系统的开拓者与领导者,2016年占全球市场份额的比重已高达70%
	工业机器人	在《中国制造2025》、"十三五"规划纲要等国家政策的推动下,工业机器人市场依然保持高速增长,汽车制造厂商仍是工业机器人最大需求方	沈阳新松	移动机器人占国内汽车、电力市场的份额在90%以上,是国内唯一的洁净机器人产品和解决方案供应商。2016年前三季度拓展新客户占比达35%
新能源汽车	新能源汽车产品	新能源汽车销售量依然保持高增长,企业跨界投资并购十分火热,比亚迪、宇通、北汽等重点企业继续领跑全国市场份额	比亚迪	2016年上半年销售新能源汽车28538辆,实现营业收入449.5亿元,同比增长42.32%,稳坐新能源乘用车龙头企业位置
	锂离子动力电池	2016年产能突破50Gwh,《汽车动力电池行业规范条件(2017年)》《新能源汽车动力蓄电池回收利用管理暂行办法》相继出台,抬高动力电池准入门槛,行业发展得到规范	天津力神	现具有5亿Ah锂离子电池的年生产能力,荣获"天津市工业企业知识产权运用标杆"称号,并获得国家工业强基资金大力支持,2016年销售收入有望突破40亿元

续表

细分产业	相对优势行业	2016年行业进展	代表企业	2016年市场地位变化
节能环保	环境治理行业	2016年上半年,环保业上市公司营业收入同比增长20.3%,全行业共签订项目77例,涉及金额552亿元	兴源环境	中国环保压滤机首家上市公司,2016年上半年公司净利润额达到12019万元,增幅达240.4%
	节能行业	2016年上半年,7家节能上市公司营业总收入为82亿元,同比增长19.1%	天壕环境	以合同能源管理模式从事余热发电节能服务,2016年营收增速达163.6%

资料来源:根据公开资料整理,系不完全统计。

12%,显著快于全国规模以上工业增加值整体增速。此外,软件和信息技术服务业、医药制造业、锂离子电池制造及光伏设备及元器件制造业等行业主营业务收入均实现两位数增长。特别是,近年来随着人工智能、物联网和大数据技术的快速发展,新一代信息技术产业总规模位列八大新兴产业之首,重点企业拓展海外市场力度加大,华为、中兴分别在全球布局了47个和20个研发中心。有"空中机器人"之称的无人机市场增长势头迅猛,目前我国从事无人机研发、生产和销售的单位已经达到400余家,占据全球市场规模的70%,其中以大疆创新等企业为首制造的民用无人机特别是消费级无人机已走在世界前列。此外,高铁、北斗卫星导航系统及核电技术装备快速发展,逐渐成为中国制造"走出去"的新标杆、新名片。

（四）产业集聚地区特色突出，区域分化显现

2016年,战略性新兴产业集聚取得进一步发展,地区特色突出,地区优势得到充分发挥,区域间产业发展呈现互补互强的态势。首先,京津冀地区分工合理,北京主打高端软件和信息技术服务业、天津重点发展航空航天产业、河北的微生物制药和现代中药产业发展良好,有力地促进了京津冀一体化协同发展。长三角地区,乃至整个长江经济带沿江城市群,已经在先进轨道交通装备、集成电路、新型平板显示等多个领域形成数十个特色产业集

聚区，其中上海的生物制药行业、浙江的云计算产业表现十分突出。珠三角地区则有效聚集了工业机器人、无人机、基因组测序及新型平板显示等新兴产业，其中广东的 3D 打印在 2016 年取得了快速发展。此外，中部地区的湖南重点打造智能制造装备产业，西部地区的四川大力开发北斗卫星导航、陕西开展集成电路基地建设、贵州重点突破云计算和大数据领域，东北部地区的辽宁在通用航空、机器人和软件等领域取得重大进展，这都进一步促进了我国战略性新兴产业集聚发展。

尽管全国各个地区都在加快推动战略性新兴产业发展，但从发展的速度和重点方向来看，区域之间呈现进一步分化的态势。一方面，长三角、珠三角及京津冀等地区，由于资源、人才和企业等要素高度集聚，产业发展基础扎实，产业结构调整不断深化，在政府和市场的共同推动下，区域内战略性新兴产业的发展速度仍在不断加快，产业分工趋于高端化，产业增长对GDP 的贡献作用也有所增强，正在逐渐成为我国战略性新兴产业的三个重要增长极。另一方面，东北等的发展趋势恰好相反，由于传统产业所占比例较高，新兴产业发展基础薄弱，产业结构不合理，创新资源不集中，导致新兴产业的发展速度相对缓慢，产业分工也多处于中低端环节，对 GDP 的贡献相对较小。随着各地产业发展政策的进一步落实和产业结构调整升级的不断推进，区域间产业发展的分化态势将更加明显。

（五）中央和地方政策措施密集出台

随着《"十二五"国家战略性新兴产业发展规划》的顺利完成，近年来，国家发改委、科技部、工信部、财政部等部门多次召开战略性新兴产业发展部际联席会议，就制定"十三五"期间的国家战略性新兴产业发展规划展开调研。为了保障政策的连续性和灵活性，最新出台的《"十三五"国家战略性新兴产业发展规划》在"十二五"发展成果的基础上，结合当前产业发展趋势，对我国战略性新兴产业涵盖的范围进行有机合并、调整和增补，将"十三五"期间的战略性新兴产业划分为信息技术、高端制造（包括高端设备制造与新材料）、生物产业、绿色低碳（包括新能源汽车、新能源、节能环保)、数字创意五大领域及其八大产业,并且规划思路从"培育发展"向"壮大发展"转变。规划提出,到 2020 年,力争使战略性新兴产业成为国民经济和社会发展的重要推动力量,增加值占国内生产总值比重达到 15%,五大领域及其八大产业产值规模均达到 10 万亿元以上。

为配合规划的实施,2016 年 7 月国家发改委发布《战略性新兴产业重点产品和服务指导目录》2016 版征求意见稿,进一步细化各个产业中具有市场需求和价值的产品和服务,为企业制定战略方针提供支持。除了顶层设计正在积极推进制定,一些地方政府已经先行出台"十三五"战略性新兴产业发展专项规划。截至目前,福建、河北、陕西、安徽、广西等 5 个地区已经出台规划,明确了未来五年的发展目标和重点领域(见表 3)。

表 3 部分省份"十三五"战略性新兴产业发展规划主要内容

时间	地区	发展目标	重点领域
2016 年 5 月	福建	到 2020 年,战略性新兴产业增加值力争达到 5850 亿元,占地区生产总值的比重达到 15%,年均增长 17.5%,年产值超 100 亿元的企业达到 20 家以上	新一代信息技术和新材料产业继续保持主导地位;高端装备制造和节能环保产业成为新的主导产业;新能源产业、生物与新医药产业、海洋高新产业、新能源汽车产业成为新的增长点
2016 年 9 月	河北	到 2020 年,战略性新兴产业增加值占全省 GDP 的比重达到 12% 以上,规模以上工业中战略性新兴产业增加值占比超过 20%	先进装备制造、新一代信息技术、生物、新材料四大优势产业规模和竞争力明显提升,成为全省新的主导产业,力争在智能制造、轨道交通、通用航空、大数据、新型显示、生物医药、特种金属材料、智能电网等细分领域取得重要突破
2016 年 9 月	陕西	到 2020 年,战略性新兴产业增加值突破 4500 亿元,占 GDP 比重达到 15%,带动关联产业规模超万亿元	组织实施集成电路、新型显示、移动通信、大数据与云计算、增材制造、机器人、无人机、卫星应用、分子医学、新能源汽车等十大产业创新发展工程
2016 年 9 月	安徽	到 2020 年,全省战略性新兴产业总产值翻番,力争达到 2 万亿元	加快发展壮大新一代信息技术、高端装备和新材料、生物和大健康、绿色低碳、信息经济等五大产业

时间	地区	发展目标	重点领域
2016年9月	广西	到2020年,战略性新兴产业增加值达3600亿元,占地区生产总值的比重达到15%	重点发展新一代信息技术、智能装备制造、节能环保、新材料、新能源汽车、大健康等六大产业

资料来源:根据公开资料整理。

在发展规划作为总体指导的基础上,国内多项经济与社会发展政策对促进战略性新兴产业发展都起到了巨大的推动作用。首先,大众创业、万众创新的广泛实施为战略性新兴产业发展注入活力,企业创新水平进一步提升,2016年1~7月我国新设市场主体日均超过4万户,其中新登记企业1.4万户,企业活跃度保持在70%左右;科技创新不断取得新突破,超级计算、量子通信和大飞机等尖端领域创新成果不断涌现,前7个月国内发明专利授权量增长49.5%。其次,在供给侧结构性改革和去产能补短板深入开展的背景下,战略性新兴产业创造新供给、提供新服务、培育新消费、满足新需求的优势进一步凸显,以新产业、新业态、新模式为特征的新经济迅猛发展,也为传统制造业转型升级提供了有力支撑。最后,《中国制造2025》及其五大工程实施指南的发布,以及《国家创新驱动发展战略纲要》的出台,为智能制造、绿色低碳和新一代信息技术等战略性新兴产业发展提供了新的发展机遇和政策支持。据国家信息中心测算,"十三五"期间战略性新兴产业增加值增速将达到20%左右,约3倍于同期GDP增长。

(六)融资环境改善,但资金支持仍需加大

2016年,世界经济仍然复苏乏力,国内经济依然面临下行压力。受经济持续下行影响,尽管中央和地方政府加大了对战略性新兴产业发展的资金支持力度,如设立国家集成电路发展基金等,有效地撬动了社会投资资金,但企业融资难、融资贵的问题仍未得到根本性解决。

一是银行等传统融资渠道存在惜贷问题。一方面,国内企业普遍受到经济不景气的影响,经营面临的外部环境越来越艰难,企业的信用违约风险大

幅提升,从而使得银行对中小企业的惜贷现象日益增加。另一方面,战略性新兴产业本身具有轻固定资产、重无形资产的性质,研发投入资金规模较大且研发风险较高,就更加难以从银行获得抵押贷款,由此导致新兴产业企业融资成本居高不下。二是新型金融业态支持力度有限。近年来,互联网金融经历了快速发展,经过几年的探索和发展,P2P、众筹、PPP 等新型融资模式对传统产业和新兴产业的发展都起到了重要的促进作用,如常州利用众筹模式建设新能源汽车充电桩项目。但总体来看,这些新型的金融业态仍处于初创阶段,由于缺乏有效监管,在网络安全和实际操作方式等方面还存在诸多问题,这在很大程度上限制了其发展的速度和规模,从而其对新兴产业发展所起到的作用仍然有限。

二 2016年战略性新兴产业八大细分产业发展特点

(一)新一代信息技术领域的云计算、大数据、信息安全等市场需求强劲

2016 年,尽管传统 PC 市场进一步萎缩,智能终端市场趋于饱和,但云计算、大数据、物联网带来的新兴市场需求正在形成,新一代信息技术产业依然保持强劲的增长动力。2016 年第一季度,国内云数据中心投资规模为132.3 亿元,全年增速将达到 12%,全年投资将达到 730 亿元。2015年中国大数据市场规模约为 125 亿元,2016 年以来仍旧保持着 30% 以上的增长速度,2016 年全年市场规模将达到 170 亿元。物联网市场规模也在迅速扩大,根据中国移动物联网公司预计,到 2020 年物联网收入将突破千亿元。

新技术的发展带动了集成电路、新型工业传感器等工业基础领域的快速发展。2016 年 1~9 月共生产集成电路 943.9 亿块,同比增长 18.2%,1~6月全行业实现销售额 1847.1 亿元,同比增长 16.1%,其中设计业、制造业和封装业均保持高速增长(见图 1)。此外,随着国家信息安全和网络安全

战略地位的上升，国产服务器行业进入黄金发展期，预计未来三年增速将保持在20%以上。

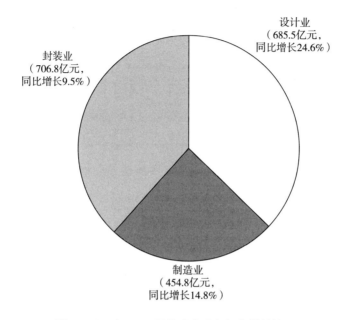

设计业
（685.5亿元，
同比增长24.6%）

封装业
（706.8亿元，
同比增长9.5%）

制造业
（454.8亿元，
同比增长14.8%）

图1　2016年1~6月集成电路各行业增长情况

（二）高端装备产业保持中高速增长

2016年上半年，我国高端装备制造业继续保持中高速增长，通用航空、卫星导航、工业机器人三大领域产值均实现15%以上的增长速度。通用航空增速持续领先，中国航空发动机集团成功组建，高度整合了国内发动机制造的核心资源，消费机无人机销量同样继续保持高速增长；工业机器人市场快速升温，企业"走出去"步伐不断加快，海外投融资及跨国并购事件不断，美的集团收购德国库卡机器人公司，并与安川电机合资成立两家机器人子公司；卫星导航和轨道交通增速相对平稳，我国在全球范围内首次实现拟运营高铁动车组列车时速420公里交会和重联运行，进一步巩固了我国高铁全球领先地位；海洋工程装备则在2015年经历了急速下滑之后出现了扭转势头。

"十三五"伊始，国家继续高度重视发展高端装备制造业，2016年以来已经相继推出了包括机器人、高档数控机床等多个领域在内的"十三五"专项规划，明确了未来五年的发展目标、方向和任务。截至2015年末，我国高端装备制造业销售收入已经超过6万亿元，占整个装备制造业比重达到15%，《高端装备制造产业"十二五"发展规划》目标顺利实现，到2020年有望达到25%。此外，不少地方省市也在着手积极布局高端装备产业发展。其中，浙江省继续发挥地区资源优势，将高端装备制造业列为未来发展的七大万亿级产业之一，并以工业机器人与智能制造装备作为重点规划项目，预计到2020年，规模以上高端装备制造业总产值超1.1万亿元，年均增长达到15%。

（三）新材料产业处于强劲发展阶段

作为八大战略性新兴产业和《中国制造2025》重点发展的十大领域之一，2016年我国新材料产业依然处于强劲发展阶段，产业规模已突破万亿元，年均增速仍保持在20%以上，关键材料研发不断取得新突破。如2016年，北京碳世纪科技有限公司发布全球首款石墨烯空气净化器"烯净"，幸福人生态农业开发股份公司成功利用41吨秸秆制成可降解塑料销往韩国。根据国家知识产权局的统计数据，2016年新材料产业专利申请分布的国家和地区中，中国市场以16%的专利布局数量位居全球第二，中国石油化工股份有限公司跻身全球专利申请量前十强。尽管"十二五"期间经历了高速增长，我国新材料产业目前依然面临几大难题，一是低端基础材料产能过剩、先进基础材料品质不高，二是关键战略材料高度依赖进口、国产化水平较低，三是前沿材料创新能力不足、成果转化率偏低。为解决上述难题，新材料产业"十三五"发展规划提出，通过升级基础材料、发展战略材料、遴选前沿材料，显著提升关键材料综合保障能力，全面推动新材料产业向中高端迈进，新材料产业再次迎来发展黄金期。

（四）生物产业发展持续向好

随着人口老龄化速度加快，我国生物相关行业发展持续向好。2016年1~9月，我国医药工业规模以上企业实现主营业务收入21034亿元，同比增长10.1%，高于全国工业整体增速6.4个百分点，我国在全球医药行业中的市场地位得到进一步巩固，预计到2020年将成为仅次于美国的第二大药品市场。但由于投入成本高、盈利周期长，生物医药行业依然面临资金短缺、研发力量薄弱、成果转化率低等因素的制约，美国、欧盟、日本等发达国家和地区持有94%以上的专利，其中美国占有近六成的全球生物医药专利，这成为限制我国生物医药产业发展的重要门槛。

医疗器械行业继续保持高速发展，2010年以来市场规模复合增长率高达17%，大大高于全球平均增速。《2015中国医疗器械行业发展蓝皮书》显示，我国医疗器械市场总规模在2015年已达到3080亿元，2016年市场规模为3600亿元左右，其中影像设备、体外诊断和高值耗材占据近50%的市场份额，但目前中小企业林立、以中低端产品为主的局面仍未改变，高端设备国产化进程有待加快。此外，生物质能行业同样延续了"十二五"时期快速发展的势头，开发利用规模不断扩大，生物质发电和液体燃料已形成一定规模，生物质成型燃料和生物天然气逐渐起步。目前，我国可再生能源消费比重约为12%，生物质能仅占全部可再生能源利用量的8%左右，总体来说，仍处于发展初期，专业化程度不高，大型企业不多，市场体系不够完善，尚未成功开拓高价值商业化市场。

（五）新能源汽车实现爆发式增长

近年来，新能源汽车消费进入发展快车道。2015年，中国全年新能源汽车产销量达到37.9万辆，约占全球总量的64%，成为全球最大的新能源汽车市场。2016年，受消费升级换代和1.6升及以下购置税减半等政策的激励，新能源汽车市场销售火爆，产量实现爆发式增长，仅上半年新能源汽车产量就达20.7万辆，产量和销量与上年同期相比分别增长125.0%和

133.1%（见图2），当前产销量累计已超过50万辆，而同期全国汽车销量仅增长8.1%。

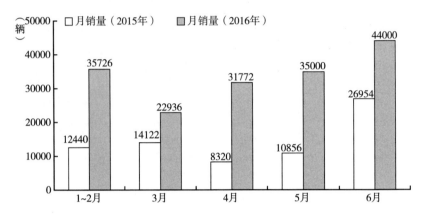

图2 2015年与2016年中国新能源汽车月销量对比

《中国新能源汽车产业发展报告（2016）》显示，私人购买新能源汽车的消费者集中在北京、上海和深圳等汽车限购城市。从纯电动客车来看，宇通领跑纯电动客车市场，2016年上半年销量达到5784辆，中通紧随其后，销量为5384辆。新能源乘用车市场上，比亚迪凭借唐、秦系列产品稳坐销量龙头，2016年上半年两款汽车销量分别达到19134辆和9404辆，是位列第二的北汽EV系列的3倍左右。此外，国家不断出台政策加大行业规范力度，一方面开展"骗补"核查工作，另一方面出台《汽车动力蓄电池行业规范条件》，进一步提高行业准入门槛。

（六）新能源应用规模继续扩大

风电装机并网容量仍保持快速增长趋势，根据国家能源局发布的数据，2016年前三季度全国风电累计并网容量达到1.39亿千瓦，同比增长28%；风电上网电量1693亿千瓦时，同比增长27%；平均利用1251小时，同比下降66小时，但降幅呈逐渐收窄趋势。光伏发电方面，由于2015年12月国家发改委《关于完善陆上风电光伏发电上网标杆电价政策的通知》下调了光伏上网标杆电价，并明确 2016 年以前备案并纳入规模管理的光伏项目（如在 2016 年 6 月 30 日以前仍未全部投运的，及 2016 年 1 月 1 日后备案并纳入年度规模管理的项目）执行下调后的标杆电价。为获得原有电价补贴，各地光伏项目纷纷在政策落地前发起抢装潮，2016 年上半年新增光伏装机量同比增长近 3 倍，多晶硅企业迎来发展利好，产能利用率高达 90%，主要企业毛利率甚至达到 20% 以上，但下半年市场增长放缓、竞争加剧，企业经营压力增大，利润空间被压缩，同时受电力消纳及输送能力限制，弃光限电矛盾也更加突出。

（七）节能环保行业增速亮眼

根据可获得数据，2016 年上半年，环保行业市场规模节节攀升，上市公司实现营业收入 663.1 亿元，同比增长 20.3%，大幅超过我国国内生产总值增长速度。PPP 项目持续为环保行业注入活力，2016 年 4 月，环境保护部出台《关于积极发挥环境保护作用促进供给侧结构性改革的指导意见》，大力推动环保项目的政府与社会资本合作模式，在全国范围建立起PPP 项目库，并且明确国家各项财政资金将优先支持环保类项目。截至2016 年 6 月底，全国 PPP 项目库中环保及公用事业类项目多达 9285 个，对应投资额为 10.6 万亿元，分别占全部入库项目的 34.4% 和 17.05%。项目落地率也有所提升，实际签订项目达 77 例，投资金额为 552 亿元人民币，其中以烟气处理、污水处理和垃圾焚烧发电项目为主，也涉及市政环卫、餐厨及土壤修复等项目。

（八）数字创意产业快速起步

战略性新兴产业"十三五"发展规划明确将数字创意产业列入八大产业之中。数字创意产业依托现代化信息基础设施，运用大数据、物联网、云计算等先进信息技术进行创意或设计服务，包括电子期刊、网络视频、IPTV 等新型数字媒体建设，音乐、动漫、影视、游戏等新型数字文化体育娱乐产业，三维城市展示、可视化城市基础设施管理等数字内容创意产业，虚拟现实、增强现实、全息成像、裸眼 3D 等数字文化创意技术设备，以及工业设计和人居环境设计服务业等。

数字创意产业对创意思维、展示和体验有严格要求，具有较高的人才、品牌、技术和规模等进入壁垒。目前，我国数字创意产业仍处在探索和尝试发展阶段，但国内经济平稳较快增长、国民消费水平不断提升为数字创意产业提供了广阔的市场空间。以虚拟现实为例，据艾瑞咨询统计，2015 年，微软出品的 Xbox One 与索尼出品的 PlayStation 4 在中国的合计销售量为 55 万台，而同期全球销量高达 2418 万台。尽管规模偏小，但随着内容创意逐步丰富，视听体验不断提升，智能终端用户规模持续增长和下一代移动通信网络实现大规模商用，行业未来发展前景十分可观。

三 2017年中国战略性新兴产业发展趋势

（一）产业发展政策体系全面细化落地，有力支撑战略性新兴产业快速深入发展

"十三五"时期，是全面建成小康社会的决胜阶段，也是战略性新兴产业发展大有作为的重要战略机遇期。在经济处于"三期叠加"、原有增长动力减弱、增长步入"新常态"的大背景下，党中央、国务院积极推进供给侧结构性改革，深入实施西部大开发、创新驱动等重大发展战略，并相继出台了《中国制造 2025》《国务院关于积极推进"互联网 +"行动的指导意见》《"十三五"国家科技创新规划》《国家创新驱动发展战略纲要》等重大指导政策，为推动技术创新、管理创新、模式创新和产业创新提供了良好的政策环境支撑，为培育壮大战略性新兴产业带来新契机。

根据"十三五"规划纲要，未来五年计划实施的 100 项重大工程及项目中，超过一半的和战略性新兴产业相关，以使战略性新兴产业增加值占 GDP 的比重达 15% 的战略目标顺利实现。2017 年，促进战略性新兴产业发展的政策体系将进一步细化落地，政策组合进一步衔接优化，前沿技术和重

点领域发展指导规划相继出台，产业调整和变革方面进一步明晰，产业发展将进入全面深入推进期。

（二）大数据、云计算、物联网等产业开启黄金发展时代

随着互联网、移动智能设备的快速普及，万物互联成为大势所趋。根据第三届世界互联网大会发布的《2016年世界互联网发展乌镇报告》，全球固定宽带用户已达8.84亿，移动宽带用户数为36亿，移动蜂窝网络覆盖了全球95%的人口。由此，当前全球数据量呈现爆炸式增长，催生了能够对海量数据进行挖掘分析的计算需求，从而培育了大数据、云计算、物联网等新兴技术市场，并且正在向经济社会各个领域逐渐渗透融合。该报告指出，全球大数据市场规模将达到1.03万亿美元，是2015年的10倍左右。根据思科发布的云计算市场展望报告，在大数据和物联网的推动下，到2020年全球92%的工作量将由云数据中心处理，云计算市场规模年均复合增长率将达到22%。2017年，随着各项政策的配套落实，中国大数据、云计算和物联网的产业规模继续高速扩张，年均增长率将达到20%以上，开始进入黄金发展时代。

（三）智能制造助推工业机器人发展，核心技术亟待突破

工业机器人小型化、简单化、精确化的特性，满足了电子信息制造业高精度、高效率的生产需求，极大地提高了制造业信息化水平。目前，我国已成为全球最大的工业机器人需求市场，给工业机器人产业发展带来了强大的发展原动力。根据联合国机器人联合会统计数据，我国每年新增进口工业机器人装机量平均以25%的速度迅猛增长，远超过全球范围内工业机器人10%的增长速度。预计到2020年，我国将达到目前世界发达国家机器人装机密度中等水平，需增加机器人装机量130万台，直接增加产值达2500亿元。

2017年，国家将继续大力推进制造业智能化转型，深度促进工业化和信息化融合发展，着力提高工业自动化水平，带动工业机器人快速发展。特别是控制器、私服系统和减速器这三大核心零部件，未来五年的年均复合增

长率将达到 25%~30%。尽管我国已经基本掌握工业机器人硬件部分，但软件部分仍与国外品牌存在差距，其中日系品牌占据了我国伺服系统市场一半的份额，核心零部件生产技术仍然有待突破。

（四）绿色低碳理念深入人心，节能环保产业迎来发展机遇

"十三五"时期，节能环保产业地位空前提升。首先，"十三五"规划纲要提出，要加快改善生态环境，并围绕这一目标在环境综合治理、生态安全保障机制、绿色环保产业发展等方面进行了总体部署。环保、绿色和美丽中国被纳入"十三五"6个重要目标任务、5大发展理念，100个重大工程及项目中环保类占到16个。其次，2016年中央政府工作报告进一步明确，要大力发展节能环保产业，将其培育成我国发展的一大支柱产业。最后，随着"水十条""大气十条"的细化落实，以及"土十条"和《"十三五"节能环保产业发展规划》的预期出台，节能环保产业的地位将达到前所未有的高度。

随着节能环保领域顶层设计的逐步完善，配套政策体系的持续加码扶持，以及绿色低碳理念进一步深入人心，预计2017年我国节能环保领域投资将大幅增长，依然延续高景气度。同时，PPP等创新投资融资模式将继续整体推动节能环保产业快速发展。

（五）数字创意产业异军突起，引领社会消费新风尚

在2016年的政府工作报告中，数字创意产业首次被提及，并且被纳入了"十三五"规划纲要，成为国家重点发展的战略性新兴产业之一。因此，"十三五"期间，数字创意产业将受到高度重视，成为内需增长的有力支撑。从全球范围来看，数字创意产业集中在几个主要发达国家，其中，英国产生了全球15%的音乐创作，美国创造了全球33%的电影票房，日本的动漫产业则占全球市场份额的60%。我国数字创意产业主要包括网络文学、动漫、影视、游戏、创意设计、VR、在线教育7个细分领域，其中游戏市场规模高达1424亿元，用户消费意愿较强，但总体来说仍处于起始发展阶

段，在国民生产总值中所占比重仅为0.7%左右，存在较大的发展空间。

2016年以来，我国数字创意产业已集聚了4600多家企业、近22万从业人员，产值已突破1000亿元。因此，2017年我国数字创意产业将进入高速发展期，引领国内消费新风尚。其中，电竞、VR等细分领域增长潜力旺盛，未来将成为新的重要增长点。在线教育结合语音识别、AI等的应用前景十分广阔，符合技术发展潮流，市场消费也将十分强劲。

参考文献

国务院：《中国制造2025》，2015。

《2016年上半年我国通信设备制造业经济运行状况及预测》，中国通信工业协会网站，2016年8月。

《2016年1~9月电子信息制造业运行情况》，工业和信息化部网站，2016年10月。

《2016上半年我国装备制造业发展趋势：迈向高端》，中国报告大厅，2016年7月。

《污水处理关键技术六大成果》，节能环保网，2016年7月。

《全球首发"三合一"太阳模拟器》，中国新能源网，2016年7月。

《财智BBD新经济指数（试行版）》，财新网，2016年3月3日。

《战略性新兴产业成为经济发展的"主角"当仁不让》，央广网，2016年11月17日。

《战略性新兴产业成为中国经济蓄势前行的新动力》，中国新闻网，2016年11月8日。

政 策 篇

Policy Reports

B.3
新一代信息技术产业相关政策解析

杨培泽*

摘　要： 　新一代信息技术产业作为战略性新兴产业的重要组成部分，在促进我国经济增长与结构调整方面有着重要的作用，对推动我国新技术、新产业、新业态的快速发展有着重要的意义。近年来，各级政府部门出台多项政策来支持新一代信息技术产业的发展，本文对"十二五"期间及"十三五"初期新一代信息技术领域六大细分产业的政策进行了全面的分析与梳理，并结合产业特征和发展趋势，对我国新一代信息技术产业政策方向进行研究和展望，提出"十三五"期间该领域产业政策的发展思路和建设性意见，以期为新一代信息技术的发展提供借鉴和参考。

关键词： 　新一代信息技术产业　产业政策　政策亮点

* 杨培泽，国家工业信息安全发展研究中心工程师，研究方向为产业经济。

一　产业相关主要政策进展

新一代信息技术产业作为战略性新兴产业的重要组成部分，国务院及工信部、国家发改委、财政部、科技部等部委及地方政府部门对新一代信息技术领域的六大产业下一代通信网络、物联网、三网融合、新型平板显示、高性能集成电路和以云计算为代表的高端软件出台了在产业技术、产业发展、市场培育和公共服务等方面的多项政策，以政策支持来促进新一代信息技术产业的发展。"十二五"期间，新一代信息技术产业把握信息技术升级换代和产业融合发展机遇，在各项政策的支持下，加快建设宽带、融合、安全、泛在的下一代信息网络，突破超高速光纤与无线通信、物联网、云计算、数字虚拟、先进半导体和新型显示等新一代信息技术，推进信息技术创新、新兴应用拓展和网络建设的互动结合，创新产业组织模式，提高新型装备保障水平，培育新兴服务业态，增强国际竞争能力，带动我国信息产业实现由大到强的转变。

"十三五"期间，新一代信息技术产业在政府工作报告及相关政策文件中被多次提及。2016 年的政府工作报告指出，我国要在重视传统的工农业基础设施建设的基础上，特别关注包括互联网、物联网、云计算和大数据在内的新信息技术的广泛应用。新一代信息技术产业作为"新经济"的重要组成部分，政府工作报告在强调广泛应用信息技术的同时，还提出要促进信息消费，壮大网络信息、智能家居、个性时尚等新兴消费，运用信息网络等现代技术，推动生产、管理和营销模式变革，重塑产业链、供应链、价值链，改造提升传统动能，使之焕发新的生机与活力。政府工作报告中深入推进"中国制造 + 互联网"这一提法，也肯定了信息技术对生产要素升级的重要意义。中国制造经过长期发展，积累了丰富的经验，在相关政策的支持和引导下，依托云计算和大数据平台将进一步提升中国制造的整体优势。

国务院于 2016 年 8 月发布《"十三五"国家科技创新规划》，指出大力发展泛在融合、绿色宽带、安全智能的新一代信息技术，研发新一代互联网技术，保障网络空间安全，促进信息技术向各行业广泛渗透与深度融合。该规划提出了先进计算技术、网络与通信技术、自然人机交互技术和微电子和光电子技术四个新一代信息技术发展方向，并扩展了新一代信息技术产业原有的六个细分产业，把微纳电子与系统集成技术、光电子器件及集成、高性能计算、人工智能、智能交互、虚拟现实与增强现实和智慧城市等领域纳入新一代信息技术产业，为未来新一代技术产业发展指明了方向。

梳理已发布的新一代信息技术产业政策，大致可将其作用进行如下归纳。首先，对新一代信息技术产业发展方向起到重要的引导作用，新一代信息技术产业作为一个高速发展的新兴领域，产业发展容易走进误区，近些年出台的相关产业政策有效地推动了产业理性发展。其次，降低了新一代信息技术产业的系统性风险，在产业发展遇到困难之时帮助其寻找新的出路。最后，规范新一代信息技术产业市场，新一代信息技术产业作为一个新兴发展起来的市场，市场培育和公共服务等方面的政策使得市场更加专业化和秩序化。当然新一代信息技术产业政策也存在一定的弊端和漏洞，这也是产业政策不能完全避免的问题。

（一）下一代通信网络政策进展

2016 年下一代信息通信网络领域中产生了众多的新产品、新技术、新业务、新模式，特别是信息通信业在"中国制造 2025""互联网＋""大众创业、万众创新"等方面取得了很多重大突破，涵盖移动通信（5G）、虚拟运营、智能终端、信息安全、各类新型互联网应用及智能硬件等。在相关政策的支持下，我国的信息通信行业一直保持着良好的发展势头，已经逐步成为支撑和引领经济社会发展的一大重要驱动力。

"十二五"期间，国务院和国家发改委、工信部等部委先后出台多项政策来支持下一代通信网络产业的发展。国务院于 2013 年 8 月印发《"宽带中国"战略及实施方案》，以加强我国宽带战略引导和系统部署，推动基础设施快速健康发展，这是"宽带中国"战略及实施方案首次从国家层面明确提出。宽带网络是新时期我国经济社会发展的战略性公共基础设施，发展宽带网络对拉动有效投资和促进信息消费、推进发展方式转变和小康社会建设具有重要支撑作用。2015 年 5 月发布《国务院办公厅关于加快高速宽带网络建设推进网络提速降费的指导意见》，指出随着"宽带中国"战略的启动实施和持续推进，我国宽带发展水平有了显著提升，但仍与人民群众的需求和用户期望差距较大。这也说明"宽带中国"战略的实施对推动下一代通信网络产业发展起着至关重要的作用，同时，在"十三五"期间，需要继续推进下一代通信网络产业发展，我国需要更加明确、细化的政策来支持和引导下一代通信网络产业。

工信部于 2012 年 3 月发布《电子商务"十二五"发展规划》，指出信息技术持续发展给电子商务发展带来新条件，宽带、融合、安全和泛在的下一代国家信息基础设施加快建设，新一代移动通信网、下一代互联网和数字广播电视网加快布局，智能搜索和社区网络等应用形式不断涌现，新技术的发展为电子商务创新发展提供了更好的技术条件，该规划对"十二五"期间电子商务的发展有着重要的作用。此外，为贯彻落实《中华人民共和国国民经济和社会发展第十二个五年规划纲要》文件精神，加快推进我国信息化事业发展，工信部会同国务院有关部门编制《信息化发展规划》并于 2013 年 10 月印发。规划指出，推动信息化深入发展，对加快推动经济结构调整和发展方式转变，拉动有效投资和消费需求，不断改善民生具有重要意义，并提出到 2015 年下一代国家信息基础设施初步建成的目标。

国家发改委、科技部等部委也有相关政策对下一代通信网络产业给予支持，2012 年 3 月，国家发改委等单位为加快推进我国下一代互联网发展，联合研究制定了《关于下一代互联网"十二五"发展建设的意见》。该意见指出，抓住新形势下技术变革和产业发展的历史机遇，在现有互联网基础上进行创新，发展地址资源足够丰富、设施先进、节能泛在、安全可信的下一代互联网，提供更大信息量和多样化的业务应用，更智能地支持人与人、人与物、物与物相互联通，为社会生产生活构建更坚实的信息基础，这对加强信息化建设、维护国家安全和促进经济发展方式转变具有重要意义。意见提出我国发展下一代互联网的指导思想、基本原则、发展目标、产业发展路线图和时间表等内容，全面细致地引导下一代互联网产业的发展。

2016 年 3 月发布的《中华人民共和国国民经济和社会发展第十三个五年规划纲要》指引和影响着未来国内信息通信业的发展。在该规划纲要中，新一代信息通信被列为要加快突破核心技术的首要领域。纲要提出实施网络强国战略，加快建设数字中国，推动信息技术与经济社会发展深度融合，加快推动信息经济发展壮大，构建泛在高效的信息网络、发展现代互联网产业体系、实施国家大数据战略、强化信息安全保障等。当前，信息通信技术的发展日新月异，新一代信息通信技术与经济社会各领域的跨界融合，已成为当前全球新一轮科技革命和产业变革的核心内容。随着互联网服务与应用在各行各业的迅速拓展，信息通信业将面临新的发展机遇和挑战，行业发展模式、结构都将发生一系列变化。根据未来产业发展趋势，纲要提出完善新一代高速光纤网络、构建先进泛在的无线宽带网、加快信息网络新技术开发应用和推进宽带网络提速降费四点要求，以指引未来下一代信息通信网络产业的发展。

2016 年 8 月，国务院印发了《"十三五"国家科技创新规划》。新一代宽带无线移动通信网是《"十三五"国家科技创新规划》中的国家科技重大专项之一。规划提出开展第五代移动通信（5G）关键核心技术和国际标准以及 5G 芯片、终端及系统设备等关键产品研制，重点推进 5G 技术标准和生态系统构建，支持 4G 增强技术的芯片、仪表等技术薄弱环节的攻关，形成完整的宽带无线移动通信产业链，保持与国际先进水平同步发展，推动我国成为宽带无线移动通信技术、标准、产业、服务与应用领域的领先国家之一，为 2020 年启动 5G 商用提供支撑。此外，在部署启动新的重大科技项目和工程中，下一代信息通信网络领域涉及量子通信与量子计算机、国家网络空间安全和天地一体化信息网络等项目。从《"十三五"国家科技创新规划》中可以看出，未来下一代信息通信网络所涵盖的领域越宽泛，对应所需要的政策应越明细化。

（二）物联网政策进展

物联网是中国战略性新兴产业的重要组成部分，蕴含着巨大的经济价值，赋予了"两化融合"更多智能化内涵，用物联网改造传统产业，必将提升传统产业的经济附加值，有力推动我国经济发展方式由生产驱动向创新驱动的转变，促进我国产业结构的调整；同时，随着物联网新技术、新产品、新应用、新服务模式的创新，也必将催生一批新兴业态，成为中国新的经济增长点。2009 年 11 月，国家将物联网列为我国战略性新兴产业之一。2010 年 10 月国务院发布《国务院关于加快培育和发展战略性新兴产业的决定》。根据该决定，物联网作为新一代信息技术中重要的一项被列入其中，成为国家首批加快培育的七个战略性新兴产业之一，这对中国物联网的发展具有里程碑式的重要意义。

"十二五"期间，我国高度重视物联网的发展，且把物联网产业提升为国家战略产业。为更好地推进我国物联网发展，近几年国家和地方相关部门出台了一系列政策和激励措施，使我国物联网在技术标准研究、应用示范和推进、产业培育和发展等领域取得了很多进步。2011 年 3 月发布的《中华人民共和国国民经济和社会发展第十二个五年规划纲要》提出，要推动重点领域跨越发展，大力发展新一代信息技术等战略性新兴产业。物联网是新一代信息技术的高度集成和综合运用，已被国务院作为战略性新兴产业上升为国家发展战略。

2013 年 2 月《国务院关于推进物联网有序健康发展的指导意见》发布。该意见提出，到 2015 年，我国要实现物联网在经济社会重要领域的规模示范应用，突破一批核心技术，培育一批创新型中小企业，打造较完善的物联网产业链，初步形成满足物联网规模应用和产业化需求的标准体系，并建立健全物联网安全测评、风险评估、安全防范、应急处置等机制。意见指出，将建立健全有利于物联网应用推广、创新激励、有序竞争的政策体系，抓紧推动制定完善信息安全与隐私保护等方面的法律法规。建立鼓励多元资本公平进入的市场准入机制。加快物联网相关标准、检测、认证等公共服务平台建设，完善支撑服务体系。加强知识产权保护，加快推进物联网相关专利布局，从而推动物联网健康有序的发展。国务院办公厅于 2013 年 3 月发布《国家重大科技基础设施建设中长期规划（2012～2030 年）》，指出物联网、三网融合和云计算发展对现有互联网提出了巨大挑战，基于 TCP/IP 协议的互联网依靠增加带宽和渐进式改进已经无法满足未来发展的需求，建设未来网络试验设施，涵盖物联网应用、空间信息网络仿真、网络信息安全等开放式网络试验系统，该设施建成后，网络覆盖规模超过 10 个城市。

工信部于 2011 年 5 月发布《工业和信息化部 2011 年标准化重点工作》，提出将围绕"十二五"规划纲要和产业发展重点，加强标准战略研究，加快物联网等重要领域标准制定和修订，为保持工业通信业平稳较快发展做好支撑。2012 年 2 月工信部发布了《"十二五"物联网发展规划》，提出到 2015 年，中国要在物联网核心技术研发与产业化、关键标准研究与制定、产业链条建立与完善、重大应用示范与推广等方面取得显著成效，初步形成创新驱动、应用牵引、协同发展、安全可控的物联网发展格局。2012 年 8 月 17 日《无锡国家传感网创新示范区发展规划纲要（2012～2020 年）》发布。根据该纲要，中国将加大对示范区内物联网产业的财政支持力度，加强税收政策扶持；同时，推进物联网企业通过资本市场直接融资。2014 年 6 月，工信部发布《工业和信息化部 2014 年物联网工作要点》，指出物联网的工作重点包括突破核心关键技术、开展重点领域应用示范和营造良好发展环境等六个方面。2014 年 7 月印发的《国家物联网发展及稀土产业补助资金管理办法》规范了专项资金的使用管理，充分发挥财政资金的引导和带动作用，促进我国物联网产业健康、有序发展。

财政部于 2011 年 4 月发布了《物联网发展专项资金管理暂行办法》，指出专项资金是由中央财政预算安排，用于支持物联网研发、应用和服务等方面的发展。国家发改委于 2013 年 10 月下发通知，要求各地组织开展 2014～2016 年国家物联网重大应用示范工程区域试点，支持各地结合经济社会发展实际需求，在工业、农业、节能环保、商贸流通、交通能源、公共安全、社会事业、城市管理、安全生产等领域，组织实施一批示范效果突出、产业带动性强、区域特色明显、推广潜力大的物联网重大应用示范工程区域试点项目，推动物联网产业有序健康发展。2014 年 7 月，国家发展改革委、工信部、科技部、教育部、国家标准委联合物联网发展部际联席会议相关成员单位制定了 10 个物联网发展专项行动计划，根据各行动计划的指导思想、总体目标、重点任务、分工与进度、保障措施等，细化具体措施，加强沟通协调，务实推进了相关工作。

"十三五"期间，物联网仍然是关注的重点领域。"十三五"规划纲要指出要发展现代互联网产业体系，实施"互联网＋"行动计划，促进互联网深度广泛应用，带动生产模式和组织方式变革，形成网络化、智能化、服务化、协同化的产业发展新形态。需要进一步夯实互联网应用基础，推进物联网发展，推进物联网感知设施规划布局，发展物联网开环应用，推进信息物理系统关键技术研发和应用，建立"互联网＋"标准体系。2016 年 10 月《工业和信息化部关于印发信息化和工业化融合发展规划（2016～2020 年）的通知》发布，指出物联网在重点行业应用不断加深，但是我国两化融合发展仍存在整体水平不高、第三方公共服务平台支撑不足、核心技术薄弱、融合发展生态环境尚不健全等问题。"十三五"时期亟须推动两化深度融合，提升生产经营效率，需要以物联网等为代表的新一代信息技术加速向制造业渗透融合，成为制造业转型升级新动力。

（三）三网融合政策进展

当前，三网融合已经上升为国家战略的高度，其所涉及的广电业、电信业和互联网产业都是技术和知识密集型产业，而且我国在这三个产业领域均已有良好的应用基础。由于该领域产业体量巨大，需要相关产业政策做好顶层设计，这对推进调整产业结构和发展电子信息产业有着重大的意义。实际上，早在 2009 年"两会"时，三网融合就被首次写进了政府工作报告，而国务院常务会议的召开表明，落实三网融合已经进入了实质性的推进阶段。此外，国务院常务会议也原则上通过了《电子信息产业调整和振兴规划》。该规划明确表示，将落实数字电视产业政策，推进三网融合，而数字电视推广与集成电路升级及新型显示和彩电工业转型等成为政府重点支持的六大工程。

2010年7月1日，国务院办公厅公布了第一批三网融合试点地区名单，三网融合试点工作正式启动。为了指导和推进三网融合第一阶段试点工作有序开展，国务院三网融合工作协调小组办公室于2010年7月20日向三网融合试点地区所在省（市）人民政府办公厅印发了《关于三网融合试点工作有关问题的通知》，以进一步推进三网融合工作。

工信部于2012年3月发布了《电子商务"十二五"发展规划》，指出加快布局新一代移动通信网、下一代互联网和数字广播电视网，全面推进三网融合。工信部为进一步推进"三网融合"工作，加快推进我国信息化事业发展，在2013年10月会同国务院有关部门编制了《信息化发展规划》。规划指出，到2015年，信息化和工业化深度融合取得显著进展，经济社会各领域信息化水平显著提升。同时，规划指出加快推进"三网融合"，并提出下一代国家信息基础设施初步建成等五个具体目标。

2015年8月，国务院办公厅印发《三网融合推广方案》，该方案分为工作目标、主要任务和保障措施3部分，其中指出当前主要任务有在全国范围推动广电、电信业务双向进入，加快宽带网络建设改造和统筹规划，强化网络信息安全和文化安全监管及切实推动相关产业发展。2016年3月，国务院三网融合工作协调小组办公室下发了标号为国协办〔2016〕1号文《关于在全国范围全面推进三网融合工作深入开展的通知》。该通知针对现阶段双向进入业务许可申请和审批工作，广电、工信的行业监督职责划分，具体工作要求以及协调机制做了进一步的明确和重申。为贯彻落实推广方案各项工作要求，2016年4月《国务院三网融合工作协调小组办公室关于在全国范围全面推进三网融合工作深入开展的通知》发布，强调在全国范围内加快推进相关工作深入开展，各地协调小组应通过信息简报等方式，每季度向国务院协调小组办公室报送本地区三网融合工作进展情况以及工作中出现的情况问题、经验做法，进一步推动三网融合工作开展。

"十三五"规划纲要提出推进宽带网络提速降费，开放民间资本进入基础电信领域竞争性业务，形成基础设施共建共享、业务服务相互竞争的市场格局。深入推进"三网融合"，强化普遍服务责任，完善普遍服务机制。开展网络提速降费行动，简化电信资费结构，提高电信业务性价比，完善优化互联网架构及接入技术、计费标准，加强网络资费行为监管。2016 年 5 月，工信部正式向中国广电网络有限公司颁发《基础电信业务经营许可证》，广电国网被定义为第四大运营商，这也意味着"三网融合"又迈出了实质性的一步。

（四）新型平板显示政策进展

显示产业是电子信息产业的支柱，其发展水平是一个国家的科技实力和国际竞争力的重要体现。同时，平板显示在产业链中具有承上启下的作用，其发展将有力带动上下游数十个产业的共同发展。当前，平板显示产业发展的一个核心标志是增速降低，因此，产业转型的真正机会在于重新整合和融合，着力深化转型创新战略。新型显示是智能制造的重要切入点，需要政策的支持去改变产业增长方式，调整产业结构。在"互联网＋"的时代背景下，更需要在产业政策的扶持下，通过装备升级和技术创新，实现对我国平板显示行业自主创新、结构调整优化的最大支撑。

"十二五"期间，相关政策对平板显示产业大力扶持，2011 年 6 月，国家发改委、科技部、工信部、商务部、国家知识产权局联合研究审议发布《当前优先发展的高技术产业化重点领域指南（2011 年度）》，指出将新型显示专用设备等列为优先发展的重点产业。2011 年 12 月国务院发布《工业转型升级规划（2011～2015 年）》，指出在新型平板显示产业，重点支持 6 代以上 TFT-LCD 面板生产和玻璃基板等核心技术研发。2012 年 7 月国务院发布的《"十二五"国家战略性新兴产业发展规划》指出，将新型显示器件、电子专用设备和仪器作为发展重点，积极有序发展子显示面板产业，完善产业链。

工信部发布的《电子信息制造业"十二五"发展规划》指出，将新型显示器件、电子专用设备和仪器作为发展重点，在新型显示器件、关键元器件、重要电子材料及电子专用设备仪器等领域突破一批核心关键技术,大力发展平板显示器件生产设备和测试仪器,形成整机需求为牵引、面板产业为龙头、材料及设备仪器为基础、产业链各环节协调发展的良好态势。为进一步贯彻落实《国家中长期科学和技术发展规划纲要(2006~2020年)》《国务院关于加快培育和发展战略性新兴产业的决定》《国家"十二五"科学和技术发展规划》,推动新型显示技术和产业发展,科技部组织编制了《新型显示科技发展"十二五"专项规划》,并提出新型显示产业的总体思路、基本原则及发展目标,以更为明确和细致地指导我国新型显示产业的发展。

国家发改委和工信部于2014年10月发布《2014~2016年新型显示产业创新发展行动计划》,提出新型显示产业该阶段的总体要求、重点任务和保障措施。该计划指出我国新型显示产业已进入发展的攻坚期和深水区,需着力解决投资主体相对分散与产业资源集聚、依靠成熟技术满足当前需求与前瞻性技术布局、产业规模迅速扩张与质量效益提升之间的不协调、不平衡问题。新型显示是信息产业重要的战略性和基础性产业,加快新型显示产业发展对促进产业结构优化调整、实施创新驱动发展战略、推动经济提质增效升级具有重要意义。"十三五"期间,为了保持国产企业在平板显示行业的国际竞争力,必须加快材料和设备的本土化进程,加大技术创新力度,但材料和设备的本土化是一个渐进的过程。当前,中国的经济正处在转型升级的关键时刻,平板显示产业在国家所倡导的转型升级中有着非常重要的作用,国家出台相应政策大力支持平板显示产业的发展,以政策红利来引导整个平板显示产业的发展。

(五)高性能集成电路产业政策进展

"十二五"期间,国务院及各部委和地方政府出台了一系列集成电路的相关政策,在国内市场强劲需求的带动下,我国集成电路产业整体保持平稳较快增长,相关数据显示,2015年我国集成电路市场规模达到11024亿元,同比增长6.1%。经过"十二五"期间的努力,国家科技重大专项推动中国集成电路产业发展到了一个新的高度。在重大专项支持下,我国集成电路的技术实力显著增强，系统级芯片设计能力与国际先进水平的差距大幅缩小，制造工艺取得长足进步，培育了一批富有创新活力、具备一定国际竞争力的骨干企业。随着产业投入加大、技术突破与规模积累，在可以预见的未来，集成电路产业将成为支撑自主可控信息产业的核心力量，成为推动两化深度融合的重要基础。

"十二五"期间，2011年1月印发《国务院关于印发进一步鼓励软件产业和集成电路产业发展若干政策的通知》，指出软件产业和集成电路产业是国家战略性新兴产业，是国民经济和社会信息化的重要基础。制定实施相关政策，继续完善激励措施，明确政策导向，对于优化产业发展环境、增强科技创新能力、提高产业发展质量和水平具有重要意义。为进一步优化软件产业和集成电路产业发展环境，提高产业发展质量和水平，培育一批有实力和影响力的行业领先企业，国家制定了财税政策、投融资政策、研究开发政策、进出口政策、人才政策等八项政策推动集成电路产业发展。2014年6月国务院发布《国家集成电路产业发展推进纲要》，指出集成电路产业是信息技术产业的核心，是支撑经济社会发展和保障国家安全的战略性、基础性和先导性产业，当前和今后一段时期是我国集成电路产业发展的重要战略机遇期和攻坚期，为加快推进我国集成电路产业发展，特制定该纲要。纲要指出了当前集成电路产业发展的总体要求、发展目标、主要任务和发展重点，特别提出了设立国家产业投资基金、加大金融支持力度、落实税收支持政策、加强安全可靠软硬件的推广应用四点保障措施。

工信部于2012年2月发布《集成电路产业"十二五"发展规划》，提出了集成电路产业"十二五"期间的目标、任务、发展重点和政策措施。政策措施方面强调，要落实政策法规，完善公共服务体系；提升财政资金使用效率，扩大投融资渠道；推进资源整合，培育具有国际竞争力大企业；继续扩大对外开放，提高利用外资质量；加强人才培养，积极引进海外人才；实施知识产权战略，加大知识产权保护力度。

"十三五"时期，战略性新兴产业要重点培育形成以集成电路为核心的新一代信息技术产业。2015年5月8日国务院印发《中国制造2025》，指出大力推动重点领域突破发展，瞄准新一代信息技术等战略重点，引导社会各类资源集聚，推动优势和战略产业快速发展。在新一代信息技术集成电路及专用装备产业中，着力提升集成电路设计水平，突破关系国家信息与网络安全及电子整机产业发展的核心通用芯片，提升国产芯片的应用适配能力，掌握高密度封装及三维微组装技术，提升封装产业和测试的自主发展能力，形成关键制造装备供货能力。

2016年5月国家发改委、工信部、财政部和国家税务总局联合发布《关于印发国家规划布局内重点软件和集成电路设计领域的通知》，指明了重点集成电路设计领域，选择领域的销售（营业）收入占本企业集成电路设计销售（营业）收入的比例不低于20%的规划布局。国家发改委、工信部会同财政部、国家税务总局，根据国家产业政策规划和布局，对上述领域实行动态调整。2016年5月财政部、国家税务总局、国家发改委、工信部发布《关于软件和集成电路产业企业所得税优惠政策有关问题的通知》，进一步明确企业所得税优惠政策有关问题。

（六）云计算产业政策进展

伴随着《国务院关于促进云计算创新发展培育信息产业新业态的意见》等系列政策的制定出台，云计算发展的政策环境不断完善，已从技术导入期进入产业蓬勃发展、应用迅速普及的新阶段。做好标准工作对激发市场主体活力、增强产业发展内生动力、推动供给侧结构性改革意义重大。目前，阿里云、亚马逊和微软等国际云计算巨头进入中国，国内云计算需求开始涌现，同时云计算产业配套政策也将相继落地。2015年印发《国务院关于促进云计算创新发展培育信息产业新业态的意见》，指出到2017年云计算要深化在重点领域的应用，到2020年云计算应用基本普及，服务能力达到国际先进水平。未来随着扶持政策加码以及云计算技术的日益成熟，行业有望迎来爆发式增长。

"十二五"期间，科技部在2012年9月发布我国首个部级云计算专项规划——《中国云科技发展"十二五"专项规划》，对于加快云计算技术创新和产业发展具有重要意义。2012年7月，发布《国务院关于印发"十二五"国家战略性新兴产业发展规划的通知》，将云计算作为新一代信息技术产业的重要发展方向和新兴业态加以扶持，并将云计算工程作为中国"十二五"发展的二十项重点工程之一。2012年工信部在通信业、互联网行业及软件和信息技术服务业"十二五"发展规划中从不同的角度为云计算产业指明了发展方向和目标，在通信业"十二五"发展规划，将云计算定位为构建国家级信息基础设施、实现融合创新、促进节能减排的关键技术和重点发展方向。互联网行业"十二五"发展规划提出，推动云计算服务商业化发展，构建公共云计算服务平台，并专门设立云计算应用示范工程。在软件和信息技术服务业"十二五"发展规划中，将"云计算创新发展工程"列为八个重大工程之一，强调以加快中国云计算服务产业化为主线，坚持以服务创新拉动技术创新，以示范应用带动能力提升，推动云计算服务模式发展。

通过在"十二五"期间出台云计算相关政策，国内支持云计算发展的宏观政策环境已经初步建立。2015年是国内云计算政策集中出台的一年，国务院先后出台了多项与云计算密切相关的政策文件，中央网信办也发布了关于党政部门云计算安全管理的文件，云计算产业发展、行业推广、应用基础、安全管理等重要环节的宏观政策环境已经基本形成。2015年1月发布的《国务院关于促进云计算创新发展培育信息产业新业态的意见》是未来几年指导我国云计算发展最重要的政策依据。该意见不仅提出了加强全国数据中心建设的统筹规划的要求，还提出了结合云计算发展布局优化网络结构、加快网络基础设施建设升级、优化互联网网间互联架构、提升互联互通质量、降低带宽租费水平等任务，从数据中心、网络等基础设施的层面保障了云计算的健康发展。

2015年国家发布的各项政策从宏观层面为云计算向行业领域的拓展铺平了道路。从政策方面看，适应产业发展情况的法规、政策环境是云计算行业应用发展的基本保障。《国务院关于积极推进"互联网+"行动的指导意见》指明了云计算与传统行业结合的方向。一是在工业领域，通过云计算推动工业生产的智能化升级。二是在金融领域，利用云计算提供的新型平台和技术，实现金融产品和服务的创新。三是在社会化服务领域，无论是医疗、物流还是教育，都可以与云计算相结合衍生新型业务模式。

中央网信办发布的《关于加强党政部门云计算服务网络安全管理的意见》为党政部门开展云计算应用的安全管理奠定了政策基础，提出了安全管理责任不变、数据归属关系不变、安全管理标准不变、敏感信息不出境四条基本要求，为党政部门云计算安全管理定下了基调。该意见还重点提出了建立党政部门云计算服务网络安全审查机制。这一审查机制已经在 2015 年正式启动，包括中国信息通信研究院在内的四家第三方机构已经开始了对国内面向党政部门的云服务企业的审查工作。安全审查不仅将成为云服务商进入政务行业的敲门砖，也将为其他行业领域的云计算服务安全管理提供良好的参照和示范。

中央出台的新一代信息技术相关产业政策具体如表 1 所示。

表 1　针对我国新一代信息技术产业 2010～2016 年中央出台的相关政策

日期	机构	名称	文号
2010.10	国家发展改革委、工业和信息化部	《国家发展改革委　工业和信息化部关于做好云计算服务创新发展试点示范工作的通知》	发改高技〔2010〕2480号
2011.01	国务院	《国务院关于印发进一步鼓励软件产业和集成电路产业发展若干政策的通知》	国发〔2011〕4号
2011.04	国家发展和改革委员会、工业和信息化部、海关总署、国家税务总局	《国家发展和改革委员会　工业和信息化部　海关总署　国家税务总局关于发布2010年度国家鼓励的集成电路企业名单的通知》	发改高技〔2011〕699号
2011.05	国家发展改革委办公厅、工业和信息化部办公厅	《国家发展改革委办公厅　工业和信息化部办公厅关于印发2011年度集成电路产业研究与开发专项资金申报指南的通知》	

日期	机构	名称	文号
2011.11	财政部、国家税务总局	《关于退还集成电路企业采购设备增值税期末留抵税额的通知》	财税〔2011〕107号
2012.02	工业和信息化部	《集成电路产业"十二五"发展规划》	
2012.02	国家发展改革委办公厅	《国家发展改革委办公厅关于组织实施2012年下一代互联网技术研发、产业化和规模商用专项的通知》	发改办高技〔2012〕291号
2012.02	国家发展改革委办公厅	《国家发展改革委办公厅关于组织实施2012年国家下一代互联网信息安全专项有关事项的通知》	发改办高技〔2012〕287号
2012.03	工业和信息化部	《电子商务"十二五"发展规划》	
2012.03	国家发展改革委、工业和信息化部、教育部、科学技术部、中国科学院、中国工程院、国家自然科学基金会	《关于印发下一代互联网"十二五"发展建设的意见的通知》	发改办高技〔2012〕705号
2012.03	国家发展改革委办公厅、工业和信息化部办公厅、教育部办公厅、科技部办公厅、中国科学院办公厅、中国工程院办公厅、国家自然科学基金会办公室	《关于印发下一代互联网"十二五"发展建设的意见的通知》	发改办高技〔2012〕705号
2012.04	财政部、国家税务总局	《关于进一步鼓励软件产业和集成电路产业发展企业所得税政策的通知》	财税〔2012〕27号
2012.04	财政部、海关总署、国家税务总局	《关于进一步扶持新型显示器件产业发展有关税收优惠政策的通知》	财关税〔2012〕16号
2012.09	国家发改委、工业和信息化部	《关于印发2012年度集成电路产业研究与开发专项资金申报指南的通知》	
2012.09	国家发展改革委办公厅、工业和信息化部办公厅	《国家发展改革委办公厅 工业和信息化部办公厅关于印发2012年度集成电路产业研究与开发专项资金申报指南的通知》	
2013.02	国务院	《国务院关于推进物联网有序健康发展的指导意见》	国发〔2013〕7号

续表

日期	机构	名称	文号
2013.08	国务院	《国务院关于印发"宽带中国"战略及实施方案的通知》	国发〔2013〕31号
2013.08	国家发展和改革委员会、工业和信息化部、海关总署、国家税务总局	《国家发展和改革委员会 工业和信息化部 海关总署 国家税务总局关于印发国家鼓励的集成电路企业名单的通知》	发改高技〔2013〕1544号
2013.09	国家发展改革委办公厅、工业和信息化部办公厅、财政部办公厅、商务部办公厅、国家税务总局办公厅	《关于请组织开展2013~2014年度国家规划布局内重点软件企业和集成电路设计企业认定工作的通知》	发改办高技〔2013〕2127号
2013.09	国家发展改革委、工业和信息化部、教育部、科技部、公安部、财政部、国土资源部、商务部、国家税务总局、国家统计局、国家知识产权局、中科院、工程院、国家标准委	《关于印发10个物联网发展专项行动计划的通知》	发改高技〔2013〕1718号
2013.09	国家发展改革委办公厅	《国家发展改革委办公厅关于组织实施2013年移动互联网及第四代移动通信(TD-LTE)产业化专项的通知》	发改办高技〔2013〕2330号
2013.10	工业和信息化部	《工业和信息化部关于印发〈信息化发展规划〉的通知》	工信部规〔2013〕362号
2013.12	国家发展和改革委员会、工业和信息化部、财政部、商务部、国家税务总局	《国家发展和改革委员会 工业和信息化部 财政部 商务部 国家税务总局关于印发2013~2014年度国家规划布局内重点软件企业和集成电路设计企业名单的通知》	发改高技〔2013〕2458号
2014.05	国家发改委、工业和信息化部	《国家发展改革委办公厅 工业和信息化部办公厅关于组织实施新型平板显示和宽带网络设备研发及产业化专项有关事项的通知》	发改办高技〔2014〕893号
2014.06	国务院	《国家集成电路产业发展推进纲要》	
2014.07	财政部、工业和信息化部	《关于印发〈国家物联网发展及稀土产业补助资金管理办法〉的通知》	财企〔2014〕87号

日期	机构	名称	文号
2014.07	国家发展改革委、国家测绘地信局	《国家发展改革委 国家测绘地信局关于印发国家地理信息产业发展规划（2014～2020年）的通知》	发改地区〔2014〕1654号
2014.10	国家发展改革委、工业和信息化部	《关于印发2014～2016年新型显示产业创新发展行动计划的通知》	发改高技〔2014〕2299号
2015.01	国务院	《国务院关于促进云计算创新发展培育信息产业新业态的意见》	国发〔2015〕5号
2015.02	国家发展改革委、工业和信息化部、财政部	《工业和信息化部 发展改革委 财政部关于印发〈国家增材制造产业发展推进计划（2015～2016年）〉的通知》	工信部联装〔2015〕53号
2016.05	财政部、国家税务总局、国家发展改革委、工业和信息化部	《关于软件和集成电路产业企业所得税优惠政策有关问题的通知》	财税〔2016〕49号
2016.05	国家发展改革委、工业和信息化部、财政部、国家税务总局	《国家发展和改革委员会 工业和信息化部 财政部 国家税务总局关于印发国家规划布局内重点软件和集成电路设计领域的通知》	发改高技〔2016〕1056号
2016.05	国家发展改革委、科技部、工业和信息化部、中央网信办	《关于印发〈"互联网＋"人工智能三年行动实施方案〉的通知》	发改高技〔2016〕1078号
2016.07	国家发展改革委	《国家发展改革委关于印发〈"互联网＋"高效物流实施意见〉的通知》	发改经贸〔2016〕1647号
2016.07	国家发展改革委、交通运输部	《国家发展改革委 交通运输部关于印发〈推进"互联网＋"便捷交通 促进智能交通发展的实施方案〉的通知》	发改基础〔2016〕1681号
2016.07	中共中央办公厅、国务院办公厅	《国家信息化发展战略纲要》	

资料来源：笔者根据公开资料整理。

二 产业相关政策亮点

（一）科学规划与实施，促进产业健康发展

新一代信息技术产业制定多个规划实质上是政府引导各个细分产业的长

远发展战略，通过制定相关规划可以充分考虑中央全面规划和地方具体发展规划之间的协调，平衡新一代信息技术产业政策、财政政策、投资政策、环境生态政策等方面的关系，确定优先发展、加强巩固和逐步升级的顺位关系，由政府着眼于新一代信息技术产业的长远利益，平衡经济发展与社会治理等因素的统筹协调。政府制定实施新一代信息技术产业相关规划，基于公共管理者身份，超越自身或部分利益代表之角色，从经济社会发展全局出发科学地确定国家、地方或行业的发展规划，对新一代信息技术产业的健康发展有着非常重要的作用。

"十二五"期间，新一代信息技术产业相关的规划型产业政策一直伴随着产业发展。国务院及各大部委在新一代信息技术产业的各个细分产业都出台了相关的规划，下一代通信网络产业方面，制定了《电子商务"十二五"发展规划》和《信息化发展规划》等政策；物联网产业方面，出台了《关于印发 10 个物联网发展专项行动计划的通知》和《"互联网＋"人工智能三年行动实施方案》等政策；三网融合产业方面，在《电子信息产业调整和振兴规划》和《信息化发展规划》等政策中涉及；新型平板显示产业方面，发布了《新型显示科技发展"十二五"专项规划》和《2014～2016 年新型显示产业创新发展行动计划》等政策；高性能集成电路产业方面，出台了《集成电路产业"十二五"发展规划》等政策；云计算领域，发布了《中国云科技发展"十二五"专项规划》等政策。地方政府及相关职能部门也根据地方产业特点制订了相应的规划，北京市和上海市经信委分别制定《北京市"十二五"时期电子信息产业发展规划》和《上海市电子信息制造业发展"十二五"规划》，江苏省制定了《江苏省物联网产业"十二五"发展规划》等，深圳市制定了《深圳新一代信息技术产业振兴发展规划（2011～2015 年）》等。

（二）紧跟发展潮流，持续推动产业发展

新一代信息技术产业整体来看是属于发展的前沿性行业，该领域产业的核心特色是"新一代"，是创新最活跃、带动性最强、渗透最广的战略性新兴产业，是引领社会全面迈向信息时代的导航器。在产业高速发展和技术创新与融合异常活跃的带动下产生了一系列新产品、新应用和新模式，以5G、虚拟现实和大数据等新型技术为代表的新一轮信息技术革命已成为国内外发展的焦点。新一代信息技术产业政策保持着高度敏锐的"嗅觉"与时俱进，在已经具备了相当的信息产业的基础上，密切跟踪新一代信息技术产业变革的发展情况，紧跟产业发展潮流，提前进行产业规划和引导，在信息产业变革的浪潮中有着非常积极的作用，极大地推动了新兴产业的发展壮大，进而加快了产业结构调整，促进了产业转型升级，改变了传统经济发展方式。

"十二五"期间，新一代信息技术产业紧跟产业技术发展的步伐发布多项政策支持该领域的发展。下一代通信网络产业政策关注热点从"十二五"初期的4G领域已逐步转移到近两年的发展焦点5G领域；物联网产业已经从前两年以规划和引导为主的政策支持向以市场培育和资金支持为主的政策支持转变；三网融合产业根据发展进度制定相关政策，有序推进产业发展；新型平板显示产业持续得到国务院和工信部、财政部、科技部、国务院国资委等部委在技术及产业配套设施领域的政策支持，以保持中国企业在平板显示行业的国际竞争力；高性能集成电路产业是在新一代信息技术产业领域中获得政策支持力度最大的产业，近些年多个部门出台了包含财税减免等方面的政策，以推进我国集成电路产业的发展；云计算产业随着产业的发展也得多项政策的支持，特别在2015年，国内云计算领域多项政策集中出台以推进云计算产业发展。

（三）和而不同、区分对待，有序推进产业发展

下一代通信网络、物联网、三网融合、新型平板显示、高性能集成电路和云计算虽同属于新一代信息技术领域，但各个产业发展状况及产业发展周期不尽相同。根据产业的相关分类，下一代通信网络属于战略产业，物联网、三网融合、云计算属于新兴产业，新型平板显示、高性能集成电路属于主导产业。不同的产业类型及发展周期，所应配套的产业政策也不同。

新一代信息技术产业政策可以划分为选择性产业政策和功能性产业政策

两种类型，选择性产业政策主要涉及下一代通信网络、新型平板显示、高性能集成电路三个产业，目前政府主要采取市场准入、财税优惠、资金补贴等方式加以倾斜式支持，如财政部、国家税务总局、国家发改委、工信部等部委出台的财税优惠政策、专项资金政策等，以促使这几个产业在短期内快速发展。功能性产业政策的目的主要是加强产业发展所需的软硬环境等方面的"基础设施"建设，在新一代信息技术领域主要涉及物联网、三网融合、云计算三个产业，主要用于基础性研究开发、信息服务、人力资本投资等。这些政策的实施有助于促进技术创新和人力资本投资，维护公平竞争，降低社会交易成本，创造有效率的市场环境，使市场功能得到有效发挥。

三　产业相关政策下一步方向

新一代信息技术领域的产业政策以政府主导产业选择和培育为主，这些政策的实施对促进新一代信息技术发展和调整我国产业结构有着非常重要的作用，但过多的以政府选择代替市场选择也可能带来一些问题，如可能在一些产业上带来资源配置扭曲和市场公平竞争受损等问题。新一代信息技术领域由于涉及产业较多，对应多个政策制定部门，目前，制定或参与制定新一代信息技术产业政策的单位除国务院外，还有国家发改委、财政部、工信部、科技部、海关总署、国家税务总局、教育部、商务部、国家统计局、国家知识产权局、国家标准委等政府机构，地方政府各级机构也出台了多项相关政策，不同的政策制定主体从不同的产业和角度出发，制定了种类繁杂的产业政策，这对于新一代信息技术产业政策的实施和产业的发展有着重要的影响。与多个政策制定主体相对应的是产业政策表现形式的多样化，除一般性政策文件外，政府部门在新一代信息技术领域还有通知、意见、条例、措施、规划、计划、方案、纲要、指导目录和管理办法等多种形式，这些产业政策相互之间缺乏协调，部分产业政策可能相互排斥，这也影响产业政策的效用。此外，新一代信息技术领域的产业政策在制定和实施过程中可能还存在重制定、轻执行监督的问题，使得相关政策落地实施难，效果可能并未达到预期。因此，有必要对现有新一代信息技术领域产业政策理念和目标、政策的实施手段及相关政策制定评估进行改进和升级。

（一）选择性产业政策向功能性产业政策转变

目前，在新一代信息技术领域产业发展进入快速阶段，产业整体呈现形态更加高级、分工更加明细、结构更加合理的发展趋势，这也迫切要求政策制定主体在政策制定方面做出符合发展趋势的改变。总体来说，就是新一代信息技术领域产业政策由目前的选择性产业政策为主向功能性产业政策为主转变。虽然通过选择性产业政策可能会在较短时间内加快产业发展，但是通过功能性产业政策更能促进技术创新，更能创造公平的市场环境，更能催生产业发展的内生动力，更能持续有效地推动产业健康发展。

（二）直接干预型政策向间接干预型政策转变

在我国新一代信息技术领域产业政策在制定和实施方面需借鉴国外的先进理念，在相关产业政策制定方面，尽量避免对产业发展的直接干预，以政策间接引导来促进产业发展。总体来说，就是新一代信息技术领域的产业政策应从直接干预型政策向间接干预型政策转变。新一代信息技术领域产业政策作为推动产业发展的重要手段，需要更多地运用法律、财政、金融、税收、信息等手段，采用间接的方式来推进产业发展。

（三）"制定—实施"向"制定—实施—评估—反馈—退出"转变

针对目前新一代信息技术领域产业政策出台过多过密以及部分政策措施不适宜等问题，建议要对产业政策进行清理，及时废止不适应产业发展需要的政策，完善产业政策的退出机制，加强产业政策的动态调整。总体来说，就是在新一代信息技术领域针对产业政策应由"制定—实施"向"制定—实施—评估—反馈—退出"转变。新一代信息技术领域产业政策的评估和监督是其政策体系中的重要一环，是保障产业政策落到实处的重要手段。对新一代信息技术领域产业政策实施效果进行独立评估，并根据评估结果进行动态调整，以提高产业政策实施的效用。

参考文献

盛朝迅、黄汉权、王云平：《新时期产业政策转型的思考》，《中国发展观察》2016年第18期。

中国信通院：《云计算白皮书（2016年）》，2016。

中国电子技术标准化研究院、国家物联网基础标准工作组：《2016物联网标准化白皮书》，2016。

雷翔：《"十二五"期间战略新兴产业发展规划与产业扶持政策》，《中国安防》2011年第8期。

B.4
高端装备制造产业相关政策解析

王邵军*

摘　要：　高端装备制造业是装备制造业的核心，我国高度重视高端装备制造业的发展。自 2010 年以来，我国陆续发布了《"十二五"国家战略性新兴产业发展规划》《高端装备制造业"十二五"发展规划》《中国制造 2025》等一系列涉及高端装备制造业发展的重大战略或政策措施。特别是，《中国制造 2025》明确提出了部署高端装备创新工程，引领制造业向高端发展。高端装备制造业产业政策体系呈现更加注重提供指导和参考、创新融合发展、创新财政支持方式、引导社会资本参与、全方位开展国际合作等特点。"十三五"时期，高端装备制造业预计仍处于上升周期，同时行业分化发展趋势将延续。相应地，相关政策应紧密贴合产业运行态势，加强政策联动，深化体制机制改革，持续营造良好的市场环境。

关键词：　高端装备制造业　产业政策　创新

高端装备制造业是装备制造业的核心，是以高新技术为引领、处于价值链高端和产业链核心环节、决定整个产业链综合竞争力的战略性新兴产业。我国高度重视发展高端装备制造业，《中国制造 2025》部署了高端装备创新工程，引领制造业向高端方向发展。各地方政府也积极行动，落实国家有关

---

* 王邵军，国家工业信息安全发展研究中心工程师，研究方向为智能制造装备。

政策文件。目前，我国高端装备制造业基本形成了以战略为引领、以规划为支撑、以政策措施为配套保障的政策体系。同时，着力创新政策工具，引导产业健康可持续发展。

一 产业相关主要政策进展

（一）高端装备制造业总体政策现状

《国务院关于加快培育和发展战略性新兴产业的决定》（国发〔2010〕32号，以下简称《决定》）提出，高端装备制造领域要重点发展以干支线飞机和通用飞机为主的航空装备，做大做强航空产业。积极推进空间基础设施建设，促进卫星及其应用产业发展。依托客运专线和城市轨道交通等重点工程建设，大力发展轨道交通装备。面向海洋资源开发，大力发展海洋工程装备。强化基础配套能力，积极发展以数字化、柔性化及系统集成技术为核心的智能制造装备。根据"十二五"规划纲要和《决定》的部署和要求，国务院印发了《"十二五"国家战略性新兴产业发展规划》，提出高端装备制造业要重点发展航空装备产业、卫星及应用产业、轨道交通装备产业、海洋工程装备产业、智能制造装备产业五大产业，并制定了各领域的产业发展线路图，分别提出了到2015年和2020年的发展目标、重大行动及重大政策。

进一步地，工业和信息化部印发《高端装备制造业"十二五"发展规划》，从产业规模、创新能力、基础配套能力、产业组织结构四个方面提出了高端装备制造业到2015年的主要发展目标，明确了"十二五"期间，航空装备、卫星及应用、轨道交通装备、海洋工程装备和智能制造装备发展的重点任务，部署了重大工程与区域发展重点，安排了金融财税政策支持、技术改造、技术创新、优化产业组织结构、质量品牌建设、加大市场培育力度、加强人才队伍建设以及提升对外合作水平等保障措施。

2015 年 2 月，为推动重大技术装备创新应用，财政部、工业和信息化部、保监会开展了首台（套）重大技术装备保险补偿机制试点工作。试点期间，重点支持列入《首台（套）重大技术装备推广应用指导目录》（以下简称《目录》）的装备产品保险工作，《目录》由工业和信息化部制定，并根据重大技术装备发展情况适时进行调整。凡生产《目录》所列装备产品的制造企业均可自主投保首台（套）重大技术装备综合险。经认定符合条件的，中央财政给予保费补贴。

（二）航空装备产业政策进展

《民用航空工业中长期发展规划（2013～2020 年）》提出"三大目标、七大任务、四大工程计划"。其中"三大目标"是指 2013～2020 年，我国现代航空工业体系基本完善、可持续发展能力显著增强、民用飞机产业化实现重大跨越。"七大任务"包括加快民用客机产业化进程，积极发展通用航空产业，推动航空发动机自主发展，加快发展航空设备、系统及相关产业，优化航空工业布局，大力推进科学技术进步，加强基础设施和能力建设七个方面的重点任务。"四大工程计划"是指部署实施大型飞机重大专项、支线飞机和通用飞机产业化工程、民用飞机产业化基础支撑计划和航空质量提升计划。

2016 年 5 月，国务院办公厅发布《关于促进通用航空业发展的指导意见》，提出培育通用航空市场、加快通用机场建设、促进产业转型升级、扩大低空空域开放、强化全程安全监管等意见，并提出通用航空业经济规模超过 1 万亿元等发展目标。

（三）卫星及应用产业政策进展

2015 年 10 月，经国务院同意，国家发展改革委、财政部、国防科工局联合印发了《国家民用空间基础设施中长期发展规划（2015～2025 年）》，目的是全面推进国家民用空间基础设施健康快速发展，促进空间资源规模化、业务化、产业化应用。该规划明确要构建卫星遥感、通信广播和导航定位三大系统，超前部署一批科研任务，积极开展行业、区域、产业化、国际化及科技发展等多层面的遥感、通信、导航综合应用示范，并提出，科研、公益类卫星及地面系统建设运行以国家投资为主，公益与商业兼顾类项目实行国家与社会投资相结合，商业类项目以社会投资为主。

（四）轨道交通装备产业政策进展

2012年，工业和信息化部发布的《轨道交通装备产业"十二五"发展规划》，提出以"技术先进、安全可靠、经济适用、节能环保"为方向，重点发展动车组及客运列车、重载及快捷货运列车、城市轨道交通装备、工程及养路机械装备、通信信号装备、综合监控与运营管理系统、关键核心零部件等，优化产业布局，形成全球化优势资源配置格局。部署实施"先进轨道交通装备及关键部件"创新发展工程，加强创新能力建设与产业公共服务平台建设，优化产品结构，完善标准体系建设，优化企业组织结构，发展现代制造服务业，加快实施"走出去"战略。

（五）海洋工程装备产业政策进展

《决定》出台以来，有关部门陆续出台了一批涉及海工装备产业发展的政策措施，从提升创新能力、产业转型升级等方面引导产业健康发展。

2011年，国家发改委、科技部、工业和信息化部、国家能源局联合发布《海洋工程装备产业创新发展战略（2011～2020）》，旨在增强海洋工程装备产业的创新能力和国际竞争力，推动海洋资源开发和海洋工程装备产业创新、持续、协调发展。

2012年，工业和信息化部印发《海洋工程装备制造业中长期发展规划》，提出了加快提升产业规模、加强产业技术创新、提高设备配套能力、构筑海工装备现代制造体系、提升对外开放水平、实施重大创新工程等六个方面的重点任务，制定了市场培育、引导社会投入、财税金融支持、加大科研支持、推动产业联盟和人才队伍建设等方面的政策措施。

《船舶工业"十二五"发展规划》提出，海洋工程装备领域要突破重点产品及技术，部署一批重大创新项目，重点围绕深水油气田在勘探、开发、生产、服务、储存和运输五个核心环节的装备需求，突破深水装备关键技术，实施深水钻井船、深水超大型浮式生产储卸装置（FPSO）、深水半潜式生产平台、海上风车安装船、浮式液化天然气生产储卸装置（LNG-FPSO）及其关键设备等重大创新项目，形成自主设计建造能力。

工业和信息化部发布《海洋工程装备科研项目指南（2014 年版）》，从工程与专项、特种作业装备、关键系统和设备等方面，提出 2014 年海洋工程装备制造业重点科研方向。《高技术船舶科研项目指南（2014 年版）》从工程与专项、关键系统与设备、国际新公约新规范研究、基础共性技术与标准等方面提出高技术船舶科研方向。

（六）智能制造装备产业政策进展

2012 年，工业和信息化部印发了《智能制造装备产业"十二五"发展规划》，部署了关键智能基础共性技术、核心智能测控装置与部件、重大智能制造成套装备、重点应用示范领域等重点方向，提出加大资金支持力度、建立依托工程发展机制、加强国际合作与交流、推进人才队伍建设和完善产业发展体系等政策措施。

2016 年，工业和信息化部、财政部印发了《智能制造发展规划（2016～2020 年）》。作为指导"十三五"时期国家智能制造发展的纲领性文件，该规划明确了"十三五"时期智能制造发展的指导思想，提出智能制造装备创新发展的重点，到 2020 年，研制 60 种以上智能制造关键技术装备，达到国际同类产品水平，国内市场满足率超过 50%，核心支撑软件国内市场满足率超过 30%。该规划从加强统筹协调、完善创新体系、加大财税支持力度、创新金融扶持方式、发挥行业组织作用、深化国际合作交流等方面提出了保障措施。

2016 年，工业和信息化部联合国家发展改革委、财政部印发《机器人产业发展规划（2016～2020 年）》，提出了产业规模、技术进步、关键零部件、集成应用等方面的目标，部署率先突破一批重大标志性产品、大力发展关键零部件、强化创新能力、推进应用示范并培育龙头企业等五方面的重点任务。围绕资源整合、财税金融支持、优化市场环境、加强人才支撑、开展国际合作等方面提出了保障措施，具体如表1所示。

表1 针对我国高端装备制造产业 2011～2016 年中央出台的相关政策

日期	机构	名称	文号
2011.04	工业和信息化部	《装备制造人才队伍建设中长期规划(2011～2020年)》	工信部规〔2011〕180号
2011.07	财政部、工业和信息化部、海关总署、国家税务总局	《关于调整三代核电机组等重大技术装备进口税收政策的通知》	财关税〔2011〕45号
2011.09	国家发展改革委、科学技术部、工业和信息化部、国家能源局	《关于印发海洋工程装备产业创新发展战略(2011～2020)的通知》	发改高技〔2011〕1675号
2012.02	工业和信息化部、科学技术部、财政部、国务院国有资产监督管理委员会	《重大技术装备自主创新指导目录(2012年版)》	
2012.03	财政部、工业和信息化部、海关总署、国家税务总局	《关于调整重大技术装备进口税收政策有关目录的通知》	财关税〔2012〕14号
2012.03	工业和信息化部	《船舶工业"十二五"发展规划》	
2012.03	工业和信息化部、国家发展改革委、科学技术部、国务院国资委、国家海洋局	《海洋工程装备制造业中长期发展规划》	
2012.05	工业和信息化部	《高端装备制造业"十二五"发展规划》	
2012.06	工业和信息化部	《关于印发〈"数控一代"装备创新工程行动计划〉的通知》	工信部联装〔2012〕251号
2013.05	工业和信息化部	《民用航空工业中长期发展规划(2013～2020年)》	
2013.07	国务院	《国务院关于印发船舶工业加快结构调整促进转型升级实施方案(2013～2015年)的通知》	国发〔2013〕29号
2013.09	国务院办公厅	《国务院办公厅关于印发国家卫星导航产业中长期发展规划的通知》	国办发〔2013〕97号

日期	机构	名称	文号
2014.05	工业和信息化部	《海洋工程装备科研项目指南（2014 年版）》	
2014.05	国家发展改革委办公厅	《国家发展改革委办公厅关于组织实施 2014 年海洋工程装备研发及产业化专项的通知》	发改办高技〔2014〕1127 号
2014.06	工业和信息化部	《高技术船舶科研项目指南（2014 年版）》	
2015.03	工业和信息化部	《首台（套）重大技术装备推广应用指导目录（2015 年版）》	工信部装〔2015〕63 号
2015.03	财政部、工业和信息化部、保监会	《关于开展首台（套）重大技术装备保险补偿机制试点工作的通知》	财建〔2015〕19 号
2015.03	中国保监会	《中国保监会关于开展首台（套）重大技术装备保险试点工作的指导意见》	保监发〔2015〕15 号
2015.05	国务院	《国务院关于推进国际产能和装备制造合作的指导意见》	国发〔2015〕30 号
2015.10	国家发展改革委、财政部、国防科工局	《关于印发国家民用空间基础设施中长期发展规划（2015～2025 年）的通知》	发改高技〔2015〕2429 号
2015.12	财政部、国家发展改革委、工业和信息化部、海关总署、国家税务总局、国家能源局	《关于调整重大技术装备进口税收政策有关目录及规定的通知》	财关税〔2015〕51 号
2015.12	国防科工局	《国防科工局关于促进国防科技工业科技成果转化的若干意见》	科工技〔2015〕1230 号
2016.03	工业和信息化部	《工业和信息化部关于印发〈船舶配套产业能力提升行动计划（2016～2020）〉的通知》	
2016.03	工业和信息化部、财政部、海关总署	《关于调整重大技术装备进口税收政策受理程序等事项的通知》	工信厅联财〔2016〕40 号
2016.04	工业和信息化部、国家发展改革委、财政部	《工业和信息化部 发展改革委 财政部关于印发〈机器人产业发展规划（2016～2020 年）〉的通知》	工信部联规〔2016〕109 号

续表

日期	机构	名称	文号
2016.04	工业和信息化部、国家发展改革委、科技部、财政部	《工业和信息化部 国家发展改革委 科技部 财政部关于印发制造业创新中心等5大工程实施指南的通知》	
2016.05	财政部、工业和信息化部、中国保监会	《关于申请首台(套)重大技术装备保费补贴资金等有关事项的通知》	财办建〔2016〕60号
2016.05	国务院办公厅	《国务院办公厅关于促进通用航空业发展的指导意见》	国办发〔2016〕38号
2016.06	国家发展改革委、工业和信息化部、国家能源局	《国家发展改革委 工业和信息化部 国家能源局关于印发〈中国制造2025—能源装备实施方案〉的通知》	发改能源〔2016〕1274号
2016.08	国家质检总局、国家标准委、工业和信息化部	《装备制造业标准化和质量提升规划》	国质检标联〔2016〕396号
2016.08	工业和信息化部、国家质检总局、国防科工局	《促进装备制造业质量品牌提升专项行动指南》	工信部联科〔2016〕268号
2016.11	国防科工局	《民用卫星工程管理暂行办法》	科工一司〔2016〕986号
2016.11	工业和信息化部、财政部	《智能制造发展规划(2016~2020年)》	工信部联规〔2016〕349号

资料来源：笔者根据公开资料整理。

二 产业相关政策亮点

《中国制造2025》发布以来，进一步明确了高端装备制造业作为制造业重点领域的战略地位。近年来，随着《中国制造2025》一系列配套政策的出台以及地方政府的积极推进，支持高端装备制造业发展的政策体系日益完善。

(一)更加注重提供指导和参考方向

十八届三中全会提出，使市场在资源配置中起决定性作用和更好发挥政府作用。政策措施突出强调要以市场为导向，以企业为主体，政府部门侧重完善产业公共服务体系，为产业和企业发展提供指导。例如，国家制造强国建设战略咨询委员会发布了《〈中国制造2025〉重点领域技术路线图（2015年版）》，明确了高档数控机床和机器人、航空航天装备、海洋工程装备及高技术船舶、先进轨道交通装备等重点领域的发展方向和目标。路线图是政府委托第三方机构组织相关领域权威专家研究提出未来重点领域的技术方向、目标和重点，不是发布指令而是为企业提供指导和参考。

（二）更加注重创新融合发展

长期以来，核心技术受制于人是制约高端装备制造业发展的瓶颈短板，其中，创新能力不足、产业化水平较低是根本原因。为此，"十二五"以来，相关产业政策高度重视创新驱动的重要性。《中国制造2025》将创新驱动列为五大基本方针之首，并明确把高端装备创新工程作为五大工程之一，通过组织实施一批创新和产业化专项、重大工程，开发一批标志性、带动性强的重点产品和重大装备，提升自主设计水平和系统集成能力，突破共性关键技术与工程化、产业化瓶颈，组织开展应用试点和示范，提高创新发展能力和国际竞争力，抢占竞争制高点。

（三）更加注重创新财政支持方式

近年来，我国围绕高端装备制造业的各个领域，在重大技术装备、共性技术、基础工艺及装备等方面出台了一系列的财税支持政策，推动高端装备制造业发展。2016年，经国务院批准，国家发展改革委、财政部、工业和信息化部牵头发起，联合国家开发投资公司、工银瑞信投资管理有限公司等其他投资主体共同出资设立了先进制造产业投资基金，财政资金支持方式变为"拨改投"，与金融资本相结合，着眼于理顺政府和市场的关系，同时提高财政资金的使用效率，发挥撬动社会资本的杠杆作用。

（四）更加注重引导社会资本参与

高端装备制造业具有技术密集、资金密集的特征，同时装备制造领域的创新一般都具有研发周期长、产品转化周期长、投入回报周期长等特点,加上一些体制机制障碍,社会资本进入高端装备制造业的积极性有待提高。为此,近年来,相关政策高度重视引导社会资本参与,特别是在一些国有企业长期占主导地位的竞争性领域,进一步明确鼓励民间资本参与。例如,《民用航空工业中长期发展规划(2013~2020年)》提出,要积极引导和鼓励社会资本投资和发展民用航空工业。《国家民用空间基础设施中长期发展规划(2015~2025年)》提出,要推动多元化投资和产业化应用,支持民间资本投资卫星研制和系统建设,按照科研公益类项目、公益与商业兼顾类项目以及商业类项目指导资金投向。

(五)更加注重开展国际合作

随着"一带一路"建设的推进,加快装备制造业"走出去"步伐也成为相关政策的重要发力点。相关政策注重引导企业从传统的单一产品输出向产品、技术、标准等全方位输出转变,特别要向提升国际市场话语权转变。在民用空间基础设施方面,提出要加强国际协调工作,积极参与相关国际组织和重要国际规则及标准的制定。在轨道交通装备方面,《轨道交通装备产业"十二五"发展规划》提出,要鼓励有实力的单位参与国际标准制定,促进标准走向国际;支持企业在境外注册商标和申请专利,促进具有知识产权的技术和产品出口;推进企业由产品、技术出口向资本、管理输出转变,在全球建立一批具有影响力的研发设计、生产制造、销售服务基地,实现轨道交通装备产业的全球化。

三 产业相关政策下一步方向

(一)进一步加强相关政策联动协同

一是进一步加强与军民融合战略的协同。高端装备制造业是制造强国战略、军民融合战略等重大战略的关键交汇点。以航空航天装备为代表的国防科技工业也是高端装备制造业的核心。要着力优化军工结构、开展军地协同创新、推动军工技术转移转化，充分发挥军工优势，促进高端装备制造业发展。

二是进一步加强上下游产业的政策联动。当前，高端装备制造业受制于人的局面没有实现根本性扭转，其中一个重要原因是配套能力薄弱。例如，材料产业对高端装备制造具有重要的基础支撑作用，"一代材料、一代装备"，材料产业的发展往往深刻影响着高端装备的发展水平，目前产业专项规划较少部署上下游产业相关政策，难以形成政策合力。为此，建议下一步应重点关注产业政策联动，从政策层面加强与上下游产业的有效联动，进一步聚合政策资源，形成紧密衔接的政策体系。

三是进一步加强与财税金融的政策协同。高端装备，特别是自主知识产权的重大技术装备的推广应用离不开财税金融政策的支持，要发挥好先进制造业基金的优势和作用，在首台（套）重大技术装备保险补偿机制试点的基础上，应进一步研究推动重大技术装备的后续推广应用工作，形成"扶上马、送一程"的长效工作机制。

（二）持续营造良好的市场环境

一是建立健全产业统计体系。当前，我国尚未形成切实有效的高端装备制造业统计体系，而且从国家部委到地方政府对高端装备制造业的具体划定标准也不一致，制约了相关政策的评估。为此，应进一步建立健全高端装备制造业的统计体系，加强对行业运行的分析，提升政策引导产业发展的针对性和有效性。

二是加强产业监测预警。充分发挥行业协会、产业联盟的桥梁和纽带作用，一方面，加强对国际市场环境的分析研判，为企业"走出去"提供宏观指导；另一方面，加强对高端装备制造业中新兴行业的监测预警，引导各地方科学谋划布局，避免无序竞争和低水平重复建设。

三是建立多元协作机制。鼓励高端装备行业与下游应用行业在设计、生产、使用、维护等方面加强协作，建立行业协会牵头、上下游企业参加、有关方面参与的协调合作机制，解决制约产品应用的工艺技术、产品质量、工程建设标准等瓶颈问题，拓展消费领域和空间。

（三）深化重点领域体制机制改革

一是深入推进科研管理体制改革。贯彻落实国家创新驱动发展战略，发挥新型举国体制优势，建立专项支持与市场化协同的创新体系，对涉及国家安全的核心领域应进一步加大财政支持力度，鼓励和引导社会资本支持参与产业技术创新。

二是深化国有企业改革。鼓励和引导国有资本向高端装备制造业领域中的前瞻性和战略性环节集聚，发挥国有企业主力军作用，引领高端装备制造业创新发展。

三是进一步降低民间资本进入的门槛。加快破除制约高端装备制造业发展的体制机制障碍。例如，在航空航天领域，要进一步深化低空空域管理改革，科学规划空域、优化飞行服务、简化各类审批程序，为通用航空发展创造良好的条件。

参考文献

国务院：《中国制造 2025》，2015 年 5 月 8 日。

国务院：《"十二五"国家战略性新兴产业发展规划》，2012 年 7 月 9 日。

工业和信息化部：《高端装备制造业"十二五"发展规划》，2012 年 5 月 7 日。

《国务院关于加快培育和发展战略性新兴产业的决定》，2010 年 10 月 10 日。

财政部、工业和信息化部、保监会：《三部门发布关于开展首台（套）重大技术装备保险补偿机制试点工作的通知》，2015 年 2 月 2 日。

工业和信息化部：《民用航空工业中长期发展规划（2013～2020 年）》，2013 年 5 月 23 日。

国务院办公厅：《关于促进通用航空业发展的指导意见》，2016 年 5 月 13 日。

国家发展改革委、财政部、国防科工局：《国家民用空间基础设施中长期发展规划（2015～2025 年）》，2015 年 10 月 26 日。

国家发展改革委、科技部、工业和信息化部、国家能源局：《海洋工程装备产业创新发展战略（2011～2020）》，2011年8月5日。

工业和信息化部：《海洋工程装备制造业中长期发展规划》，2012年3月22日。

工业和信息化部：《船舶工业"十二五"发展规划》，2012年3月12日。

工业和信息化部：《海洋工程装备科研项目指南（2014年版）》，2014年6月13日。

工业和信息化部：《高技术船舶科研项目指南（2014年版）》，2014年6月10日。

工业和信息化部、财政部：《智能制造发展规划（2016～2020）》，2016年12月8日。

工业和信息化部、国家发展改革委、财政部：《机器人产业发展规划（2016～2020年）》，2016年3月21日。

杨明：《聚焦十大领域〈中国制造2025〉技术路线图发布》，中国工业新闻网，2015年10月8日。

戴正宗：《我国设立先进制造业产业投资基金》，《中国财经报》2016年7月14日。

B.5
新材料产业相关政策解析

余新创*

摘　要：　产业政策是促进产业发展的重要推动力量，当前我国已经形成了以《新材料产业"十二五"发展规划》为核心的新材料产业政策体系。我国现行的新材料产业政策体系比较完善，重点突出，保障政策完善，在执行层面上针对新材料的财政投入大、土地保障力度大，产业政策落实情况较好。但是，我国新材料产业政策还缺少相应的统计政策和监管政策作为支撑，激励机制仍需进一步完善。

关键词：　新材料产业　产业政策　政策解析

一　产业相关主要政策进展

新材料产业作为重要的战略性新兴产业，是工业经济基础产业中的高端行业，新材料产业的发展对推动其他行业技术工艺创新、产品质量提升起着至关重要的作用。近些年，为进一步推动新材料产业发展，提升我国新材料产业发展水平，中央政府和地方政府出台了一系列产业政策及相关配套政策，基本上形成了以《新材料产业"十二五"发展规划》为核心的新材料产业支持政策体系。

＊ 余新创，国家工业信息安全发展研究中心工程师，研究方向为产业经济。

（一）总体产业政策进展

1. 出台《新材料产业"十二五"发展规划》，初步搭建新材料产业政策框架

为更好地推动新材料产业发展，2012年国家工业和信息化部会同有关部门制定了新材料产业政策的纲领性文件——《新材料产业"十二五"发展规划》（以下简称《规划》）。《规划》明确了今后新材料产业发展的核心目标、主要方向、关键领域、关键环节，并基于此布局了一批重点发展区域，拟定了一批重要专项工程，制定了一批重要保障措施，以推动政策有效实施。《新材料产业"十二五"发展规划》的出台，初步搭建起支持我国新材料产业发展的政策框架体系，为中央及地方政府制定相关政策提供了重要的参考依据，随着《新材料产业"十三五"发展规划》即将颁布实施，我国新材料产业政策框架有望进一步优化完善。

2. 聚集标准与创新，强化政策支持

当前，我国新材料产业还处在初步发展阶段，标准化水平低、自主创新能力不强既是我国新材料产业发展不足的表征，又是制约我国新材料产业发展的关键因素。为解决新材料产业标准化水平这一问题，工业和信息化部于2013年制定了《新材料产业标准化工作三年行动计划》，以完善新材料产业标准体系，提升新材料产业国际标准化水平为重要目标，提出了加强新材料产业标准工作的重要举措及实施路径。为提升新材料产业的创新水平和能力，工信部、科技部及各个地方政府积极利用各种政策工具，引导创新要素积极参与新材料产业领域的创新创业。例如，《工业和信息化部　国家发展改革委　科技部　财政部联合发布制造业创新中心等5大工程实施指南》中，把提升新材料产业创新能力作为工程的重要目标；科技部针对新材料行业举办了中国创业创新大赛，加大了对新材料科技创新的专项资金支持力度等；湖北省将新材料列入重点产业技术领域，并通过重大技术创新项目给予支持；四川省为推动新材料产业国际技术转移，联手意大利共同打造针对新材料产业的国际技术转移平台等。

3. 制定新材料产业链上下游发展规划，形成政策叠加效应

新材料产业作为国民经济中的基础产业，产业链上游是原材料生产加工工业，其产业下游链条长、辐射范围广，包含装备制造、消费品生产等领域。上游产业的供给、下游产业的需求是影响新材料产业发展的关键因素，新材料产业上下游产业的政策通过影响上下游产业的供给与需求，最终影响到新材料产业的发展。新材料产业上下游政策方面，针对产业链上游工业和信息化部先后出台了石化工业、稀土工业、有色金属工业、建材工业等领域的发展规划，针对产业链下游工业和信息化部先后出台了纺织工业、轻工业等应用领域的发展规划，初步构建了新材料产业链政策体系，形成政策叠加效应。

4. 地方政府高度重视，推动新材料产业政策落地

地方政府一直是推动我国产业政策落地的关键力量，在新材料产业政策方面，各地积极瞄准新材料产业发展战略机遇期，纷纷响应中央政策，先后出台了一系列地方新材料产业发展规划、专项行动计划、指导意见等支持政策，初步形成了地方政策体系。据统计，先后有北京、江苏等7个省份针对新材料产业或特定领域出台了指导意见、实施意见，北京、上海、江苏等10个省份制定了发展规划，河北、上海、浙江等地还启动了针对新材料及特定领域的专项行动计划。地方政府针对本地新材料产业出台的支持政策，一方面完善了政策体系，另一方面有利于中央政策进一步落地，促进产业政策发挥实效。此外，为了进一步优化新材料产业的区域布局，国家出台相关政策推动新材料产业的聚集，形成规模效应。比如，工信部等五部委出台《关于深入推进新型工业化产业示范基地建设的指导意见》，提出重点打造原材料产业示范基地，着力发展新材料产业；国家发改委、科技部、工信部等发布《长江经济带创新驱动产业转型升级方案》，提出在长江经济带沿线地区大力发展新材料产业，并指明了新材料产业在该地区的布局方案。

（二）细分领域产业政策进展

根据《新材料产业"十二五"发展规划》中的划分，新材料产业可细分为特种金属功能材料、高端金属结构材料、先进高分子材料、新型无机非金属材料、高性能复合材料、前沿新材料六大领域。

目前，在中央层面上我国并未就上述某一领域出台专项扶持政策，而是根据产业发展需要及领域的重要性，先后出台了《关键材料升级换代工程实施方案》《工业和信息化部　发展改革委　科技部关于加快石墨烯产业创新发展的若干意见》《加快推进碳纤维行业发展行动计划》等针对某一细分行业的专项支持政策。《关键材料升级换代工程实施方案》从需求的角度确立了三类新材料领域——新一代信息技术产业发展急需的高性能功能材料、海洋工程装备产业及岛礁建设急需的高端材料、节能环保产业发展急需的新材料。《工业和信息化部　发展改革委　科技部关于加快石墨烯产业创新发展的若干意见》和《加快推进碳纤维行业发展行动计划》则是针对石墨烯、碳纤维这两类最具发展前景的新材料出台了相关支持政策，显示了国家对这两类新材料的高度重视。此外，地方政府也根据各自新材料产业发展实际，就某一类新材料出台了专项扶持政策，如浙江省针对本省优势产业——氟硅新材料产业制定了《浙江省氟硅新材料产业技术创新综合试点工作方案》等①。中央出台的相关政策具体如表1所示。

表1　针对我国新材料产业 2012～2016 年中央出台的相关政策

日期	机构	名称	文号
2012.02	工业和信息化部	《新材料产业"十二五"发展规划》	
2013.07	工业和信息化部	《新材料产业标准化工作三年行动计划》	工信部原〔2013〕225号
2013.11	工业和信息化部	《工业和信息化部关于印发〈加快推进碳纤维行业发展行动计划〉的通知》	工信部原〔2013〕426号
2014.10	国家发展改革委、财政部、工业和信息化部	《关于印发关键材料升级换代工程实施方案的通知》	发改高技〔2014〕2360号
2015.11	工业和信息化部、国家发展改革委、科技部	《工业和信息化部　国家发展改革委　科技部关于加快石墨烯产业创新发展的若干意见》	工信部联原〔2015〕435号

① 由于新材料种类繁多，各地方发展程度不一，支持政策不一且难以统计，在某一领域的支持政策方面，本文只统计了部分省份。

续表

日期	机构	名称	文号
2016.09	工业和信息化部	《工业和信息化部关于印发石化和化学工业发展规划(2016~2020年)的通知》	工信部规〔2016〕318号
2016.10	工业和信息化部	《工业和信息化部关于印发稀土行业发展规划(2016~2020年)的通知》	工信部规〔2016〕319号
2016.09	工业和信息化部	《工业和信息化部关于印发有色金属工业发展规划(2016~2020年)的通知》	工信部规〔2016〕316号
2016.09	工业和信息化部	《工业和信息化部关于印发建材工业发展规划(2016~2020年)的通知》	工信部规〔2016〕315号
2016.09	工业和信息化部	《工业和信息化部关于印发纺织工业发展规划(2016~2020年)的通知》	工信部规〔2016〕305号
2016.08	工业和信息化部、国家发展改革委、科技部、财政部	《工业和信息化部　国家发展改革委　科技部　财政部关于印发制造业创新中心等5大工程实施指南的通知》	
2016.08	工业和信息化部	《轻工业发展规划(2016~2020年)》	工信部规〔2016〕241号
2016.03	国家发展改革委、科技部、工业和信息化部	《三部委关于印发〈长江经济带创新驱动产业转型升级方案〉的通知》	发改高技〔2016〕440号
2016.06	工业和信息化部、财政部、国土资源部、环境保护部、商务部	《五部委关于深入推进新型工业化产业示范基地建设的指导意见》	工信部联规〔2016〕212号

资料来源：笔者根据公开资料整理。

二　产业相关政策亮点

当前，我国已经建立以《新材料产业"十二五"发展规划》为核心，新材料细分领域产业政策、新材料上下游产业政策、区域产业政策、地方产业政策为支撑的新材料产业政策支持体系。随着《新材料产业"十三五"发展规划》即将出台，新材料产业支持政策体系有望进一步优化。总体来看，当前的新材料产业政策体系呈现覆盖面广、保障措施完善等特征。

（一）新材料产业政策覆盖面广

目前我国新材料产业政策已经形成一个完整的体系，基本覆盖了新材料产业发展所涉及的各个方面。从中央层面讲，中央层面出台的一系列规划、专项行动、指导意见等综合性文件，体现了国家层面对新材料产业的重视，对引导新材料产业领域社会资源配置和市场预期起着至关重要的作用；地方层面，各新材料产业比较发达的省市也配套出台了产业发展规划、指导意见，以及更具体的专项支持政策，这些政策是对中央政策的补充和完善，有利于推动产业政策落到实处。从产业链的角度讲，当前我国不仅针对新材料产业以及石墨烯、碳纤维等重点行业制定了发展规划、指导意见等，与此同时，针对新材料上游的原材料产业，如稀土行业、石化行业，以及下游轻工业、纺织等行业，均出台了产业支持政策，这些产业政策与新材料产业政策相互补充，强化了国家政策对新材料产业的支持。从产业关键环节来看，针对新材料产业标准水平低的问题，国家专门制定了《新材料产业标准化工作三年行动计划》；针对创新能力不强的问题，通过重点工程、专项计划、专项资金等方式给予大力支持；为解决新材料布局分散的问题，国家在《关于深入推进新型工业化产业示范基地建设的指导意见》和《长江经济带创新驱动产业转型升级方案》中，提出打造新材料产业基地和优化新材料在长江经济带中的布局等方式，以促进新材料产业集中，形成聚集效应。

（二）新材料产业政策保障措施完善

有效的保障措施是推动产业政策落实的根本，当前我国的新材料产业政策已经形成了较为完善的保障措施，成为推动产业政策贯彻落实的重要保障。在沟通协调机制方面，成立了由国家发改委牵头的战略性新兴产业发展部际联席会议联络员会议，召集人由国家发改委主任担任，目前该会议已成功举办四次，讨论出台了针对战略性新兴产业的一些重大政策措施。在财税金融支持政策方面，我国已经形成了税收优惠、专项资金、投资基金、风险投资等一些财税和金融政策支持，在国家产业政策的引导下，新材料领域的税收优惠政策在制定和执行方面更加彻底，财政资金投入和融资支持力度也更大，这些都有力地保障了新材料产业的发展。此外，在人力资源支持、市场环境营造方面，我国也为新材料产业提供了相应的政策保障。

（三）土地保障高度重视

土地是产业发展的基础，作为战略性新兴产业，新材料产业在用地方面得到了国家政策的大力支持。在中央层面，国土资源部联合国家发改委、科技部、工信部、住建部、商务部等部委于 2015 年发布《关于支持新产业新业态发展促进大众创业万众创新用地的意见》（以下简称《意见》）。《意见》从国家层面提出优先保障新兴产业的用地需求，为各地方出台保障新兴产业用地细则提供了指导方向。在地方层面，各省市通过规划产业园、基地等方式，解决新材料产业的用地问题。例如，四川省成都市规划了 33 平方公里的土地面积用于新材料产业发展，安徽省合肥市规划的新材料产业基地面积达 1500 亩。中央和地方在土地上给予新材料产业的支持，为新材料产业的繁荣与发展奠定了坚实的基础。

（四）财政支持力度大

财政投入是产业政策的重要保障措施，也是衡量产业政策是否得到有效落实的重要依据。新材料作为国家战略性新兴产业，在国家层面得到高度关注。为推动战略性新兴产业发展，财政部于 2012 年设立战略性新兴产业发展专项资金，用于支持新材料等战略性新兴产业发展，至今中央财政已累计安排专项资金 100 多亿元，带动数百亿元地方政府财政投入和社会资本投入。地方上，各地方政府也纷纷利用各种方式加大对新材料产业的资助力度，江苏省常州市于 2013 年设立江苏新材料产业创业投资基金，首期规模达到 5 亿元。新材料产业发达的宁波市成立了新材料产业发展专项基金，基金持续五年，规模达到 10 亿元。该基金用于支持宁波市新材料产业的科技创新及产业化。深圳市为了推动新材料产业发展，制定了新材料产业发展专项资金扶持计划，通过直接资助、股权资助、贷款贴息等方式给予高校、企业、科研机构等相关单位资金支持。此外，深圳市成立的深圳中小企联产业投资基金将新材料产业纳入重点投资方向，该基金受托资金规模超过20亿元。

三　产业相关政策下一步方向

目前，我国已经建立起相对完善的新材料产业支持政策，有效推动了新材料产业的发展。但是，我国新材料产业政策在统计政策、市场监管政策、激励政策等方面还存在不完善的地方。在新材料产业发展的初期，只有建立相对完善的激励政策、监管统计体系，才能营造良好的市场环境，为国家调控新材料产业发展奠定基础，进而推动产业要素合理优化配置，实现产业跨越式发展，提升中国新材料产业的国际竞争力。

（一）完善新材料产业统计政策

完善的统计政策有利于监测经济运行情况，为出台、评估相关产业政策提供有力支撑。当前，我国制定的新材料产业政策缺少相关统计政策支撑，统计部门和相关行业主管部门尚未就新材料产业制定新的统计标准和口径，关于新材料产业发展情况的统计也未给出明确的说明。为此，需要进一步完善新材料产业统计政策。首先，构建《国家新材料产业统计分类》，联合工业和信息化部、国家发展改革委、国家统计局及新材料行业专家，组建新材料产业统计分类专家委员会，对新材料产业现有统计标准、统计口径进行梳理，借鉴传统材料产业统计分类标准和统计口径，明确构建《国家新材料产业统计分类》的分类范围、结构编码、统计分类表等关键统计指标，突出我国新材料产业的特点和发展现状，同时兼顾新材料产业上下游，构建完整的新材料产业统计体系。其次，建立完善新材料产业统计监测体系，构建包括工信部门、统计部门、发改部门、行业协会、重点城市、重点企业在内的新材料统计体系，确立信息定期统计、定期上报机制。最后，建立完善新材料产业运行评估和政策评估机制，定期对行业运行数据进行统计分析，建立以产业运行数据为基础的政策评估体系，根据政策实施效果适时调整优化产业政策。

（二）优化新材料产业市场环境

当前，我国的新材料产业政策更多的是偏向于激励性政策，在市场监管、维护市场秩序等方面还缺乏有效政策。随着我国新材料产业的快速发展，新材料市场逐步壮大，如何通过相关政策推动新材料市场公平竞争、合理竞争成为今后制定新材料产业政策需要考虑的一个重要问题。为此，需要逐步建立完善新材料市场监管体系，优化新材料产业市场环境。首先，建立以质检、工商、环保、工信等部门为组成单位的监管小组，形成定期督查机制，加强企业产品追溯体系建设，形成对新材料企业生产、销售、运营的长效监管和约束机制。其次，构建完善企业信用信息查询平台等市场信息公共服务平台，发挥平台服务公众的功能，为公众普及新材料市场的信息。最后，加大惩治力度，及时制止恶意炒作、扰乱市场秩序的行为并追究相关法律责任。

（三）优化产业政策激励机制

当前中国的一些产业政策会经常走向"好心办坏事"的方向，即一些出发点好的产业政策往往导致产业出现低端化、同质化、产能过剩的问题，如光伏产业等。这些产业政策失误的根源在于激励过度、激励失效。作为新兴领域，新材料产业的高质量发展需要长期的技术、工艺经验积累，建立完善的激励机制，推动新材料长期可持续发展成为关键。首先，国家层面的新材料产业政策，应突出国家产业政策的前瞻性、公共性，国家政策重点支持与新材料产业发展密切相关的基础研究、人才培养、知识产权保护等领域，为新材料产业长期发展培育源动力，推动中国新材料产业迈向国际一流。其次，在地方产业政策方面，突出地方新材料产业政策特色，鼓励地方政府加大对本地新材料产业在科技创新、产业应用、市场培育等方面的支持力度，力争形成本地产业的特色和持续竞争力。最后，完善产能调节机制，通过市场准入、标准、质量等方式严格控制新材料产业盲目投资、无效投资，防止新材料产业走向低端化、同质化。

参考文献

王占国：《我国新材料产业的发展》，《求是》2005 年第 20 期。

王艳芳、孙艳：《新材料产业化影响因素及优化途径》，《经济体制改革》2011 年第 5 期。

周晶：《战略性新兴产业发展现状及地区分布》，《统计研究》2012 年第 9 期。

岳继华、薛景照：《我国重点区域新材料产业基地及集聚区发展特色研究》，《中国科技论坛》2004 年第 4 期。

黄晓普、郑自立：《后金融危机时期我国新材料产业的困境与对策》，《求索》2012 年第 10 期。

B.6
生物产业相关政策解析

方鹏飞*

摘　要：　生物产业是战略性新兴产业的重要分支，近年来，中央和地方对生物产业的政策扶持力度不断加大，产业政策体系初步形成。我国生物产业政策的亮点包括财税金融政策丰富、推动产业集群化发展、注重创新和公共服务平台建设。建议在未来的工作中，进一步健全生物产业政策体系，提高产业政策的法制化水平，加大对生物产业的资金支持力度。

关键词：　生物产业　产业政策　资金政策

一　产业相关主要政策进展

生物产业是重要的战略性新兴产业。以"十一五"为起点，随着国内外市场需求的不断增加和自身技术水平的持续提升，我国生物产业具备了跨越式发展的环境和基础。近年来，为助推生物产业加速形成可持续发展的动力和国际竞争力，中央和地方对生物产业的政策扶持力度不断加大，以《"十二五"国家战略性新兴产业发展规划》和《生物产业发展规划》为核心的产业政策体系初步形成。

（一）总体产业政策进展

总体产业政策方面，国务院分别于 2012 年 7 月 9 日、12 月 29 日印发了

---

* 方鹏飞，国家工业信息安全发展研究中心工程师，研究方向为生物产业。

《"十二五"国家战略性新兴产业发展规划》和《生物产业发展规划》，这两部国家层面的产业发展规划为当前和今后一个时期我国生物产业的发展指明了方向。

1.《"十二五"国家战略性新兴产业发展规划》

《"十二五"国家战略性新兴产业发展规划》明确了七大战略性新兴产业发展的重点方向和主要任务。具体到生物产业层面，该规划提出，要面向人民健康、农业发展、资源环境保护等重大需求，强化生物资源利用等共性关键技术和工艺装备开发，加快构建现代生物产业体系。该规划将生物医药、生物医学工程、生物农业、生物制造四大产业确立为生物产业的重点发展方向，着力实施蛋白类等生物药物和疫苗、高性能医学诊疗设备、生物育种、生物基材料四大工程，助推生物产业实现跨越式发展。

政策措施方面，该规划提出，将从加大财税金融政策扶持力度、完善技术创新和人才政策、营造良好市场环境、加快推进重点领域和关键环节改革四个方面着手，打造战略性新兴产业政策扶持体系；组织实施方面，该规划提出，将加强统筹协调、加强宏观引导、培育发展产业示范基地、完善规划体系、加强组织实施，为战略性新兴产业的持续健康发展营造良好的内外部环境。

2.《生物产业发展规划》

《生物产业发展规划》是迄今为止我国唯一一部国家层面的生物产业专项发展规划。该规划立足"十二五"，展望"十三五"，对我国今后一个时期培育发展生物产业作出了总体部署。贯彻落实好该规划，对于我国培育发展生物产业，促进人口健康、粮食安全和推进节能减排等具有十分重要的意义。

定位方面，该规划是《国民经济和社会发展第十二个五年规划纲要》和《"十二五"国家战略性新兴产业发展规划》有关内容的深化和细化，是指导地方和行业编制相关规划的重要依据。该规划突出了生物产业阶段性发展特征，明确了发展方向、发展目标、标志性重大任务等，提出了重点领域发展的行动计划，以及强化组织实施的具体措施。

基本原则方面，该规划立足产业发展现状，明确了我国生物产业发展的四个基本原则：一是坚持高品质发展，二是坚持企业主体地位，三是坚持产业链协同发展，四是坚持国际化发展。

具体目标方面，该规划提出以掌握核心关键技术、形成产业内生发展能力为主线，以建生态、打基础、立体系、育优势和促应用5个方面为主要任务，围绕2020年将生物产业培育为国民经济支柱产业的总体目标，提出了生物产业发展的具体目标，即结构布局更加合理、创新能力明显增强、规模和质量大幅提升、发展环境显著改善、社会效益加快显现。

重点方向和任务方面，该规划确立了生物医药、生物医学工程、生物农业、生物制造、生物能源、生物环保、生物服务七个重点领域，并针对生物产业每个领域发展的具体状况，分别提出了相应的重点任务。

政策保障措施方面，该规划针对未来各重点领域面临的共性问题提出了六条保障措施：一是完善准入政策，促进创新创业；二是实施需求激励，强化市场拉动；三是完善创新激励，促进持续发展；四是重视人才培养，强化团队建设；五是加强资源管理，保护生物安全；六是加强统筹协调，确保规划落实。

3. 各地方生物产业发展规划

据不完全统计，截至2016年，我国共有9部由省级人民政府发布的、处于规划期限内的生物产业发展规划，其中，2010年之后发布的6部，2010年之前发布的3部；由市级人民政府发布的、处于规划期限内的生物产业发展规划1部（《伊犁州直生物产业发展规划（2012年~2020年)》)。上述地方生物产业发展规划以国家层面的产业发展规划为指导和依据，结合本地区的生物资源禀赋情况与生物产业发展现状，对当前和今后一个时期辖区内生物产业的发展进行了战略布局，并出台了一系列极具地方特色的安排部署。

比如，《青海省贯彻国家生物产业发展规划的实施意见》提出，要大力发展特色生物资源精深加工，重点研发沙棘油抗癌产品、沙棘黄酮抗病毒新药、抗过敏保健食品、低聚果糖双歧杆菌活化颗粒、枸杞健脑乳、沙棘抗疲劳饮料、白刺果增力饮料、沙棘黄酮心绞痛胶囊、沙棘舒心通胶囊等下游产品，促进其发展壮大，推动青海特色食品制造业的发展，进一步延伸生物技术产业链；《伊犁州直生物产业发展规划（2012 年～2020 年）》提出，以新疆新姿源生物制药公司为基础，重点推动孕马结合雌激素新药研究开发与产业化、草原毒害草的开发利用（乌头、醉马草、白头翁、棘豆、苦豆子、菊蒿等），促进发展生物医药（甘草、贝母、牛蒡、紫草、新疆阿魏、樱桃李、野苹果、野核桃）、畜牧（鹿茸、牛黄、牛肝、马宝、黑蜂、羊胎盘等）、食用菌（平菇、香菇、蘑菇等）绿色食品等产业，在此基础上，构建州直新源特色生物资源精深加工基地等。

（二）生物医药产业政策进展

生物医药产业（包括生物技术药物、化学药物、中药、医疗设备等的生产和制造）是生物产业和医药工业的重要分支，是截至目前生物产业各分行业中商业化程度最高、经济效益最好、发展前景最为广阔的领域。作为生化、物理、机械工程等学科交叉融合的产物，生物医药产业具有高投入、高附加值、长周期等特点，是典型的资金密集型、技术密集型、智力密集型行业，被业界誉为"永不褪色的蓝海"。近年来，我国生物医药产业发展势头迅猛，在政策层面备受各级人民政府青睐。据不完全统计，2010～2016年，中央、省、市三级人民政府共发布了90余部涉及生物医药产业的规划、指导意见、实施意见、实施方案等。其中，《国务院办公厅关于促进医药产业健康发展的指导意见》（国办发〔2016〕11 号）与《医药工业发展规划指南》的效力层级最高，对行业的持续健康发展影响最为深远。

1.《国务院办公厅关于促进医药产业健康发展的指导意见》

《国务院办公厅关于促进医药产业健康发展的指导意见》（以下简称《意见》）于 2016 年 3 月 11 日正式发布。为推动提升我国医药产业核心竞争力，促进医药产业持续健康发展，该意见明确提出开展促进创新能力提升、推动重大药物产业化、强化财政金融支持、支持创新产品推广、健全政府采购机制、深化审评审批改革、加快人才队伍建设、加强产业协同监管等25 项工作，划定了当前和今后一个时期医药行业的重点和主题。

该意见提出，应推动大规模细胞培养及纯化、抗体偶联、无血清无蛋白培养基培养等生物技术研发及工程化，提升长效、缓控释、靶向等新型制剂技术水平，加快新型抗体、蛋白及多肽等生物药研发和产业化等；加快医疗器械转型升级，研制核医学影像设备 PET－CT 及 PET－MRI、超导磁共振成像系统（MRI）等高性能诊疗设备等；推进中医药现代化，提高民族医药医疗机构制剂水平，创制具有资源特色和疗效优势的新品种等。

2.《医药产业发展规划指南》

为贯彻落实《中华人民共和国国民经济和社会发展第十三个五年规划纲要》和《中国制造 2025》，指导医药工业加快由大到强的转变，工业和信息化部、国家发展和改革委员会、科学技术部、商务部、国家卫生和计划生育委员会、国家食品药品监督管理总局于 2016 年 10 月 26 日联合发布了《医药工业发展规划指南》（以下简称《指南》）。

《指南》回顾了"十二五"期间医药工业的发展情况，展望了"十三五"时期医药工业发展面临的新形势，提出了 2016～2020 年我国医药工业发展的指导思想、基本原则和主要目标，明确了今后一个时期医药工业发展的 8 项主要任务，将生物药、化学药、中药、医疗器械、药用辅料和包装系统、制药设备划定为医药工业发展的重点领域，提出加快各领域新技术的开发和应用，促进产品、技术、质量升级。在上述内容的基础上，《指南》提出了加强政策协调配套、加大财税金融扶持力度、加强医药人才队伍建设等8 项保障措施。

（三）生物农业产业政策进展

近年来，各级人民政府并未加大对生物农业产业相关领域的扶持力度，出台的政策在数量上较为有限。

国家层面，国家发改委办公厅、财政部办公厅、农业部办公厅于 2012年 3 月发布了《关于组织实施生物育种能力建设与产业化专项的通知》（发改办高技〔2012〕607 号），以下简称《通知》），自 2012 年起联合组织实施生物育种能力建设与产业化专项。《通知》提出，专项以坚持面向农业发展重大需求、坚持以企业为导向、坚持推动产业链协同发展为原则，重点支持设施务件统筹建设及应用，重大新品种培育、产业化及应用推广。《通知》同时对专项的申报条件和要求、申报程序作出了明确规定。

地方层面，江苏省人民政府和无锡市人民政府分别于 2010 年 12 月、4月发布了《关于加快发展生物农业的实施意见》和《关于加快生物农业发展的实施意见》。两部实施意见立足辖区内生物农业发展的现实基础，提出了本地区未来生物农业发展的重点领域和产业布局，明确了助推生物农业产业发展的各项保障措施。

（四）生物制造与生物能源产业政策进展

生物制造产业方面，国家发改委分别于 2008 年和 2014 年组织实施了生物基材料高技术产业化专项和生物基材料专项，但这两个专项并未在后续年份得到持续性开展；潍坊市人民政府于 2015 年 6 月发布了《潍坊市生物基材料产业化集群培育实施方案》，提出将生物基材料产业发展为全市支柱性现代产业，将潍坊打造为全国重要的生物基材料产业中心、世界重要的生物基材料产业基地；濮阳市人民政府于 2014 年 6 月发布了《濮阳市加快推进生物基材料产业集聚发展实施意见》，提出到 2020 年，全市生物基材料产业销售收入达到 400 亿元，销售收入超 20 亿元的龙头企业或企业集团达到 5 ~ 8 家，骨干企业研发投入占销售收入的比重达到 5% 以上。

生物能源产业方面，国家能源局分别于 2016 年 10 月和 2014 年 11 月发布了《生物质能发展"十三五"规划》和《生物柴油产业发展政策》，国家林业局于 2013 年 5 月发布了《全国林业生物质能源发展规划（2011 ~ 2020 年）》。上述三部政策、规划彰显了我国大力发展生物质能源的决心，勾勒了我国生物质能源的发展愿景。其中，《生物质能发展"十三五"规划》明确提出，到 2020 年，我国生物质能源基本实现商业化和规模化利用，未来将大力推动生物天然气规模化发展、积极发展生物质成型燃料供热、稳步发展生物质发电、加快生物液体燃料示范和推广。中央出台的相关政策具体如表 1 所示。

表1 针对我国生物产业 2010～2016 年中央出台的相关政策

日期	机构	名称	文号
2010.11	工业和信息化部、卫生部、国家食品药品监督管理局	《关于加快医药行业结构调整的指导意见》	工信部联消费〔2010〕483号
2011.04	国务院	《国务院关于加快推进现代农作物种业发展的意见》	国发〔2011〕8号
2012.12	国务院	《国务院关于印发生物产业发展规划的通知》	国发〔2012〕65号
2015.01	财政部、国家税务总局	《关于创新药后续免费使用有关增值税政策的通知》	财税〔2015〕4号
2015.04	国务院办公厅	《国务院办公厅关于转发工业和信息化部等部门中药材保护和发展规划(2015～2020年)的通知》	国办发〔2015〕27号
2016.02	国务院	《国务院关于印发中医药发展战略规划纲要(2016～2030年)的通知》	国发〔2016〕15号
2016.03	国务院办公厅	《国务院办公厅关于促进医药产业健康发展的指导意见》	国办发〔2016〕11号
2016.06	国务院办公厅	《国务院办公厅关于促进和规范健康医疗大数据应用发展的指导意见》	国办发〔2016〕47号
2016.07	国家发展改革委、国家卫生计生委、人力资源和社会保障部、财政部	《关于印发推进医疗服务价格改革意见的通知》	发改价格〔2016〕1431号

资料来源：根据公开资料，笔者整理。

二 产业相关政策亮点

（一）财税金融政策不断丰富

生物医药产业是典型的资金密集型产业，各类企业、机构对资金的需求量非常大。近年来，伴随着生物医药产业政策的日趋完善，各地的财税金融支持政策不断丰富，特别是愈发重视调动资本市场的力量，满足企业、机构日益扩大的资金需求。

例如，《安康市人民政府关于加快生物医药产业发展的意见》（安政发〔2015〕10 号）提出，由市本级财政在工业发展专项资金中安排一定份额资金，专项用于扶持全市生物医药产业发展；组织开展生物医药产品销售奖励，对于年销售产值过 5000 万元或过亿元的单只产品生产企业，给予一定的超销售奖励。河北省在《加快我省生物医药产业发展的若干政策措施》中提出，优先支持创新型医药企业进入多层次资本市场上市挂牌，扩大直接融资规模；支持企业通过发行企业债券、公司债券、短期融资券、中期票据、资产证券化等形式筹措发展资金。《新乡市人民政府关于支持生物医药产业发展的意见》（新政文〔2016〕88 号）规定，支持生物医药方面的企业开展融资租赁；对向融资（金融）租赁公司租赁生产设备的企业，按中国人民银行当期基准贷款利率计算利息金额的 15% 给予最高 50 万元贴息；同时规定，对未上市企业进行股权投资，且时间达到 2 年以上的股权投资（PE）、风险投资（VC）机构或个人投资，按投资额的 5% 给予最高 50 万元的补助。

上述类型的财税金融政策充分利用多种手段，调动资本市场的力量，使生物医药企业、机构不必过度依赖商业银行抵押贷款，极大拓宽了相关市场主体的资金渠道，对生物医药产业的发展具有积极的推动作用。

（二）着力打造生物医药产业集群

近年来，各地均已意识到企业布局分散、相互间业务关联性低、协同配套能力差等问题会损害本地区生物医药产业的综合竞争力，因此，推动产业集群化发展成为各地生物医药产业政策的重要内容。

例如，《江西省生物医药产业发展行动计划（2016～2020 年）》提出，依托重点产业集群，发挥龙头企业的带动作用，以南昌市、宜春市为主要区域，构建包括南昌高新区生物医药产业集群、进贤医疗器械产业集群等在内的产业重点集聚区；《北京市人民政府办公厅关于加快推进中关村生物医药医疗器械及相关产业发展的若干意见》（京政办发〔2015〕9号）提出，不断优化产业布局，重点推进中关村生命园、大兴生物医药基地、中关村高端医疗器械产业园等专业园区建设；洛阳市在《构建现代产业体系促进生物医药产业发展实施方案》中提出，在现代中药、兽药疫苗、诊断试剂与设备、生物制造领域初步建成3~5个具有产业特色和一定市场竞争力的产业集群。

（三）加强公共服务平台建设

健全的公共服务平台体系是夯实产业发展基础、保障产业创新发展和质量品牌提升的重要力量，是产业提质增效升级的重要推手。当前，部分地方的政策对生物医药产业公共服务平台建设给予了高度关注。

例如，《江西省生物医药产业发展行动计划（2016~2020年)》提出，统筹相关专项资金，对国家级医药行业创新平台、公共服务平台和资源开发类平台建设予以支持。南昌市《关于支持生物医药产业发展的若干政策措施》提出，支持产业公共服务平台建设，对提供生物医药检测、药品实验等公共服务的平台或机构，每年按其实际提供公共服务费用总额的10%给予不超过50万元的奖励。《珠海市进一步扶持生物医药产业发展的若干政策》提出，支持各生物医药园区建设新药筛选与研发平台、安全评价平台、产品质量检测平台、成果转移转化平台等生物医药产业公共技术服务平台。经考核评价，符合条件的检测类公共平台，可根据其上一年度开展服务收费的一定比例给予资金补助；研发类公共平台，可对其研发项目给予一定额度的资金资助。

（四）将支持创新摆在突出位置

创新是生物医药产业持续健康发展的内在需求，是本土企业、产品不断缩小同行业领军者差距的坚实保证，坚持创新的核心地位，将支持创新摆在突出位置是各地生物医药产业政策的共同举措。

　　例如，《上海市生物医药产业发展行动计划（2014～2017年）》提出，加快生物医药领域的科技创新、产品创新、品牌创新、产业组织创新和商业模式创新，培育企业创新主体地位，进一步建立和完善融入全球生物医药研发的创新体系。《南宁市生物医药产业发展三年行动计划（2013～2015年）》提出，加快推进国家级创新平台建设，重点支持优势企业与院校、科研院所联合建立药物研发中心、开放实验室，开展产学研合作，支持企业进行自主开发和对引进技术消化、吸收、再创新。《北京市人民政府办公厅关于加快推进中关村生物医药医疗器械及相关产业发展的若干意见》（京政办发〔2015〕9号）提出，集聚全球创新资源，推动中关村企业整合国际创新资源，在全球范围内加快开展创新链和价值链产业布局，与国际一流的科研机构、跨国企业联合建立国际开放实验室和创新中心。

三　产业相关政策下一步走向

（一）进一步健全生物产业政策体系

　　"十一五"以来，我国生物产业蓬勃发展，各类规划与专项扶持政策密集出台，初步形成了以《"十二五"国家战略性新兴产业发展规划》和《生物产业发展规划》为统领，各地方、各分行业渐次跟进的政策架构。但目前我国生物产业政策体系仍不够健全，主要表现为政策覆盖面不够广、支持领域过于单一。当前，国内已出台的生物产业政策主要集中在生物医药领域，对生物产业的其他分支，包括生物农业、生物制造、生物能源、生物环保、生物服务等鲜有涉猎。据不完全统计，2010年至今，我国已出台各类生物医药产业政策、规划90余部，而涉及生物制造业和生物农业的产业政策分别只有2部和3部，支持生物环保与生物服务业发展的专项政策至今依然是空白。这造成生物产业的内部结构过于单一，难以承受经济周期的波动，同时使生物医药产业面临潜在的产能过剩风险，近年国内光伏产业所遭遇的危机便是前车之鉴。

在下一步的工作中，应加强对生物产业及其分行业的重视，针对生物农业、生物制造、生物能源、生物环保、生物服务等领域出台专项扶持政策，不断丰富生物产业的内在结构，打造多元化、多层次、差异化的生物产业格局。同时，应对生物医药行业潜在的产能过剩风险保持警惕，加强对各地的引导，鼓励各地因地制宜，顺应本地区的要素禀赋与比较优势，扶持生物医药产业的发展，避免各地生物医药产业的过度同质化。

（二）进一步提高生物产业政策的法制化水平

当前，我国的生物产业政策主要由各级人民政府以规范性文件的形式对外发布，"泛政策化"倾向明显。由于缺乏法律的调整和约束，各项政策在执行过程中存在利益输送、权力寻租等风险，政策的延续性也无法得到保证；现行政策规划过于关注产业规模、技术进步、企业效益等经济指标，忽视了生物安全保障、生物资源保护等重大基本问题。同时，我国现行的、与生物科技有关的法律中还存在部分不利于生物产业进一步发展的规定。

在下一部的工作中，应进一步提高生物产业政策的法制化水平，加紧出台《生物产业发展促进法》《生物技术法》《生物安全保障法》，完善《农业转基因生物安全管理条例》与《基因工程安全管理办法》，推动将国家生物基本法纳入全国人大立法规划，将生物产业发展、生物安全保护等全面纳入法制化轨道；进一步完善生物科技法律体系，修订《专利法》《药品管理法》，加大对生物药物生产研发的扶持力度，简化生物药物审批流程，推动生物技术产品加速进入市场。

（三）进一步加大对生物产业的资金支持力度

产业发展，资金先行。尽管现行政策已不断尝试为生物产业开辟新的融资渠道，但仍无法满足企业、机构在研发、制造等环节对资金的庞大需求，各方主体融资难、融资贵的局面尚未得到根本性缓解。为推动生物产业实现跨越式发展，应尝试集合多方力量，共同破解行业资金困局。

在下一步的工作中，应借鉴其他产业、领域的成功经验，通过国有资本撬动，吸引社会资本积极参与的形式，设立国家生物产业投资基金，同时，加大战略性新兴产业发展专项资金对生物产业的支持力度；发行生物技术创新债券，为产业技术创新升级筹措专项资金；利用政策性银行资源，在充分发挥国家开发银行作用的基础上，筹措成立高技术产业开发银行，定向解决以生物产业为代表的高技术产业的融资需求，鼓励科技信贷投资；丰富金融产品结构，鼓励生物企业通过股权质押、知识产权质押融资，鼓励生物企业开展融资租赁；鼓励各类股权投资基金、风险投资基金投资生物产业，特别是具备良好发展前景的初创期生物科技公司。

参考文献

国务院：《"十二五"国家战略性新兴产业发展规划》，2012。

国务院：《生物产业发展规划》，2012。

国务院：《中国制造2025》，2015。

云南省人民政府：《关于加快推进生物经济跨越发展的意见》，2015。

刘长秋：《法律视野下的中国生物产业政策研究》，《上海财经大学学报》2013年第6期。

B.7
新能源汽车产业相关政策解析

张鲁生*

摘　要：　自2009年推广新能源汽车以来，随着新能源汽车使用范围的
扩大和规模增长，相关产业政策密集出台、不断完善。国家
针对新能源汽车产业研发、生产、销售和回收等各个环节逐
步出台了相关政策，政策体系框架初步形成。其中财政扶持、
充电基础设施建设、政府机关和公共服务机构采购、技术研
发支持是目前我国新能源汽车产业政策的重点和亮点。未来
政府还需明确自身定位，发挥好政府的功效，改善产业管理
机制，加强顶层设计，优化企业研发和消费者使用的生态环
境，保障我国新能源汽车产业持续健康发展。

关键词：　新能源汽车　产业政策　政策体系

　　从全球看，新能源汽车是汽车产业的重要分支和未来发展方向，是各主
要国家和各大汽车制造商等的竞争战略要地。对于美、日、欧等国家和地区
而言，发展新能源汽车产业是降低原油依存度、减少环境污染的有效途径。
对于我国而言，新能源汽车产业是国家重要的战略性新兴产业，其发展承担
着制造强国的创建使命，承载着民族汽车工业"弯道超车"的厚望。

　　我国对新能源汽车产业很早就开始关注了。"八五"期间就启动电动汽
车的研发工作，"九五"期间启动"空气净化工程"，"十五"期间科技部

＊　张鲁生，国家工业信息安全发展研究中心工程师，研究方向为产业经济。

提出发展新能源汽车的实施方案，"十一五"期间启动"863"计划新能源汽车重大项目[①]。进入"十二五"后，我国在试点新能源汽车产业发展的基础上，开始大力推行其规模化和市场化发展，相关产业政策密集出台。

一 产业相关主要政策进展

2009 年可谓我国新能源汽车产业市场推广的元年。1 月 1 日科技部、财政部、国家发改委、工信部四部委发布《十城千辆节能与新能源汽车示范推广应用工程》。紧接着 1 月 23 日财政部、科技部发布《关于开展节能与新能源汽车示范推广试点工作的通知》，配套政策《节能与新能源汽车示范推广财政补助资金管理暂行办法》同时出台。同日，工信部发布《新能源汽车生产企业及产品准入管理规则》。8 月工信部明确《节能与新能源汽车示范推广应用工程推荐车型目录》第一批名单。2010 年在继续扩大公共服务领域节能与新能源汽车的示范推广，加快推进节能减排和节能与新能源汽车产业化的同时，5 月出台了对新能源汽车产业发展影响最大的政策——《关于开展私人购买新能源汽车补贴试点的通知》。该政策明确鼓励和支持私人购买和使用新能源汽车。中央财政对试点五城私人购买、登记注册和使用的新能源汽车给予一次性补助，对动力电池、充电站等基础设施的标准化建设给予适当补助[②]。随着新能源汽车的推广和使用，2011 年国家下发《关于加强节能与新能源汽车示范推广安全管理工作的函》，在财税优惠方面发布《关于调整节能汽车推广补贴政策的通知》和《中华人民共和国车船税法实施条例》再次明确对新能源汽车的各项财税优惠。为进一步做好推广试点工作，10 月财政部、国家发改委和工信部三部委共同发布《关于进一步做好节能与新能源汽车示范推广试点工作的通知》，强调了对充电设施配套的建设要求。2009 年至 2011 年可谓我国新能源汽车产业的示范推广期。

[①] 王健：《中国新能源汽车产业发展反思及财政支持政策评论》，2015 年 9 月 20 日。

[②] 《关于开展私人购买新能源汽车补贴试点的通知》（财建〔2010〕230 号），2010 年 5 月 31日。

2012 年是我国新能源汽车产业发展的战略年,6 月国务院印发了《节能与新能源汽车产业发展规划 (2012 ~ 2020 年)》,这是节能与新能源产业的第一份发展规划,是节能与新能源汽车产业发展的纲领性文件。该规划明确了以纯电驱动为新能源汽车发展和汽车工业转型的主要战略取向[①]的技术路线,明确了到 2015 年和 2020 年需要实现的产业化目标和技术目标,并指明"实施节能与新能源汽车技术创新工程、科学规划产业布局、加快推广应用和试点示范、积极推进充电设施建设、加强动力电池梯级利用和回收管理"五大任务。2012 年也是我国新能源汽车产业从注重市场化、规模化发展向注重自主创新和技术突破的转折年。3 月,科技部印发《关于印发电动汽车科技发展"十二五"专项规划的通知》,明确"十二五"期间电动汽车科技发展要形成"三横、三纵、三大平台"[②] 战略重点与任务布局。9 月为进一步提高新能源汽车产业技术创新能力,加快产业化进程,财政部、工信部和科技部联合印发了《关于组织开展新能源汽车产业技术创新工程的通知》,新能源汽车整车项目和动力电池项目两大类配以财政奖励资金。

2013 年开始我国开启了新一轮的推广工作。一是调整税收优惠,2013 年 9 月下发《关于继续开展新能源汽车推广应用工作的通知》,调整了财政补贴的对象和标准。2014 年 8 月下发《关于免征新能源汽车车辆购置税的公告》,决定自 2014 年 9 月 1 日到 2017 年 12 月 31 日,对购置的新能源汽车免征车辆购置税。二是扩大推广应用城市和公共服务领域用车。2013 年 11 月下发《关于支持北京天津等城市或区域开展新能源汽车推广应用工作的通知》,将推广应用工作扩展至 23 个城市和河北省、浙江省、福建省、江西省、广东省 5 个城市群。2014 年 2 月,继续下发《关于支持沈阳长春等城市或区域开展新能源汽车推广应用工作的通知》,推广应用工作又增加了沈阳、长春等 8 个城市和内蒙古、江苏、贵州和云南 4 个城市群。2014

---

① 《节能与新能源汽车产业发展规划 (2012 ~ 2020 年)》(国发〔2012〕22 号),2012 年 6 月 28 日。
② "三横":电池、电机、电控;"三纵":混合动力汽车、纯电动汽车、燃料电池汽车;"三大平台":标准检测、能源供给、集成示范。

年6月发布《关于印发〈政府机关及公共机构购买新能源汽车实施方案〉的通知》，10月发布《关于印发〈京津冀公交等公共服务领域新能源汽车推广工作方案〉的通知》，进一步拓展新能源汽车在政府机关和公共服务领域的使用和充电配套的建设。三是优化使用环境。2014年7月下发《关于电动汽车用电价格政策有关问题的通知》，明确充换电的电价优惠。11月，下发《关于新能源汽车充电设施建设奖励的通知》，针对新能源汽车充电设施的指导性文件正式出台。

2015年，我国新能源汽车产业政策进入行业规范化管理和政策完善阶段。一是进一步完善充电设施建设，优化新能源汽车使用环境。2015年9月下发《国务院办公厅关于加快电动汽车充电基础设施建设的指导意见》，10月下发《电动汽车充电基础设施发展指南（2015~2020年）》，2016年1月发布《关于"十三五"新能源汽车充电基础设施奖励政策及加强新能源汽车推广应用的通知》。同时在技术标准层面，2015年11月国家能源局发布《电动汽车充电设施标准体系项目表（2015年版）》，12月国家质检总局、国家标准委联合国家能源局、工信部、科技部四部门发布了有关汽车充电的五项新国标，各家接口可实现兼容。二是加强行业管理，尤其是电池领域的系列规范管理。2015年6月，国家发改委和工信部联合发文《新建纯电动乘用车企业管理规定》，为新进入纯电动乘用车领域的进入者创造了条件，更强调企业研发能力和售后责任。电池领域，2015年3月工信部出台《汽车动力蓄电池行业规范条件》，11月公告了符合该条件的第一批企业目录，6月公告《汽车有害物质和可回收利用率管理要求》，8月出台《锂离子电池行业规范条件》；2016年1月国家发展改革委、工业和信息化部、环境保护部、商务部、国家质检总局五部委联合发文《电动汽车动力蓄电池回收利用技术政策（2015年版）》，2月工信部发布《新能源汽车废旧动力蓄电池综合利用行业规范条件》和《新能源汽车废旧动力蓄电池综合利用行业规范公告管理暂行办法》，当月环保部发布《废电池污染防治技术政策》（征求意见稿），10月工信部发布《锂离子电池综合标准化技术体系》，11月发布《汽车动力电池行业规范条件（2017年）》（征求意见稿）。三是进一步重视产业技术创新。2015 年 2 月，科技部发布《国家重点研发计划新能源汽车重点专项实施方案（征求意见稿）》，5 月国务院发布《中国制造 2025》，11 月发布了《〈中国制造 2025〉重点领域技术路线图（2015 年版)》，11 月工信部发布的《产业关键共性技术发展指南（2015 年）》也再次明确了新能源汽车产业领域的关键共性技术。2016 年 7 月科技部发布《关于对国家重点研发计划"新能源汽车"等 10 个重点专项 2016 年度项目安排进行公示的通知》，10 月科技部发布《"十三五"国家科技创新规划》，同月工信部发布《产业技术创新能力发展规划（2016～2020 年)》《节能与新能源汽车技术路线图》，具体如表 1 所示。

表 1　针对我国新能源汽车产业发展 2009～2016 年中央出台的相关政策

序号	日期	机构	名称	文号
1	2009.01	科技部、财政部、国家发改委、工信部	《十城千辆节能与新能源汽车示范推广应用工程》	
2	2009.01	财政部、科技部	《关于开展节能与新能源汽车示范推广试点工作的通知》	财建〔2009〕6 号
3	2009.01	工信部	《新能源汽车生产企业及产品准入管理规则》	工产业〔2009〕第 44 号公告
4	2009.01	财政部、科技部	《节能与新能源汽车示范推广财政补助资金管理暂行办法》	财建〔2009〕6 号
5	2009.08	工信部	《节能与新能源汽车示范推广应用工程推荐车型目录》	工产业〔2009〕第 51 号
6	2009.12	财政部、商务部	《关于调整汽车以旧换新补贴标准有关事项的通知》	财建 2009 年第 995 号
7	2010.01	财政部、商务部	《关于允许汽车以旧换新补贴与车辆购置税减征政策同时享受的通知》	财建〔2010〕1 号
8	2010.01	财政部、国家发改委、工信部、公安部、商务部、国家工商总局、国家质检总局	《关于继续实施汽车下乡政策的通知》	财建〔2010〕4 号
9	2010.02	环保部	《关于发布达到国家机动车排放标准的新生产机动车型和发动机型的公告》	2010 年第 21 号公告

序号	日期	机构	名称	文号
10	2010.05	财政部、科技部、工信部、国家发改委	《关于印发〈"节能产品惠民工程"节能汽车(1.6升及以下乘用车)推广实施细则〉的通知》	财建〔2010〕219号
11	2010.05	财政部、科技部、工信部、国家发改委	《关于扩大公共服务领域节能与新能源汽车示范推广有关工作的通知》	财建〔2010〕227号
12	2010.05	财政部、科技部、工信部、国家发改委	《关于开展私人购买新能源汽车补贴试点的通知》	财建〔2010〕230号
13	2010.06	财政部、商务部、环保部	《关于延长实施汽车以旧换新政策的通知》	财建〔2010〕304号
14	2010.07	财政部、科技部、工信部、国家发改委	《关于增加公共服务领域节能与新能源汽车示范推广试点城市的通知》	财建〔2010〕434号
15	2010.09	财政部、国家发改委、工信部	《关于做好节能汽车推广补贴兑付工作的通知》	财办建〔2010〕75号
16	2010.10	国务院	《国务院关于加快培育和发展战略性新兴产业的决定》	国发〔2010〕32号
17	2010.11	工信部	《关于进一步加强轻型汽车燃料消耗量通告管理的通知》	工信部装〔2010〕529号
18	2010.11	工信部、国家发改委、财政部	《"节能产品惠民工程"节能汽车(1.6升及以下乘用车)推广专项核查办法》	工信部联装〔2010〕566号
19	2011.05	国家发改委办公厅	《关于汽车生产企业投资项目备案管理的补充通知》	发改办产业〔2011〕1228号
20	2011.07	工信部	《产业关键共性技术发展指南(2011年)》	工信部科〔2011〕320号
21	2011.08	科技部、财政部、工信部、国家发改委	《关于加强节能与新能源汽车示范推广安全管理工作的函》	国科办函高〔2011〕322号
22	2011.09	财政部、国家发改委、工信部	《关于调整节能汽车推广补贴政策的通知》	财建〔2011〕754号
23	2011.10	财政部、科技部、工信部、国家发改委	《关于进一步做好节能与新能源汽车示范推广试点工作的通知》	财办建〔2011〕149号
24	2011.11	工信部	《乘用车生产企业及产品准入管理规则》	工信部公告2011年第37号

续表

序号	日期	机构	名称	文号
25	2011.12	国务院	《中华人民共和国车船税法实施条例》	国务院令第 611 号
26	2011.12	国务院	《工业转型升级规划(2011~2015 年)》	国发〔2011〕47 号
27	2011.12	财政部、国税局、工信部	《关于不属于车船税征收范围的纯电动燃料电池乘用车车型目录(第一批)的公告》	公告 2011 年第 81 号
28	2012.03	财政部、国税局、工信部	《关于节约能源使用新能源车船车船税政策的通知》	财税〔2012〕19 号
29	2012.03	科技部	《关于印发电动汽车科技发展"十二五"专项规划的通知》	国科发计〔2012〕195 号
30	2012.06	国税局、交通部	《关于城市公交企业购置公共汽电车辆免征车辆购置税有关问题的通知》	国税发〔2012〕61 号
31	2012.06	国务院	《关于印发节能与新能源汽车产业发展规划(2012~2020 年)的通知》	国发〔2012〕22 号
32	2012.07	国务院	《关于印发"十二五"国家战略性新兴产业发展规划的通知》	国发〔2012〕28 号
33	2012.09	财政部、工信部、科技部	《关于组织开展新能源汽车产业技术创新工程的通知》	财建〔2012〕780 号
34	2013.01	国务院	《关于印发"十二五"国家自主创新能力建设规划的通知》	国发〔2013〕4 号
35	2013.01	工信部	《关于加快推进重点行业企业兼并重组的指导意见》	工信部联产业〔2013〕16 号
36	2013.03	科技部、国家发改委	《关于印发"十二五"国家重大创新基地建设规划的通知》	国科发计〔2013〕381 号
37	2013.03	工信部、国家发改委、商务部、海关总署、国家质检总局	《乘用车企业平均燃料消耗量核算办法》	公告 2013 年 15 号
38	2013.08	国务院	《国务院关于加快发展节能环保产业的意见》	国发〔2013〕30 号
39	2013.09	国务院	《国务院关于印发大气污染防治行动计划的通知》	国发〔2013〕37 号

续表

序号	日期	机构	名称	文号
40	2013.09	财政部、科技部、工信部、国家发改委	《关于继续开展新能源汽车推广应用工作的通知》	财建〔2013〕551号
41	2013.11	国家发改委、财政部、住建部、交通部、水利部、农业部、国家林业局、中国气象局、国家海洋局	《关于印发国家适应气候变化战略的通知》	发改气候〔2013〕2252号
42	2013.11	财政部、科技部、工信部、国家发改委	《关于支持北京天津等城市或区域开展新能源汽车推广应用工作的通知》	财建〔2013〕805号
43	2014.01	国务院办公厅	《关于进一步做好新能源汽车推广应用工作的通知》	财建〔2014〕11号
44	2014.02	财政部、工信部、国家发改部、科技部	《关于支持沈阳长春等城市或区域开展新能源汽车推广应用工作的通知》	财建〔2014〕10号
45	2014.02	科技部、工信部	《关于印发2014~2015年节能减排科技专项行动方案的通知》	国科发计〔2014〕45号
46	2014.06	国管局、财政部、科技部、工信部、国家发改委	《关于印发政府机关及公共机构购买新能源汽车实施方案的通知》	国管节能〔2014〕293号
47	2014.07	国务院办公厅	《关于加快新能源汽车推广应用的指导意见》	国办发〔2014〕35号
48	2014.07	国家发改委	《关于电动汽车用电价格政策有关问题的通知》	发改价格〔2014〕1668号
49	2014.08	财政部、国家税务总局、工业和信息化部	《关于免征新能源汽车车辆购置税的公告》	公告2014年第53号
50	2014.08	工信部	《免征车辆购置税的新能源汽车车型目录》(第一批)	2014年第54号
51	2014.10	工信部、国家发改委、科技部、财政部、环保部、住建部、国家能源局	《关于印发〈京津冀公交等公共服务领域新能源汽车推广工作方案〉的通知》	
52	2014.10	工信部、国家发改委、商务部、海关总署、国家质检总局	《关于加强乘用车企业平均燃料消耗量管理的通知》	工信部联装〔2014〕432号
53	2014.10	工信部装备工业司	《公开征集对〈汽车动力蓄电池行业规范条件〉的意见》	

续表

序号	日期	机构	名称	文号
54	2014.10	工信部	《免征车辆购置税的新能源汽车车型目录》(第二批)	2014 年第 66 号
55	2014.10	工信部	《电动汽车用动力蓄电池箱通用要求等 494 项行业标准获批》	
56	2014.10	工信部	《电动汽车用动力蓄电池箱通用要求》	2014 年第 63 号
57	2014.11	国务院办公厅	《能源发展战略行动计划(2014～2020 年)》	国办发〔2014〕31 号
58	2014.11	财政部、科技部、工信部、国家发改委	《关于新能源汽车充电设施建设奖励的通知》	财建〔2014〕692 号
59	2014.12	工信部	《免征车辆购置税的新能源汽车车型目录》(第三批)	2014 年第 81 号
60	2014.12	工信部	《锂离子电池行业规范条件(征求意见稿)》	
61	2014.12	财政部、科技部、工信部、发改委	《关于公开征求 2016～2020 年新能源汽车推广应用财政支持政策意见的通知》	财建〔2014〕842 号
62	2015.01	工信部	《乘用车燃料消耗量第四阶段标准》	
63	2015.02	科技部	《国家重点研发计划新能源汽车重点专项实施方案(征求意见稿)》	
64	2015.03	交通运输部	《关于加快推进新能源汽车在交通运输行业推广应用的实施意见》	
65	2015.03	国家发改委	《关于〈新建纯电动乘用车生产企业投资项目和生产准入管理规定〉公开征求意见》	
66	2015.03	工信部	《汽车动力蓄电池行业规范条件》	公告 2015 年第 22 号
67	2015.04	财政部、科技部、工信部、国家发改委	《关于 2016～2020 年新能源汽车推广应用财政支持政策的通知》	财建〔2015〕134 号
68	2015.05	财政部、国税局、工信部	《关于节约能源使用新能源汽车车船税优惠政策的通知》	财税〔2015〕51 号
69	2015.05	工信部	《免征车辆购置税的新能源汽车车型目录》(第四批)	

序号	日期	机构	名称	文号
70	2015.05	国务院	《中国制造2025》	国发〔2015〕28号
71	2015.05	财政部、工信部、交通运输部	《关于完善城市公交车成品油价格补助政策加快新能源汽车推广应用的通知》	财建〔2015〕159号
72	2015.06	工信部	《汽车有害物质和可回收利用率管理要求》	2015年第38号
73	2015.06	国家发改委、工信部	《新建纯电动乘用车企业管理规定》	财税〔2015〕104号
74	2015.07	交通运输部	《交通运输部关于〈道路运输车辆技术管理规定〉(征求意见稿)公开征求意见的通知》	
75	2015.08	工信部	《锂离子电池行业规范条件》	2015年第57号
76	2015.09	财政部、国税局	《关于减征1.6升及以下排量乘用车车辆购置税的通知》	财税〔2015〕104号
77	2015.09	工信部	《免征车辆购置税的新能源汽车车型目录》(第五批)	
78	2015.09	国家发改委	《电动汽车动力蓄电池回收利用技术政策(2015年版)》(征求意见稿)	
79	2015.09	国务院办公厅	《关于加快电动汽车充电基础设施建设的指导意见》	国办发〔2015〕73号
80	2015.10	国家发改委、国家能源局、工信部、住建部	《关于印发〈电动汽车充电基础设施发展指南(2015~2020年)〉的通知》	发改能源〔2015〕1454号
81	2015.10	工信部	《〈中国制造2025〉重点领域技术路线图(2015年版)》	
82	2015.11	工信部	《〈汽车动力蓄电池行业规范条件〉企业目录(第一批)》	
83	2015.11	工信部	《锂离子电池行业规范公告管理暂行办法(征求意见稿)》	
84	2015.11	交通运输部、财政部、工信部	《新能源公交车推广应用考核办法(试行)》	交运发〔2015〕164号
85	2015.11	国家能源局	《电动汽车充电设施标准体系项目表(2015年版)》	国能科技〔2015〕394号

续表

序号	日期	机构	名称	文号
86	2015.11	工信部	《产业关键共性技术发展指南（2015 年）》	
87	2015.11	工信部	《免征车辆购置税的新能源汽车车型目录》（第六批）	
88	2015.12	工信部	《锂离子电池行业规范公告管理暂行办法》	工信部电子〔2015〕452 号
89	2015.12	国家质检总局、国家标准委联合国家能源局、工信部、科技部	《电动汽车传导充电系统第 1 部分：通用要求》《电动汽车传导充电用连接装置第 1 部分：通用要求》《电动汽车传导充电用连接装置第 2 部分：交流充电接口》《电动汽车传导充电用连接装置第 3 部分：直流充电接口》《电动汽车非车载传导式充电机与电池管理系统之间的通信协议》	
90	2016.01	国家发改委、工信部、环保部、商务部、国家质检总局	《电动汽车动力蓄电池回收利用技术政策（2015 年版）》	2016 年第 2 号公告
91	2016.01	商务部	《汽车销售管理办法（征求意见稿）》	
92	2016.01	财政部、科技部、工信部、国家发改委、国家能源局	《关于"十三五"新能源汽车充电基础设施奖励政策及加强新能源汽车推广应用的通知》	财建〔2016〕7 号
93	2016.02	工信部	《新能源汽车废旧动力蓄电池综合利用行业规范条件》《新能源汽车废旧动力蓄电池综合利用行业规范公告管理暂行办法》	公告〔2016〕6 号
94	2016.02	工信部	《新能源汽车推广应用推荐车型目录》（第一批）	
95	2016.02	环保部	《废电池污染防治技术政策》（征求意见稿）	
96	2016.04	工信部	《免征车辆购置税的新能源汽车车型目录》（第七批）	
97	2016.06	工信部	《免征车辆购置税的新能源汽车车型目录》（第八批）	
98	2016.07	科技部	《关于对国家重点研发计划"新能源汽车"等 10 个重点专项 2016 年度项目安排进行公示的通知》	

序号	日期	机构	名称	文号
99	2016.08	国家发改委	《新能源车碳配额管理办法》	
100	2016.08	科技部	《"十三五"国家科技创新规划》	
101	2016.08	工信部	《新能源汽车生产企业及产品准入管理规定(修订征求意见稿)》	
102	2016.09	工信部	《企业平均燃料消耗量与新能源汽车积分并行管理暂行办法(征求意见稿)》	
103	2016.10	工信部	《工业和信息化部关于印发产业技术创新能力发展规划(2016~2020年)》	工信部规〔2016〕344号
104	2016.10	财政部、国税局	《关于城市公交企业购置公共汽电车辆免征车辆购置税的通知》	(财税〔2016〕841号)
105	2016.10	工信部	《锂离子电池综合标准化技术体系》	工信厅科〔2016〕155号
106	2016.10	工信部	《节能与新能源汽车技术路线图》	
107	2016.11	工信部	《工业和信息化部关于进一步做好新能源汽车推广应用安全监管工作的通知》	工信部装〔2016〕377号
108	2016.11	工信部	《电动客车安全技术条件》	
109	2016.11	公安部	《上海等5城将试点发放新能源汽车号牌》	
110	2016.11	工信部	《汽车动力电池行业规范条件(2017年)》(征求意见稿)	

资料来源:笔者根据公开资料整理。

二 产业相关政策亮点

新能源汽车相对于传统汽车而言技术还不成熟,有关未来主流电池的技术路线还有很多争议,我国大部分新能源汽车生产厂商还未能掌握电池的核心技术,企业还需投入大量研发费用。从消费环境看,与新能源汽车使用密切相关的充电设施也属于新兴的产业领域，技术标准、建设模式等都在探索和建设完善中。对于消费者而言，购买新能源汽车需要支付比传统汽车高许多的成本，使用时还可能面临充电困难、售后服务和维修困难、二手车交易困难等问题。为切实推动我国新能源汽车产业的发展，从上文政策梳理中可看到，我国对新能源汽车产业发展高度重视，对行业发展的支持力度和管理强度也很大。自 2009 年推广新能源汽车以来，随着我国新能源汽车使用范围的扩大，多项政策密集出台，各项政策不断修改完善，国家针对新能源汽车产业研发、生产、消费和回收等各个环节都出台了相关政策，政策体系已初步形成。回顾这几年出台的政策，对我国新能源汽车产业发展影响较大、作用较深远的政策主要体现为税费优惠、强调政府机关和公共服务领域的示范带头作用、充电设施等消费环境建设，以及对自主创新、技术研发的高度重视。

（一）财政扶持是产业发展的强心剂

从最初的"十城千辆"试点推广计划开始，中央财政就对新能源汽车产业的每次重大建设都给予明确支持。2009 年 1 月下发《关于开展节能与新能源汽车示范推广试点工作的通知》时，配套政策《节能与新能源汽车示范推广财政补助资金管理暂行办法》同时出台。2010 年发布《关于扩大公共服务领域节能与新能源汽车示范推广有关工作的通知》和《关于增加公共服务领域节能与新能源汽车示范推广试点城市的通知》。2010 年 5 月《关于开展私人购买新能源汽车补贴试点的通知》出台，明确对试点城市私人购买、登记注册和使用的新能源汽车给予一次性补助；明确补助标准根据动力电池组能量确定，按 3000 元/千瓦时给予补助。插电式混合动力和纯电动乘用车最高补助分别为每辆 5 万元和 6 万元。[1] 2013 年国家下发《关于继续开展新能源汽车推广应用工作的通知》，具体每辆车的补贴金额以纯电动

---

① 《关于开展私人购买新能源汽车补贴试点的通知》（财建〔2010〕230 号），2010 年 5 月 31 日。

乘用车为例，每辆为 3.5 万、5 万、6 万元三个等级。纯电动客车每辆为 30 万、40 万、50 万元。此版政策是之前政策的续接，根据补贴的对象由城市改为车企，按季预拨，年度清算；补贴标准由动力电池组能量调整为续航里程；另外为消除地方保护，新政提出推广应用的车辆中外地品牌数量不得低于 30%。

对充电设施建设的推动方面，2014 年 11 月发布《关于新能源汽车充电设施建设奖励的通知》，2016 年 1 月发布《关于"十三五"新能源汽车充电基础设施奖励政策及加强新能源汽车推广应用的通知》，明确奖补标准为"推广量越大，奖补资金获得的越多"。

从消费者的实际使用成本看，2011 年 12 月国家颁布了《中华人民共和国车船税法实施条例》（国务院令第 611 号），规定节约能源、使用新能源的车船免征或者减征车船税。2014 年 8 月《关于免征新能源汽车车辆购置税的公告》发布，决定自 2014 年 9 月 1 日到 2017 年 12 月 31 日，对购置的新能源汽车免征车辆购置税。从用电价格看，2014 年 7 月国家发改委下发《关于电动汽车用电价格政策有关问题的通知》，明确对经营性集中式充换电设施用电实行价格优惠，执行大工业电价，并且 2020 年前免收基本电费；对居民家庭住宅、住宅小区等充电设施用电执行居民电价。

（二）充电基础设施建设是产业发展的助推剂

消费者购买新能源汽车能享受较大的政府补贴和税费优惠力度，使用时由于电价远低于油价，新能源汽车的使用成本也远低于传统汽车。一直以来，制约普通公众购买和使用新能源汽车的根本原因是充电基础设施的严重滞后，所居住房屋自有充电桩安装困难，行驶路途中充电桩难寻，我国充电桩的建设和管理面临着多部门管理、多标准并行等问题。

早在 2011 年财政部、国家发改委和工信部三部委共同发布的《关于进一步做好节能与新能源汽车示范推广试点工作的通知》中就强调了对充电设施配套的建设要求：针对个人新能源汽车用户，试点城市应为其在住宅小区、工作场所停车位配套建设充电桩，配套比例不低于 1:1，并提供充电设施建设的服务。试点城市在政府机关、商场、医院等公共设施及社会公共停车场，应适当设置专用停车位，并配套充电桩，同时调配资源，建设少而精、覆盖示范运行区域的快速充电网络①。直到 2014 年 11 月《关于新能源汽车充电设施建设奖励的通知》的发布，有关对新能源汽车充电设施的指导性文件才算出台，但这次奖励也仍局限在推广试点城市或城市群。2015年 9 月国务院下发《关于加快电动汽车充电基础设施建设的指导意见》，10月国家发展改革委、国家能源局、工业和信息化部、住房和城乡建设部四部委下发《电动汽车充电基础设施发展指南（2015～2020 年）》，11 月国家能源局发布《电动汽车充电设施标准体系项目表（2015 年版）》，12 月国家质检总局、国家标准委联合国家能源局、工信部、科技部四部门发布有关汽车充电的五项新国标，各家接口可实现兼容。2016 年 1 月财政部、科技部、工业和信息化部、国家发展改革委、国家能源局 5 部门发布《关于"十三五"新能源汽车充电基础设施奖励政策及加强新能源汽车推广应用的通知》。至此，我国新能源汽车充电基础设施建设才算真正的扎实落地。

（三）推动政府机关和公共服务领域购买使用是产业发展的发酵剂

新能源汽车产业的壮大和发展最终必将依赖个体消费者，但这之前，需推动政府机关和公共服务领域购买和使用，一是为新能源汽车的大规模推广探索经验；二是向公众宣传新能源汽车相关知识，提升大众认知率，并做出表率；三是通过大规模的推广使用为新能源汽车发展铺设良好的消费环境。

具体相关政策包括：2009 年 1 月科技部、财政部、国家发改委、工信部四部委发布《十城千辆节能与新能源汽车示范推广应用工程》；2010 年发布《关于扩大公共服务领域节能与新能源汽车示范推广有关工作的通知》和《关于增加公共服务领域节能与新能源汽车示范推广试点城市的通知》；2014 年 6 月印发《关于印发政府机关及公共机构购买新能源汽车实施方案

---

① 《关于进一步做好节能与新能源汽车示范推广试点工作的通知》（财办建〔2011〕149 号），
2011 年 10 月 14 日。

的通知》，明确 2014～2016 年新能源汽车推广应用城市的政府机关及公共机构购买的新能源汽车占当年配备更新总量的比例不低于 30%，以后逐年提高，且充电接口与新能源汽车数量比例不低于 1∶1；① 2015 年 3 月交通运输部公布《关于加快推进新能源汽车在交通运输行业推广应用的实施意见》，11 月明确《新能源公交车推广应用考核办法（试行）》。

（四）技术研发是产业健康持续发展的根本

正如上文所指出的那样，新能源汽车是国家重要的战略性新兴产业，其发展承担着制造强国的创建使命，承载着民族汽车工业"弯道超车"的厚望。我国对新能源汽车的相关技术研究也起步较早。"十二五"时期以来，我国更是加大了对新能源汽车的技术研发力度。

2011 年 7 月工信部发布《产业关键共性技术发展指南（2011 年）》，明确了节能与新能源汽车中纯电动乘用车总体技术、动力电池关键技术、汽车电子技术、汽车节能技术和混合动力商用车动力系统关键技术的重要技术指标及参数。12 月发布《工业转型升级规划（2011～2015 年）》，提出"到2015 年，节能型乘用车新车平均油耗降至 5.9 升/百公里；新能源汽车累计产销量达到 50 万辆"。② 2012 年 7 月国家印发《"十二五"国家战略性新兴产业发展规划》，明确"以纯电驱动为新能源汽车发展和汽车工业转型的主要战略取向，当前重点推进纯电动汽车和插电式混合动力汽车产业化，推进新能源汽车及零部件研究试验基地建设，研究开发新能源汽车专用平台，构建产业技术创新联盟，推进相关基础设施建设。重点突破高性能动力电池、电机、电控等关键零部件和材料核心技术，大幅度提高动力电池和电机安全性与可靠性，降低成本；加强电制动等电动功能部件的研发，提高车身结构和材料轻量化技术水平等"③。2012 年 3 月，科技部印发《关于印发电动汽车科技发展"十二五"专项规划的通知》，明确"十二五"期间要形成

---

① 《关于印发政府机关及公共机构购买新能源汽车实施方案的通知》，2014 年 6 月 11 日。
② 《工业转型升级规划（2011-2015 年）》，2011 年 12 月 30 日。
③ 《"十二五"国家战略性新兴产业发展规划》，2012 年 7 月 29 日。

"三横、三纵、三大平台"的战略重点与任务布局。9 月《关于组织开展新能源汽车产业技术创新工程的通知》发布，明确了新能源汽车整车项目和动力电池项目的财政奖励。2015 年 5 月国务院发布《中国制造 2025》，11 月发布《〈中国制造 2025〉重点领域技术路线图（2015 年版)》，11 月工信部发布的《产业关键共性技术发展指南（2015 年)》也再次明确了新能源汽车产业领域的关键共性技术。2016 年 10 月科技部发布《"十三五"国家科技创新规划》，同月工信部发布《产业技术创新能力发展规划（2016 ~ 2020 年)》，《节能与新能源汽车技术路线图》也已明确。

三 产业相关政策下一步方向

（一）明确政府定位，发挥政府功效

我国的汽车产业政策脱胎于计划经济体制，其与生俱来的有着管制性特征与浓厚的计划经济色彩。[①] 从上文梳理的政策看，我国新能源汽车产业政策涉及的内容非常丰富，类型也非常多样，如推广政策类、行业规范类、行业管理类、行业准入类、技术规范类等。宏观性政策和微观性政策并存。一些涉及财政资金使用的政策内容非常细致，一些技术路线政策也非常明确和细致。如此大量政策的制定和执行，效果还需要时间验证。我国新能源汽车产业早期的发展并没有达到当时的政策预期。2016 年由于"骗补"事件，国家对企业进行了细致的检查，而一些合法企业不认可这种检查方式。另外，我国新能源汽车的技术路线已经明确，财政资金也以路线为方向进行支持，行业和企业对此争议很大。

如何界定我国政府在新能源汽车产业中的定位，发挥政府的作用和功效是所有政策制定和执行的前置考虑要素。我国新能源汽车产业的壮大和发展最终还是要由各类新能源汽车的消费者来实现，从市场效果看，肯定是满足

---

① 《聚焦 2015 两会：汽车产业八大待解政策难题》，搜狐汽车，2015 年 3 月 3 日。

消费者需求的产品最终胜出，但这一过程是漫长的，影响因素是众多的，偶然事件说不定也会发挥其致命性作用。因此在如此复杂的环境下，要制定出十全十美的政策是不可能的，即便制定出来，执行过程和监督成本必定复杂庞大。政府要发挥自身的优势，解决行业的关键性难题；要承担自身的责任，加强对环境保护、对消费者权益保护的责任；要当好裁判，对优秀的企业和行为给予奖励和支持，对违法行为和扰乱秩序的给予严惩。一是，国家集中资源和力量等，针对新能源汽车产业中的关键核心技术等开展攻关，攻克单个企业难以实现的技术难题。二是，鼓励个人、高校、研发机构、企业等创新突破，对在新能源汽车产业工艺改进、材料突破、"三电"技术突破、环境保护、回收利用、充放电等方面取得技术创新的给予高额奖励，并建立平台以迅速实现产业化。三是，增强政府监督管理能力，增强各级政府在新能源汽车产业各技术领域的测试、检查等能力，同时增强政府信息化监管能力，从而对企业的"骗补"、"不安全生产"、产品质量缺陷等违法行为切实有能力监管。

（二）改善产业管理机制，加强顶层设计

汽车产业链条长、涉及面广，与车辆制造直接相关的就包含原材料、装备、机械、电子信息和产业用纺织等多个细分产业。而新能源汽车产业相对于传统汽车产业链条更长，还涉及电池材料研发生产、电池系统生产、充电设施、电网管理等。从政府的业务管理看，工信部是主管机构，其他管理机构包括国家发改委、商务部、环保部、交通运输部、公安部、财政部、国家质检总局、国家工商总局、海关总署、国家能源局、科技部、住建部等。"婆婆"多、"婆婆"之间还有争执，企业面临多头管理、多重标准，这制约着我国新能源汽车产业的快速发展。就如"骗补"一案，如果部门间数据被整合，实现了统一管理、信息共享、完整及时，企业想骗补难度也很大，但实际中由于部门的条块管理，信息不畅、管理出现漏洞，让不法企业钻了空子。目前的一大产业难题是工信部出台了企业平均燃料消耗量（CAFC），国家发改委提出了新能源汽车碳配额管理，财政部提出了新能源

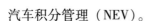

汽车积分管理（NEV）。

　　一直以来，我国行业管理往往是摸着石头过河，以发展为先行，遇到问题解决问题，在探索中前行。建议改善新能源汽车产业政府管理机制，并加强顶层设计，如成立行业联席会议机制等，确立行业主管部门，并赋予主管权限。立足高远，加强顶层设计，明确产业发展纲领，从我国建成新能源汽车产业强国这一目标倒推产业发展步骤和事项，以工程建设的思路来分析为什么、做什么、怎么做、谁做，同时明确对每一事项的考核，如果没做到，补救措施有哪些等。对每项政策的制定要进行充分的调研，了解国际前沿技术、国际操作惯例、消费者需求、国内产业需求和能力、国内科研机构能力和水平等信息，保证政策落地有效，预见性地破解产业发展问题。

（三）优化企业研发和消费者使用的生态环境

　　客观来看，我国新能源汽车的推广环境并不理想，在经历了几轮汽车消费的"井喷"之后，我国许多城市纷纷陷入了交通拥堵、车辆限购、购车摇号、工作日限行的境地。而新能源汽车在面临购车难、行车难、停车难的同时，还面临充电难、售后服务和维修问题、二手交易难等制约因素。在如此困境中，我国对发展新能源汽车产业态度坚定，支持力度很大。巨额财政补贴是我国政府推动新能源汽车产业发展的重要措施，也是目前产业发展的动力源泉，而2016年初的"骗补"事件是当头一棒。巨额补贴可能造成劣币驱逐良币、企业依赖政策、企业创新乏力和行业的低水平盲目扩张。

　　回顾我国推动新能源汽车产业发展的初衷，是为了改善环境、在未来汽车产业的发展中占据制高点。补贴的目的是通过试点和推广，扩大使用和生产规模，为企业研发创新补偿成本，降低消费者的购买和使用成本。要实现这些目标，笔者建议"将钱用在刀刃上"，将现行的"补贴"转变为税费优惠，对企业研发创新、消费者使用环境优化、生产使用中保护环境等各项切实发生的行为给予税费优惠。一是，调研新能源汽车产业全链条企业，对企业研发创新中的各项需求和行为类型进行分析和界定，对其创新中所产生的材料、设备、人力、服务等给予税费优惠。二是，对使用新能源汽车的企业类型用户，根据其具体使用情况给予税费优惠。三是，对产业中的相关回收再循环利用等服务业也给予税费优惠。同时对未承担责任，以及生产、使用和回收中造成环境破坏的企业给予处罚。四是，对普通消费者用户，在购买中给予税费优惠，在使用中，对其使用电费、停车费、过路费等给予优惠。对普通用户使用充电桩方面，将政府机关和公共服务领域中的充电设施对外开放。增强新能源汽车使用和维修中的规范和管理。建立新能源汽车二手车评估标准，健全二手车流通体系，尤其关注电池的回收、再利用、废弃电池的环保处理。

参考文献

王健：《中国新能源汽车产业发展反思及财政支持政策评论》，2015年9月20日。

财政部：《关于开展私人购买新能源汽车补贴试点的通知》（财建〔2010〕230号），2010年5月。

国务院：《节能与新能源汽车产业发展规划（2012~2020年）》（国发〔2012〕22号），2012年6月。

财政部：《关于进一步做好节能与新能源汽车示范推广试点工作的通知》（财办建〔2011〕149号），2011年12月。

工业和信息化部：《工业转型升级规划（2011~2015年）》，2011年12月。

国务院：《"十二五"国家战略性新兴产业发展规划》，2012年7月。

B.8
新能源产业相关政策解析

郭雯*

摘　要：　目前，我国光伏、风电产业累计装机容量已超过欧美发达国家，位居全球第一，如此快速的发展与我国政策的支持密不可分。2006年，我国实施了《可再生能源法》，以立法的形式确立了新能源、可再生能源在我国未来可持续发展战略中的重要地位，随后为完善该立法又陆续出台了一系列配套政策。本文从新能源产业的主要进展出发，分析了我国新能源产业政策的亮点，并提出了针对产业政策下一步调整方向的建议。

关键词：　新能源　光伏　风电　生物质能　产业政策

一　产业相关主要政策进展

我国首次将新能源、可再生能源作为国家未来发展战略是在"六五"期间，即20世纪80年代初期。但由于当时煤炭资源还比较丰富，环境污染问题也尚未凸显，加之当时新能源技术不成熟、成本较高，我国新能源产业有较长时间处于初始阶段。近些年，传统能源短缺和环境污染严重，已经上升为制约我国可持续发展的重要因素。在此背景下，2006年，我国实施了《可再生能源法》，以立法的形式确立了新能源、可再生能源在我国未来可

---

　　* 郭雯，国家工业信息安全发展研究中心工程师，研究方向为产业政策。

持续发展战略中的重要地位，随后为完善该立法又陆续出台了一系列配套政策。目前，我国光伏、风电产业累计装机容量已超过欧美发达国家，位居全球第一，如此快速的发展与我国政策的支持密不可分。

（一）产业政策总体进展

自 2005 年底，国家先后颁布了《可再生能源产业发展指导目录》《中华人民共和国可再生能源法》《可再生能源发电有关管理规定》《电网企业全额收购可再生能源电量监管办法》《可再生能源中长期发展规划》等一系列法律规定和政策，逐步形成了较为完善的新能源产业政策法规体系。

2006 年，我国颁布实施了《可再生能源法》。该法律是新能源产业的顶层立法，是新能源产业发展的基石和保障。《可再生能源法》明确了发展新能源产业的重要战略意义，即发展新能源产业既缓解能源资源瓶颈，又从源头上解决环境污染问题，也指明了我国经济社会的全面协调可持续发展的重要路径。以目前我国累计装机容量全球第一的光伏产业为例，在《可再生能源法》颁布实施前，我国太阳能光伏产业规模很小，截至 2006 年底，累计装机容量仅为 80MW。在《可再生能源法》明确了新能源产业的地位和意义后，我国光伏产业实现了爆发式增长。到 2009 年末，我国光伏年度累计装机容量同比增长 157.24%。这种超高的增长速度引发了新能源产业发展的一系列问题，针对此情况，2009 年底十一届全国人大常委会第十二次会议通过了《可再生能源法修正案》。该修正案对 2006 年《可再生能源法》中的六条进行了修正，以约束新能源产业的过快发展。

2007 年 8 月，国家发改委发布了《可再生能源中长期发展规划》。该规划是专门针对新能源提出的持续时间 15 年左右的长期规划。《可再生能源中长期发展规划》根据资源评价，进一步明确了今后一个时期，我国可再生能源发展的重点是水能、生物质能、风能和太阳能，这为我国新能源产业聚焦了发展方向和发展目标。

由于新能源产业在全球都属于新兴产业，尚未形成较为成熟的技术，我国对风电、太阳能发电、生物质发电等新能源项目电价实行上网标杆电价制度，上网电价在当地燃煤机组标杆上网电价（含脱硫、脱硝、除尘）以内的部分，由当地省级电网结算；超出部分通过国家可再生能源发展基金予以补贴。2016年9月，国家发改委发布了关于新能源电价调整的征求意见稿，其中重点提到了光伏、风电和生物质能上网电价的变化，其中变化最大的是光伏电价，计划于2017年1月1日执行。此外，财政部等相关部门还陆续发布了《可再生能源发电价格和费用分摊管理试行办法》《可再生能源电价附加收入调配暂行办法》《可再生能源发展基金征收使用管理暂行办法》等一系列附加补助资金政策，这些政策完善了电网企业和发电企业之间的交易。

近两年，我国的新能源产业政策主要集中在两个方面。一方面是解决当前频现的"弃水""弃光""弃风"问题。2015年3月，为解决光伏和风电区域性过剩和结构不平衡等问题，国家发改委和国家能源局联合发布了《关于改善电力运行调节促进清洁能源多发满发的指导意见》，通过促进消纳、利益补偿、移峰填谷等方式，解决当前突出的清洁能源多发满发问题。另一方面是稳固和提升我国新能源产业的国际竞争力。一个国家新能源产业是否具有国际竞争力主要体现在是否掌握能源技术和能源装备的研发与制造。为解决核心技术缺乏、关键装备及材料依赖进口的问题，提升新能源产业的技术研发和装备制造能力，近两年，我国先后出台了《关于推进国际产能和装备制造合作的指导意见》、《能源技术革命创新行动计划（2016～2030年）》和《中国制造2025—能源装备实施方案》。《关于推进国际产能和装备制造合作的指导意见》明确提出，积极参与有关国家太阳能光伏、风电项目的投资和建设，带动光伏发电、风电国际产能和装备制造合作。《能源技术革命创新行动计划（2016～2030年）》明确，到2030年，我国计划建成与国情相符的完善的能源技术创新体系，并进入世界能源技术强国行列。《中国制造2025—能源装备实施方案》明确，2025年前，我国能源装备制造业将形成较完善的、具有较强国际竞争力的产业体系，使部分领域技术装备引领全球产业发展，能源技术装备标准与国际接轨。

（二）光伏发电产业政策进展

自《可再生能源法》颁布后，我国光伏产业配套政策并没有马上出台。直至2009年，财政部才出台了一系列财政补贴政策，以支持太阳能光伏产业的发展。为促进光伏产业技术进步和产业化发展，中央财政从可再生能源专项资金中抽出一部分资金，支持光伏发电技术的示范应用和关键技术产业化，简称"金太阳示范工程"。为规范该笔资金的管理和使用，配套制定了《金太阳示范工程财政补助资金管理暂行办法》。

从2012年开始，光伏产业被纳入战略性新兴产业，在国外市场日益萎缩、国内市场低迷的情况下，为缓解欧美"双反"对行业带来的不利影响，刺激国内光伏市场的一系列政策不断出台。对历史遗留问题如并网难、行业发展持续紊乱、补贴额度不够等开始有了针对性的解决方案。特别是2013年7月国务院发布《关于促进光伏产业健康发展的若干意见》后，顺利并网、增值税优惠、金融服务、补贴额度和补贴方式细则等政策相继推出，加速了国内光伏市场的启动。

2014年11月，国家能源局、国务院扶贫办印发《实施光伏扶贫工程工作方案的通知》，其中提出，利用6年时间，即到2020年，开展光伏发电产业扶贫工程，通过在片区县和贫困县因地制宜开展光伏发电农业扶贫，利用贫困地区荒山荒坡、农业大棚或设施农业等建设光伏发电电站，使贫困人口能直接增加收入。

《关于促进光伏产业健康发展的若干意见》发布后，为光伏产业发展提供了有力的市场支撑，但也出现了部分落后产能不能及时退出市场、光伏产业整体技术升级缓慢、先进技术产品无法进入市场、光伏发电工程质量存在隐患等问题。为此，2015年6月，国家能源局、工业和信息化部、国家认证认可监督管理委员会联合发布《关于促进先进光伏技术产品应用和产业升级的意见》，以推动光伏产业的技术进步和加快落后产能的淘汰。

（三）风能发电产业政策进展

2003 年，为了加强风电前期工作的管理，提高风电前期工作水平，促进风电持续、快速、健康发展，国家发改委制定了《风电特许权项目前期工作管理办法》、《风电场预可行性研究报告编制办法》、《风电场场址选择技术规定》、《风电场风能资源测量和评估技术规定》、《风电场场址工程地质勘察技术规定》和《风电场工程投资估算编制办法》等一系列风电前期管理办法。

2008～2012 年，财政部、国家发改委、科技部等有关部委陆续发布了一系列针对推动我国风电装备产业化和提升我国风能装备技术水平的政策。如 2008 年 8 月，财政部发布《风力发电设备产业化专项资金管理暂行办法》；2010 年 12 月，国家发改委发布《促进风电装备产业健康有序发展若干意见》；2012 年 3 月，科技部发布《风力发电科技发展"十二五"专项规划》。

2015 年 5 月，国家能源局印发《关于进一步完善风电年度开发方案管理工作的通知》，明确提出，弃风限电比例超过 20% 的地区不得安排新的建设项目，年度开发方案完成率低于 80% 的省（区、市），下一年度不安排新建项目。

2015 年 6 月，财政部、国家税务总局联合发布《关于风力发电增值税政策的通知》，自 2015 年 7 月 1 日起，对纳税人销售自产的利用风力生产的电力产品，实行增值税即征即退 50% 的政策。该政策对风机制造厂商是重大利好。

2016 年 11 月，国家能源局发布《风电发展"十三五"规划》，值得注意的是，对建设布局的调整和优化是本次的重点，也是亮点。"十三五"时期，中东部和南方地区将成为我国风电开发的重心。

（四）生物质能源产业政策进展

早在 2007 年 6 月，农业部就提出了《农业生物质能产业发展规划

（2007~2015 年）》。可以说，生物质能产业起步较早，规划的制定也远早于光伏和风电产业。即便如此，目前，我国生物质能产业的发展水平也远远落后于光伏和风电产业。

为促进农林生物质发电产业健康发展，进一步完善农林生物质发电价格政策，2010 年 7 月，国家发改委发布《关于完善农林生物质发电价格政策的通知》，明确对农林生物质发电项目实行标杆上网电价政策。

天然气分布式能源在国际上发展迅速，但我国天然气分布式能源尚处于起步阶段。为推动我国天然气分布式能源的快速发展，国家发展改革委、财政部、住房和城乡建设部、国家能源局于 2011 年 10 月联合印发《关于发展天然气分布式能源的指导意见》，目标是到 2020 年，在全国规模以上城市推广使用分布式能源系统，装机规模达到 5000 万千瓦，初步实现分布式能源装备产业化。

2012 年 7 月，国家能源局印发《生物质能发展"十二五"规划》，明确了"十二五"期间生物质能发展的主要指标，到 2015 年，生物质能年利用量超过 5000 万吨标准煤。其中，生物质发电装机容量 1300 万千瓦、年发电量约 780 亿千瓦时，生物质年供气 220 亿立方米，生物质成型燃料 1000 万吨，生物液体燃料 500 万吨。建成一批生物质能综合利用新技术产业化示范项目。

2014 年 11 月，国家能源局还专门针对生物柴油发布了《生物柴油产业发展政策》，主要从原材料、行业准入、销售和使用等方面对生物柴油行业重大问题给予了规范。为了规范生物柴油行业的发展，使生物柴油的品质也能够得到有效保障，《生物柴油产业发展政策》对生物柴油企业在原料供应、生产工艺和经营资质方面进行了限制。

2016 年 10 月，国家能源局印发《生物质能发展"十三五"规划》。规划提出，到 2020 年，我国生物质能基本实现商业化和规模化利用，生物质能年利用量约 5800 万吨标准煤，生物质发电总装机容量达到 1500 万千瓦，生物天然气年利用量 80 亿立方米，生物液体燃料年利用量 600 万吨，生物质成型燃料年利用量 3000 万吨。

（五）核电产业政策进展

在十七届五中全会上国家提出"在确保安全的基础上高效发展核电"。自日本福岛核泄漏事故发生后，2011 年 3 月召开的国务院常务会议决定，严格审批新上核电项目，抓紧编制核安全规划，调整完善核电发展中长期规划，核安全规划批准前，暂停审批核电项目包括开展前期工作的项目。

2012 年 3 月，国务院政府工作报告中重申"安全高效发展核电"的方针政策。2012 年 3 月，在首尔核安全峰会上，我国再次提出坚持科学理性的核安全理念，增强核能发展信心，正视核能安全风险，增强核能安全性和可靠性，推动核能安全、可持续发展等主张。为不断提高我国核安全与放射性污染的防治水平，推动核能与核技术利用事业的安全、健康、可持续发展，2012 年 10 月，环保部发布《核安全与放射性污染防治"十二五"规划及 2020 年远景目标》，并明确指出，到 2020 年，核电安全保持国际先进水平，核安全与放射性污染防治水平全面提升，辐射环境质量保持良好。2012 年 10 月 24 日，国务院常务会议正式讨论通过了《能源发展"十二五"规划》，再次讨论并通过《核电安全规划（2011～2020 年）》和《核电中长期发展规划（2011～2020 年）》。根据《核电中长期发展规划（2005～2020 年）》，到 2020 年，在运行核电装机容量 4000 万 kW，在建核电装机容量 1800 万 kW。

2014 年 1 月 20 日，国家能源局印发《2014 年能源工作指导意见》，对 2014 年能源工作进行部署，明确将适时启动核电重点项目审批。2014 年 6 月 7 日，国务院办公厅印发《能源发展战略行动计划（2014～2020 年）》，明确在采用国际最高安全标准、确保安全的前提下，适时在东部沿海地区启动新的核电项目建设，研究论证内陆核电建设；到 2020 年，核电装机容量达到 5800 万千瓦，在建容量达到 3000 万千瓦以上。

2015 年 5 月，国务院印发《关于推进国际产能和装备制造合作的指导意见》，明确指出积极与有关国家开展核电领域交流与磋商，推进重点项目合作，带动核电成套装备和技术出口。

2016 年 11 月，《核安全法（草案）》在全国人大官网公开征求意见。

自 2013 年被列入二类立法项目后，草案于近期提交全国人大常委会并一审通过。草案从管理体制、核安全责任、公众参与和监督检查等方面，对强化核安全防范措施作出明确规定。此次征求意见将加速《核安全法》出台，对填补我国核能领域立法空白具有重要意义。中央出台的相关政策如表 1 所示。

表 1 针对我国新能源产业 2005～2016 年中央出台的相关政策

日期	机构	文件名称	文号
2005.11	国家发改委	《国家发展改革委关于印发〈可再生能源产业发展指导目录〉的通知》	发改能源〔2005〕2517 号
2006.01	人代会	《中华人民共和国可再生能源法》	
2006.01	国家发改委	《国家发展改革委关于印发〈可再生能源发电价格和费用分摊管理试行办法〉的通知》	发改价格〔2006〕7 号
2006.01	国家发改委	《国家发展改革委关于印发〈可再生能源发电有关管理规定〉的通知》	发改能源〔2006〕13 号
2007.01	国家发改委	《可再生能源电价附加收入调配暂行办法》	发改价格〔2007〕44 号
2007.07	电监会	《电网企业全额收购可再生能源电量监管办法》	国家电力监管委员会令第 25 号
2007.08	国家发改委	《国家发展改革委关于印发可再生能源中长期发展规划的通知》	发改能源〔2007〕2174 号
2010.10	国务院	《国务院关于加快培育和发展战略性新兴产业的决定》	国发〔2010〕32 号
2011.12	财政部、国家发改委、国家能源局	《关于印发〈可再生能源发展基金征收使用管理暂行办法〉的通知》	财综〔2011〕115 号
2012.03	财政部、国家发改委、国家能源局	《关于印发〈可再生能源电价附加补助资金管理暂行办法〉的通知》	财建〔2012〕102 号
2012.05	国家能源局	《关于印发〈可再生能源电价附加资金补助项目审核确认管理暂行办法〉的通知》	国能新能〔2012〕78 号
2013.01	国务院	《国务院关于印发能源发展"十二五"规划的通知》	国发〔2013〕2 号

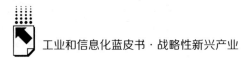

续表

日期	机构	文件名称	文号
2013.02	国家电网公司	《关于做好分布式电源并网服务工作的意见》	
2013.09	国务院	《国务院关于印发大气污染防治行动计划的通知》	国发〔2013〕37号
2013.10	财政部	《关于调整可再生能源电价附加征收标准的通知》	财综〔2013〕89号
2014.01	国家能源局	《国家能源局关于印发2014年能源工作指导意见的通知》	
2014.06	国务院办公厅	《国务院办公厅关于印发能源发展战略行动计划（2014~2020年）的通知》	国办发〔2014〕31号
2015.01	国家能源局	《国家能源局关于加强电力企业安全风险预控体系建设的指导意见》	国能安全〔2015〕1号
2015.01	国家能源局	《国家能源局关于取消新建机组进入商业运营审批有关事项的通知》	国能监管〔2015〕18号
2015.03	国家发改委、国家能源局	《国家发展改革委 国家能源局关于改善电力运行调节促进清洁能源多发满发的指导意见》	发改运行〔2015〕518号
2015.04	财政部	《关于印发〈可再生能源发展专项资金管理暂行办法〉的通知》	财建〔2015〕87号
2015.04	国家能源局	《关于请提供可再生能源补贴资金缺口的函》	国能新函〔2015〕25号
2015.05	国务院	《国务院关于推进国际产能和装备制造合作的指导意见》	国发〔2015〕30号
2015.06	财政部、国家税务总局	《资源综合利用产品和劳务增值税优惠目录》	财税〔2015〕78号
2016.01	财政部、国家发改委	《关于提高可再生能源发展基金征收标准等有关问题的通知》	财税〔2016〕4号
2016.02	国家能源局	《国家能源局关于做好"三北"地区可再生能源消纳工作的通知》	国能监管〔2016〕39号
2016.02	国家发改委、国家能源局、工信部	《关于推进"互联网＋"智慧能源发展的指导意见》	发改能源〔2016〕392号
2016.02	国家能源局	《国家能源局关于建立可再生能源开发利用目标引导制度的指导意见》	国能新能〔2016〕54号

日期	机构	文件名称	文号
2016.03	国家能源局	《国家能源局关于印发 2016 年能源工作指导意见的通知》	国能规划〔2016〕89 号
2016.03	国家发改委	《国家发展改革委关于印发〈可再生能源发电全额保障性收购管理办法〉的通知》	发改能源〔2016〕625 号
2016.04	国家发改委办公厅	《国家发展改革委办公厅关于同意甘肃省、内蒙古自治区、吉林省开展可再生能源就近消纳试点方案的复函》	发改办运行〔2016〕863 号
2016.04	国家发改委、国家能源局	《国家发展改革委 国家能源局关于印发〈能源技术革命创新行动计划(2016～2030 年)〉的通知》	发改能源〔2016〕513 号
2016.05	国家发改委、国家能源局、财政部、环保部、住建部、工信部、交通运输部、中国民用航空局	《关于推进电能替代的指导意见》	发改能源〔2016〕1054 号
2016.05	国家发改委、国家能源局	《国家发展改革委 国家能源局关于做好风电、光伏发电全额保障性收购管理工作的通知》	发改能源〔2016〕1150 号
2016.06	国家发改委、工信部、国家能源局	《国家发展改革委 工业和信息化部 国家能源局关于印发〈中国制造 2025—能源装备实施方案〉的通知》	发改能源〔2016〕1274 号
2016.07	人代会	《中华人民共和国节约能源法》(2016 年修订)	
2016.08	财政部、国家发改委、国家能源局	《关于公布可再生能源电价附加资金补助目录(第六批)的通知》	财建〔2016〕669 号
2016.10	国家发改委	《关于调整新能源标杆上网电价的通知(征求意见稿)》	

资料来源：笔者根据公开资料整理。

二 产业相关政策亮点

随着我国新能源产业，特别是光伏和风电产业的迅速发展，我国产业政策也由"促进"转向"调整"。为解决光伏和风能发电中区域性过剩的问题，我国调整了上网电价补贴，出台了消纳政策。此外，随着我国新能源产业发展规模的扩大，为提升其国际竞争力，我国陆续出台了一系列推动新能源技术开发和装备制造的政策。

（一）可再生能源消纳政策密集出台，有助于缓解弃光弃风问题

前几年，我国部分地区陆续出现了一定程度的弃风、弃光现象，到2015年，我国西北部地区弃风、弃光形势严峻。2015年3月，国家发展改革委、国家能源局出台了《关于改善电力运行调节促进清洁能源多发满发的指导意见》。同月，国家能源局发布了《关于做好2015年度风电并网消纳有关工作的通知》。

此外，在2015年11月30日国家发改委发布的电改的6个配套文件中，《关于推进电力市场建设的实施意见》《关于有序放开发用电计划的实施意见》《关于推进售电侧改革的实施意见》均强调了可再生能源的消纳问题。

2016年2月，国家能源局印发《关于做好"三北"地区可再生能源消纳工作的通知》。该政策标志着我国真正意义上将可再生能源消纳工作提到重要地位。同月，国家能源局又印发《关于建立可再生能源开发利用目标引导制度的指导意见》。该政策更多的是鼓励各地区制定更高的可再生能源利用目标。

2016年3月，国家发展改革委发布《可再生能源发电全额保障性收购管理办法》。该办法的出台不仅对我国的可再生能源消纳难题提供了解决办法，还对我国可再生能源产业的持续发展起到了积极作用。

在目前市场机制和电网技术不够完善的前提下，将富余电力外送尚不易实现，为鼓励有可再生能源发电资源的地区通过就近消纳的方式来避免出现能源浪费，2016年4月，《国家发展改革委办公厅关于同意甘肃省、内蒙古自治区、吉林省开展可再生能源就近消纳试点方案的复函》发布。

为解决弃风、弃光限电问题，落实可再生能源发电全额保障性收购制度，2016年5月，国家发改委、国家能源局发布《关于做好风电、光伏发电全额

保障性收购管理工作的通知》。根据全额保障性收购管理办法，按照各类标杆电价覆盖区域，参考准许成本加合理收益，核定了部分存在弃风、弃光问题地区规划内的风电、光伏发电最低保障收购年利用小时数，以便落实。

近一年来，高密度的政策发布，既可以看出我国可再生能源消纳问题之重、解决之紧迫性，也可以看出我国对可再生能源消纳问题的重视程度。

（二）装备和核心技术政策支持力度加强，有利于新能源装备能力提升

新能源开发利用是伴随高新技术的不断出现而发展的新兴产业领域。新能源技术开发和装备制造是新能源利用的重要基础和支撑。在新能源开发利用与日俱增的形势下，国内新能源装备制造能力不足的矛盾日益凸显，大量的如核电、风电、太阳能发电等核心设备严重依赖进口，这在一定程度上制约了我国能源产业的发展，影响了国家能源安全。因此，加速新能源转化利用技术和开发，壮大新能源装备制造产业，已经成为国家先进装备制造业发展的重点。

为促进风电装备制造业与风电产业同步发展，我国在2010年底就提出了风电装备产业健康有序发展的意见。但关于新能源装备的具体规划的出台滞后。2015年5月，国务院出台《关于推进国际产能和装备制造合作的指导意见》，从推动国际产能和装备制造合作的角度出发，鼓励参与有关国家风电、太阳能光伏项目的投资和建设，带动风电、光伏发电国际产能和装备制造合作，以此提升我国新能源产业的装备制造水平。

2016年3月，国家能源局印发《2016年能源工作指导意见》，与2014年能源工作指导意见相比，更重视对技术装备的培育。《2016年能源工作指导意见》明确指出，未来应推广应用先进适用技术装备，推进重点关键技术攻关。

2016年6月，国家发展改革委、工业和信息化部和国家能源局三部委联合制定《中国制造2025—能源装备实施方案》，提出在2025年前，新兴能源装备制造业形成具有比较优势的较完善产业体系，总体具有较强国际竞

争力，此外方案围绕确保能源安全供应、推动清洁能源发展和化石能源清洁高效利用三个方面确定了 15 个领域的能源装备发展任务。

（三）新能源标杆上网电价下调，有助于企业间优胜劣汰

2016 年 9 月，国家发改委发布《关于调整新能源标杆上网电价的通知（征求意见稿）》，拟大幅下调光伏等标杆电价，并减小风电、光伏补贴力度，并且不再将生物质发电纳入可再生能源基金补贴范围，转而由各省定价并支付补贴。新政策执行时间为 2017 年 1 月 1 日。

此次下调标杆上网电价，短期来看，主要的矛盾是可再生能源基金不足导致相关部门计划大幅度下调电价；长期来看，新能源平价上网是大势所趋，最终将不再需要补贴。但终究，通过市场进行竞争性配置可再生能源资源会是一个很好的尝试。

若新电价政策落地，很可能会给新能源产业带来一场"寒冬"。但对于有实力、有资本的巨头来说则会强者恒强，而对于中小企业来说生存空间则会越来越小、生存越来越困难，最后一定是一部分小企业惨遭淘汰。

三　产业相关政策下一步方向

目前，我国新能源产业发展迅速，虽取得了一定成绩，但也存在一些问题，亟须通过出台相关政策予以解决。就政策体系而言，目前我国新能源产业的政策体系尚不完善，配套措施不能满足市场需求，即使已经出台的一些鼓励性政策，其执行效果也不太理想。对此，我国有必要建立包括目标机制、竞争机制、补偿机制、交易机制、管理机制等在内的一系列运行机制，以促进相关政策的制定和执行。

（一）新能源产业顶层立法尚不完善，亟须有关部门尽快出台

尽管新能源产业已有"深化顶层设计和总体规划，明确改革总体方案、路线图和时间表，并积极开展试点示范"的一般性政策顶层设计，可在法

律顶层设计上却近乎空白——除了国务院的产业新政作为政策顶层设计、《电力法》和有关部门的几个基础文件外，无论是规范产业发展的导向规范式立法，还是特殊情况下的惩治或救助式立法，均没有类似"正当程序和实质条件"这样的顶层法律设计，更遑论实施细则和以"权利、义务和责任"为中心的法律契约了。这是近些年以光伏产业为代表的新能源产业发展的主要制度缺陷，也是近年来光伏、风电产业产需失衡的制度根源。

我国2015年光伏等相关新能源产业的产能过剩、低层次价格战困境已经证明，虚置的法律顶层设计架构，很容易造成相关产业和企业跟风发展、重复建设，以及局部发展理性、全局发展非理性的产业格局，并易滋生地方保护主义和无原则的地方财政性担保。

其实，在法治市场下，相对于政策顶层设计，水、风电和光伏产业的法律顶层设计，如市场准入制度、产业争议调处机制、财政扶持梯级制度等，更接近市场管理主体和市场交易主体本身，并因其法律特性天然具有确定性、强制性和统一性，这是保障一个行业健康发展所必需的法律制度环境。

（二）市场准入和产品标准方面较弱，亟须有关部门加紧制定

我国光伏、风电产业规模位居全球第一，这光环的背后靠的是规模化效益，而不是技术与质量效益，想实现新能源产业的健康、可持续发展，亟须我国新能源产业从市场准入和产品标准方面加强政策制定。

在建立市场准入准则方面，政府部门在提高市场准入门槛时，应该以环境标准、技术水平和研发能力等指标来强化对新能源产业发展的引导，而不应该通过行政干预或者财政补贴的形式进行；就市场准入而言，地方政府与中央政府对新能源项目的审批应保持一致，政府部门对新能源产业实施社会性质的规制，以此减少资源浪费并促进市场的有效竞争，提升资源的配置效率。所以，新能源市场准入准则的提高有助于我国新能源产业的健康发展，有助于维护国内新能源市场中优秀企业的市场地位。

健全且完善的标准体系是促进我国新能源产业技术与市场全面发展的重要保障，能够使我国成长为未来世界上最大的新能源产品生产基地与应用市场。在产品标准方面，应加快制定风电和光伏产品的相关标准，促进新能源产品的认证检测制度，实施新能源产业的标准化与规范化发展，并且完善新能源产品质量标准，强化新能源产业的管理。

（三）产业规划的前瞻性不足，未来有待进一步加强

我国光伏和风电经过一段较为短暂的辉煌时期后，目前"弃光""弃风"问题突出。如果不采取跨省对外输送清洁能源，即使甘肃、新疆的常规能源电力机组全部停产，光电和风电的过剩问题仍然存在。

从资源分布来看，我国传统能源资源"西富东贫、北多南少"，与能源需求呈逆向分布。这早已是我国传统能源供给与需求中存在的突出问题。为解决我国东部和中部经济发达地区的能源资源紧张问题，"西电东送""西气东输"战略提出20余年，已是老生常谈。我国新能源如风能、太阳能的分布与传统能源相同，风能资源主要分布在"三北"地区，太阳能资源储量也是"高原大于平原、西部大于东部"。在传统能源本已丰富，且当地能源需求量低的地区，进一步发展光伏和风电等新能源产业，无疑将进一步激化我国能源供给与能源需求的逆向分布问题。

在清洁能源丰沛地区大规模开发光伏和风电，虽然对我国能源供给与能源需求问题有一定的影响，但并不是导致目前我国"弃光""弃风"问题突出的根本原因。其根本原因是，跨区输电通道建设周期长，光伏电站、风电场建设周期短，规划前瞻性不足，导致跨区输电通道建设滞后，"三北"地区将过剩的新能源电力输送到中东部地区消纳。

未来，我国在出台新能源产业政策规划时，应综合考虑供给和需求的方方面面，避免走"初期大量上马建设，中期严重过剩，后期转型淘汰"的老路子。争取在产业发展初期，就对未来产业将面临的产业结构、产业分布、产能过剩等问题全盘考虑，从一开始就尽可能地避免。

参考文献

中华人民共和国第十届全国人民代表大会常务委员会第十四次会议：《可再生能源法》，2005 年 2 月 28 日。

国家发改委：《可再生能源中长期发展规划》，2007 年 8 月 3 日。

国务院：《关于促进光伏产业健康发展的若干意见》，2013 年 7 月 14 日。

国家能源局：《风电发展"十三五"规划》，2016 年 11 月 16 日。

国家能源局：《生物质能发展"十三五"规划》，2016 年 10 月 28 日。

国家发改委：《关于调整新能源标杆上网电价的通知（征求意见稿）》，2016 年 10 月 2 日。

《新能源产业失衡的制度根源》，太阳能光伏网，2013 年 1 月 17 日。

《我国光伏产品及并网标准将双升级》，中国新能源网，2015 年 6 月 24 日。

B.9
节能环保产业相关政策解析

宋晓晶 *

摘　要：　随着我国经济发展，一些资源能源等环境问题日渐暴露，生
态环境日益恶化。在此基础上，节能环保产业的发展日益重
要。作为我国战略性新兴产业之首，近年来，节能环保产业
得到了政府的多项政策支持，政策覆盖全面，支持工具日益
多样化，推动了节能环保产业的快速发展。在取得成绩的同
时，现行政策也存在许多问题，如法律标准不健全、管理体
制不顺畅、财税政策不完善等。未来我国应从健全法律和标
准体系、构建协调的管理体制、完善财税政策、拓宽融资渠
道、充分利用市场机制等方面进一步完善相关政策，推动节
能环保产业持续向前发展。

关键词：　节能环保产业　产业政策　政策工具

一　产业相关主要政策进展

　　节能环保产业是指为了推动循环经济发展，实现能源和资源节约、保
护生态环境而提供技术支持和装备保障的产业，位于我国七大战略性新兴
产业之首。节能环保产业可以细分为环保产业、节能产业、资源循环利用
产业三个子行业。与一般竞争性行业不同，节能环保产业具有明显的政策

---

　　* 宋晓晶，国家工业信息安全发展研究中心高级工程师，研究方向为产业经济和财税政策。

驱动特征。政府的引导和支持对产业本来的发展起到非常重要和关键的作用。为实现我国经济结构调整和生产方式转变，我国政府近年来加大了对节能环保产业的支持力度，出台了多项政策文件，推动节能环保产业快速发展。

（一）总体产业政策进展

2010 年 9 月，《国务院关于加快培育和发展战略性新兴产业的决定》发布，首次提出了"七大战略性新兴产业"的概念，其中节能环保产业被列在七大新兴产业之首。2011～2015 年整个"十二五"期间，国家陆续出台了一系列综合性政策文件，推动节能环保产业的快速发展。2011 年 10 月，《国务院关于加强环境保护工作的意见》发布，提出要全面提高环境保护和监督管理水平，大力解决一些对科学发展和群众健康影响重大的突出环境问题，并对环境保护体制进行改革创新。2012 年 6 月，国务院印发了《"十二五"节能环保产业发展规划》，规划中再次明确了节能环保产业的重要地位，使之成为经济发展的"增长点和新兴支柱产业"。规划还对节能环保产业的发展目标进行了量化，明确了节能环保产业在"十二五"期间的年均增长率、总产值、增加值占比等关键性指标。2013 年 8 月，国务院印发了《关于加快发展节能环保产业的意见》，强调了促进节能环保产业加快发展的四项重点任务：一是提高节能环保产业技术装备和水平，二是实施节能环保重点工程建设，三是推广节能环保产品消费，四是提高节能环保企业技术创新能力。2014 年 3 月，工业和信息化部发布的《工业绿色发展专项行动》提出，开展区域工业绿色转型发展试点，推动工业转型升级，提高工业发展质量和效益。2015 年 4 月，中共中央、国务院印发《加快推进生态文明建设的意见》，提出推进生态文明建设的总体要求和重点任务。

从文件数量上看，鉴于节能环保产业对经济和社会发展的重要作用，其得到了政府的大力支持和推动，我国节能环保产业相关的政策文件呈不断增多的趋势。从 2010 年到 2016 年 11 月，我国中央政府制定的节能环保相关的政策文件有将近 300 个。2010 ~ 2011 年，我国每年发布的节能环保产业相关政策文件仅为 10 多个。2012 年节能环保规划出台后，我国节能环保政策文件呈迅猛增长态势，仅 2012 年一年就出台相关文件 43 个，超过 2010 年和 2011 年文件总和。2015 年，我国出台与节能环保产业相关政策文件达 62 个，2016 年这一数量有望继续增加，仅截至 2016 年 11 月，节能环保相关政策文件数量已经超过 60 个①。

从内容来看，节能环保产业政策文件覆盖节能环保产业各个领域，对环保产业、节能产业和资源综合利用产业相关领域都有所涉及，产业发展在政策、标准、资金、社会环境等方面得到了全方位的支持。

从发文机构来看，涉及中央政府多个职能部门，包括环境保护部、财政部、工业和信息化部、科技部等部门。环境保护部门主要制定的文件是各类行业的环保技术标准，财政部制定的文件主要内容是各种与节能环保产业相关资金的管理办法，工业和信息化部制定的文件主要围绕着工业绿色发展等领域。

从文件的具体形式来看，既有法律法规，如 2012 年 2 月发布的《中华人民共和国清洁生产促进法》（修订版），也有部门规章，如工业和信息化部 2011 年 3 月发布的《关于开展工业固体废物综合利用基地建设试点工作的通知》，还有一些行业标准，如环境保护部发布的《铁矿采选工业污染物排放标准》等。

（二）细分产业政策进展

节能产业是指在资源和能源生产及利用的环节，通过新的技术措施、新型材料或者一些新型能源替代品的使用，达到降低资源和能源消耗，减少污染排放，最终实现资源能源高效合理利用的产业。目前我国政策对节能产业的支持主要体现在三个方面：一是节能技术和装备，主要支持重点是高效锅炉炉窑、余热余压设备及电机及拖动设备；二是节能产品，主要支持重点是

---

① 文件数量为笔者根据政府网站统计得来。

高效节能家电、新型节能建材、节能照明;三是节能服务,主要支持重点是合同能源管理。节能产业重点政策如表1所示。

表1 节能产业重点政策

政策名称	发布时间	主要内容
《关于印发〈节能产品惠民工程高效电机推广实施细则〉的通知》	2010年5月	通过对符合生产要求的电机生产企业进行财政补贴来推广高效电机的使用
《工业和信息化部办公厅关于印发高效节能环保工业锅炉产业化实施方案的通知》	2016年7月	采取措施引导工业锅炉生产企业进行节能技术创新,实现工业锅炉绿色生产和绿色消费
《关于印发〈节能产品惠民工程高效节能房间空气调节器推广实施细则〉的通知》	2012年5月	通过财政补贴的形式对生产节能空调的企业进行扶持,以此促进节能空调产品的推广和应用
《关于印发半导体照明节能产业规划的通知》	2013年1月	系统阐述了"十二五"期间半导体照明行业的发展目标、主要任务、重点工程和扶持措施
《关于促进节能服务产业发展增值税 营业税和企业所得税政策问题的通知》	2010年12月	符合条件的节能服务公司开展合同能源管理,免征营业税和增值税,企业所得税实行第一年至第三年免征,第四年至第六年减半征收的政策
《国家税务总局 国家发展改革委关于落实节能服务企业合同能源管理项目企业所得税优惠政策有关征收管理问题的公告》	2014年1月	对符合条件的节能服务公司开展合同能源管理,继续实行"三免三减半"政策,企业投资项目的成本费用支出可按税法规定作资本化或费用化处理

资料来源:笔者整理。

环保产业是指为了防治环境污染,实现生态保护,在环境污染控制与减排、废物处理以及污染物清理等方面提供产品和服务的产业。目前我国对环保产业的政策支持主要体现在三个方面:一是环保技术和装备,主要支持重点是污水处理、垃圾处理、大气污染控制以及危险废物处理等;二是设定一些高污染行业的排放标准,如钢铁、石化、煤炭等重工业领域;三是环保服务相关产业,为环保产业的发展提供良好的外部支持环境。环保产业重点政策如表2所示。

表2 环保产业重点政策

政策名称	发布时间	主要内容
《国家鼓励发展的重大环保技术装备目录(2014年版)》	2014年10月	强化环保技术装备研发与产业化对接,推动企业加快新技术、新产品、新装备的应用
《国家环境保护"十三五"科技发展规划纲要》	2016年11月	以改善环境质量为核心,依托重大科研项目和工程,提高环保产业科技创新能力
《生活垃圾焚烧污染控制标准》	2014年7月	规定了生活垃圾焚烧厂的选址要求、技术要求、入炉废物要求等标准。
《石油炼制工业污染物排放标准》	2015年7月	规定了石油炼制工业企业及其生产设施的水污染物和大气污染物排放限值、检测和监督管理要求
《关于加强企业环境信用体系建设的指导意见》	2015年11月	加强企业环境信用体系建设,建立企业环保守信激励、失信惩戒机制。
《建设项目环境影响后评价管理办法(试行)》	2015年12月	对环境影响后评价的适用情形、责任主体、评价内容、时限方式等进行了明确规定

资料来源:笔者整理。

资源循环利用产业是指以节约资源和减少环境污染为目的,从事再生资源商品流通、加工利用、科技开发、信息服务等经济活动的总称。目前我国对资源循环利用产业的政策支持主要体现在三个方面:一是支持固体废弃物的综合利用;二是支持再制造相关产业发展;三是支持循环经济相关产业发展。资源循环利用产业重点政策如表3所示。

表3 资源循环利用产业重点政策

政策名称	发布时间	主要内容
《关于开展工业固体废物综合利用基地建设试点工作的通知》	2011年3月	通过试点建设一批各具特色的工业固体废弃物综合利用基地,形成一套完善的政策体系和推广机制
《大宗工业固体废物综合利用"十二五"规划》	2012年3月	规划提出"十二五"期间,我国工业固体废弃物的发展目标,并提出实施10大废物综合利用工程

政策名称	发布时间	主要内容
《关于推进再制造产业发展的意见》	2010年5月	提出再制造产业的定义及重大意义,制定推动再制造产业发展的政策建议
《关于印发再制造产品"以旧换再"试点实施有关文件的通知》	2014年9月	通过对再制造产品"以旧换再"试点企业进行补贴,促进再制造产品的推广和使用,扩大再制造产品市场份额
《关于组织推荐工业循环经济重大技术示范工程的通知》	2011年1月	通过组织推荐一批循环经济重大技术示范工程,发挥示范带动作用,提高产业循环经济水平
《国务院关于印发循环经济发展战略及近期行动计划的通知》	2013年1月	对"十二五"期间循环经济发展做出战略规划,对循环经济相关工作进行具体部署

资料来源:笔者整理。

(三)主要政策工具分析

根据节能环保产业相关政策的作用不同,可以将政策分为法律法规类政策、经济类政策和行政引导类三种。

1.法律法规类政策

节能环保的法律法规类政策主要是通过强制性的政策手段来规范市场主体的经济行为,以促进节能环保政策目标的实现。法律法规类政策主要包括节能环保类的法律、法规、条例、办法、细则、指导意见等文件。"十二五"期间,面临经济结构转型压力,我国政府把节能环保放在更加关键的位置,加快建立完善相关政策法规体系,加强顶层设计。"大气十条""水十条""土十条"相继发布,《环境保护法》《大气污染防治法》《水污染防治法》等系列法律修订通过并颁布。法律法规等政策体系的不断完善,为环境的完善和治理提供了有力的法律依据,为我国节能环保产业的发展奠定了坚实的基础。

2.经济类政策

节能环保产业的经济类政策是指政府借助财政、税收、金融、价格等经济手段,对经济个体的行为实行激励和约束,从而有效促进有利于节能环保

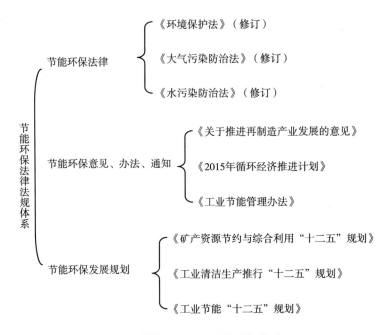

图1　节能环保产业法律法规体系

资料来源：笔者整理。

的生产和消费的政策行为。经济类政策主要包括财政政策、税收政策、金融政策和价格政策等。

（1）财政政策

自2007年开始，财政部启动了"节能产品惠民"工程，通过采取对消费者进行补贴的方式，加快高效节能产品的推广。目前，我国已经先后启动了针对高效照明产品、高效节能空调、平板电视、电脑、电机、风机、水泵、汽车等的补贴推广工作，产品类别包括家电、汽车、工业品3大类15个品种，累计安排中央财政资金超过400亿元，成为节能环保产品推广使用的重要政策平台。中央财政设立节能技术改造财政奖励资金、循环经济发展专项资金、节能减排补助资金，以补助、贴息、奖励等方式支持节能环保产业重点工程，形成以节能环保产品政府采购清单为基础的强制采购和优先采购，初步建立绿色采购的制度框架。

（2）税收政策

税收优惠是我国鼓励和促进节能环保产业发展的主要政策手段。税收优惠通过减轻少数特定纳税人的税收负担的方式来影响其行为，从而达到对社会经济进行调节的作用。目前，我国与节能环保产业相关的税收优惠体现在增值税、企业所得税、消费税、资源税等各类税种中。

表4　节能环保产业相关的税收优惠政策

税种	具体优惠政策内容
增值税	①增值税免税优惠：合同能源管理免征增值税、供热企业免征增值税、污水处理费免征增值税 ②增值税即征即退政策：风力发电增值税即征即退、水力发电增值税即征即退、资源综合利用产品及劳务增值税即征即退
企业所得税	①环境保护、节能节水和安全生产专用设备抵扣：企业自2008年1月1日起购置并实际使用列入目录范围内的环境保护、节能节水和安全生产专用设备，可以按专用设备投资额的10%抵免当年企业所得税应纳税额 ②节能节水项目所得税减免：企业从事符合条件的环境保护、节能节水项目所得，自项目取得第一笔生产经营收入所属纳税年度起，第一年至第三年免征企业所得税，第四年至第六年减半征收企业所得税 ③节能服务公司合同能源管理项目减免 ④清洁基金收入减免
个人所得税	省级人民政府、国务院部委和中国人民解放军军以上单位，以及外国组织、国际组织颁发的科学、教育、技术、文化、卫生、体育、环境保护等方面的奖金，免征个人所得税
消费税	①自2014年底以来，国家连续三次上调成品油消费税，增加的收入纳入预算用于两个方面：一方面是治理环境污染，另一方面是促进能源节约 ②2015年2月1日起，国家对电池、涂料征收消费税
车船税	自2012年1月1日，对节约能源的车船，减半征收车船税；对使用新能源的车船，免征车船税。对列入目录的新能源汽车，免征车船税
资源税	2011年国务院正式发布《国务院关于修改〈中华人民共和国资源税暂行条例〉的决定》，提高了焦煤资源税率；2016年5月，财政部、国家税务总局发布《关于全面推进资源税改革的通知》，开展水资源税改革试点，实施矿产资源从价计征改革，扩大资源税征收范围

资料来源：笔者整理。

（3）金融政策

金融政策在促进节能环保产业发展方面具有十分重要的作用，我国关于绿色金融的研究和实践也方兴未艾。绿色债券、绿色基金等创新型金融品种不断涌现。在相关政策方面，近年来，中央银行、银监会等相关部门也陆续出台了多项与节能环保产业相关的金融政策，以加强宏观政策引导，拓宽节能环保产业的融资渠道。

表5　节能环保相关的金融政策

发文日期	文件名称	发文单位
2010年5月	《关于进一步做好支持节能减排和淘汰落后产能金融服务工作的意见》	中国人民银行、银监会
2012年2月	《中国银监会关于印发绿色信贷指引的通知》	银监会
2014年6月	《绿色信贷实施情况关键评价指标》	银监会
2015年12月	《绿色债券发行指引》	国家发展改革委
2016年8月	《关于构建绿色金融体系的指导意见》	中国人民银行、财政部等7部委

资料来源：笔者整理。

（4）价格政策

目前，价格政策在节能环保产业的政策工具中发挥的作用逐渐突出。国家通过制定差别电价、惩罚性电价政策，探索生态补偿、碳排放交易、排污权交易、合同能源管理、环境污染第三方治理等制度，提高环境污染者的付费成本，倒逼其采取节能环保技术和生产方式，从而达到促进节能环保产业发展的目的。

表6　节能环保相关的价格政策

发文日期	文件名称	发文单位
2013年12月	《国家发展改革委　工业和信息化部关于电解铝企业用电实行阶梯电价政策的通知》	国家发展改革委、工业和信息化部
2014年8月	《关于进一步推进排污权有偿使用和交易试点工作的指导意见》	国务院
2014年8月	《国家发展改革委关于进一步疏导环保电价矛盾的通知》	国家发展改革委
2014年12月	《碳排放权交易管理暂行办法》	国家发展改革委

发文日期	文件名称	发文单位
2014 年 12 月	《国务院办公厅关于推行环境污染第三方治理的意见》	国务院
2014 年 12 月	《关于印发〈污水处理费征收使用管理办法〉的通知》	财政部、国家发展改革委、住房和城乡建设部
2015 年 1 月	《关于制定和调整污水处理收费标准等有关问题的通知》	国家发展改革委、财政部、住房和城乡建设部
2015 年 7 月	《排污权出让收入管理暂行办法》	财政部、国家发展改革委、环境保护部
2016 年 1 月	《国家发展改革委办公厅关于切实做好全国碳排放权交易市场启动重点工作的通知》	国家发展改革委
2016 年 1 月	《关于挥发性有机物排污收费试点有关具体工作的通知》	环境保护部
2016 年 5 月	《国务院办公厅关于健全生态保护补偿机制的意见》	国务院

资料来源：笔者整理。

3. 行政类政策

行政类政策是指政府直接采取行政命令、规定等强制性措施来促进节能环保产业发展相关政策。目前我国节能环保领域行政类的政策主要涉及淘汰落后产能目标和任务等，一些行业的技术准入标准和环保标准，强化目标责任、严格考核问责等。节能环保产业相关政策较多，其中 2016 年中央出台的主要政策如表 7 所示。

表7 针对我国节能环保产业 2016 年中央出台的主要政策

日期	机构	名称	文号
2016.01	国家发展改革委	《节能监察办法》	国家发改委令第 33 号
2016.01	国家发展改革委	《国家发展改革委办公厅关于印发〈"互联网＋"绿色生态三年行动实施方案〉的通知》	发改办环资〔2016〕70号
2016.01	国家发展改革委	《关于调整公布第十九期节能产品政府采购清单的通知》	财库〔2016〕23 号

续表

日期	机构	名称	文号
2016.01	工信部、国家发展改革委等部门	《电器电子产品有害物质限制使用管理办法》	工信部令第 32 号
2016.01	国家发展改革委	《国家发展改革委办公厅关于切实做好全国碳排放权交易市场启动重点工作的通知》	发改办气候〔2016〕57 号
2016.01	环境保护部	《关于挥发性有机物排污收费试点有关具体工作的通知》	环办环监函〔2016〕113 号
2016.01	财政部、环保部	《财政部 环境保护部关于支持环境监测体制改革的实施意见》	
2016.02	环境保护部	《关于推荐挥发性有机物污染防治先进技术的通知》	环办科技函〔2016〕375 号
2016.02	国家发展改革委、中宣部等	《关于促进绿色消费的指导意见》	发改环资〔2016〕353 号
2016.02	环境保护部	《关于发布〈固体废物 22 种金属元素的测定 电感耦合等离子体发射光谱法〉等四项国家环境保护标准的公告》	
2016.03	质检总局	《2016 年特种设备安全监察与节能监管工作要点》	质检特函〔2016〕5 号
2016.03	环境保护部	《关于开展"十三五"环保投资项目储备库建设工作的通知》	环办规财〔2016〕26 号
2016.03	环境保护部	《生态环境大数据建设总体方案》	环办厅〔2016〕23 号
2016.03	工业和信息化部	《2016 年工业节能监察重点工作计划》	工信部节函〔2016〕89 号
2016.04	国家发展改革委、水利部、工业和信息化部、住房和城乡建设部、国家质检总局、国家能源局	《水效领跑者引领行动实施方案》	发改环资〔2016〕876 号
2016.04	工业和信息化部	《工业节能管理办法》	中华人民共和国工业和信息化部令第 33 号
2016.04	环境保护部	《关于积极发挥环境保护作用促进供给侧结构性改革的指导意见》	环大气〔2016〕45 号

日期	机构	名称	文号
2016.04	国家发展改革委办公厅、环境保护部办公厅、工业和信息化部办公厅、财政部办公厅、海关总署办公厅、国家税务总局办公厅	《废弃电器电子产品处理目录(2014 年版)释义》	发改办环资〔2016〕1050 号
2016.04	工业和信息化部	《绿色制造 2016 专项行动实施方案》	工信部节〔2016〕113 号
2016.04	国家质检总局	《关于继续开展燃煤锅炉节能减排攻坚战的通知》	质检特函〔2016〕21 号
2016.04	国家发展改革委	《国家发展改革委办公厅关于印发〈城镇污水垃圾处理设施建设中央预算内投资专项管理办法〉的通知》	发改办环资〔2016〕888 号
2016.05	国务院	《国务院办公厅关于健全生态保护补偿机制的意见》	国办发〔2016〕31 号
2016.05	国家发改委、财政部	《国家发展改革委 财政部关于印发国家循环经济试点示范典型经验的通知》	发改环资〔2016〕965 号
2016.05	环境保护部	《关于发布国家环境保护工程技术中心运行绩效评价结果的通知》	环办科技函〔2016〕906 号
2016.05	商务部等 6 个部门	《关于推进再生资源回收行业转型升级的意见》	
2016.05	财政部、国家税务总局、水利部	《水资源税改革试点暂行办法》	财税〔2016〕55 号
2016.05	国务院	《国务院关于印发土壤污染防治行动计划的通知》	国发〔2016〕31 号
2016.05	工业和信息化部	《工业和信息化部办公厅关于开展国家重大工业节能专项监察的通知》	工信厅节函〔2016〕350 号
2016.05	国家发展改革委	《国家发展改革委办公厅关于组织开展国家重点节能技术征集和更新工作的通知》	发改办环资〔2016〕1350 号
2016.05	国土资源部	《关于加强资源环境生态红线管控的指导意见》	

续表

日期	机构	名称	文号
2016.05	国家发展改革委、财政部、环保部	《关于制定石油化工及包装印刷等试点行业挥发性有机物排污费征收标准等有关问题的通知》	发改价格〔2015〕2185号
2016.06	工业和信息化部、国家发展改革委	《工业和信息化部办公厅 国家发展和改革委员会办公厅关于开展钢铁行业能耗专项检查的通知》	工信厅联节函〔2016〕386号
2016.06	财政部	《关于申报水污染防治领域PPP推介项目的通知》	财建〔2016〕453号
2016.06	工业和信息化部	《工业和信息化部办公厅关于开展2016年度节能机电设备（产品）推荐及"能效之星"产品评价工作的通知》	工信厅节函〔2016〕368号
2016.07	国家发展改革委、水利部、国家税务总局	《关于推行合同节水管理促进节水服务产业发展的意见》	发改环资〔2016〕1629号
2016.07	工业和信息化部、财政部	《工业和信息化部 财政部关于印发重点行业挥发性有机物削减行动计划的通知》	工信部联节〔2016〕217号
2016.07	全国人民代表大会常务委员会	《全国人民代表大会常务委员会关于修改〈中华人民共和国节约能源法〉等六部法律的决定》	中华人民共和国主席令第四十八号
2016.07	环境保护部	《关于印发〈"十三五"环境影响评价改革实施方案〉的通知》	环评〔2016〕95号
2016.07	工业和信息化部	《工业和信息化部 财政部关于印发重点行业挥发性有机物削减行动计划的通知》	工信部联节〔2016〕217号
2016.07	工业和信息化部	《工业和信息化部办公厅关于印发高效节能环保工业锅炉产业化实施方案的通知》	工信厅节函〔2016〕492号
2016.07	工业和信息化部	《工业和信息化部关于印发〈工业绿色发展规划（2016～2020年）〉的通知》	工信部规〔2016〕225号
2016.08	财政部、环境保护部	《大气污染防治专项资金管理办法》	财建〔2016〕600号
2016.08	环境保护部	《关于规范环境监测与评估收费有关事项的通知》	环办监测函〔2016〕1493号
2016.08	工业和信息化部	《国家重大工业节能专项监察工作手册（2016年版）》	工信厅节函〔2016〕561号

日期	机构	名称	文号
2016.08	财政部、环境保护部	《土壤污染防治专项资金管理办法》	财建〔2016〕601号
2016.08	中国人民银行、财政部等七部委	《关于构建绿色金融体系的指导意见》	银发〔2016〕228号
2016.08	工信部、国家发改委、科技部、财政部	《绿色制造工程实施指南（2016~2020年）》	
2016.09	国家发展改革委、环境保护部	《关于培育环境治理和生态保护市场主体的意见》	发改环资〔2016〕2028号
2016.09	工业和信息化部、环境保护部	《水污染防治重点行业清洁生产技术推行方案》	工信部联节〔2016〕275号
2016.09	工业和信息化部	《工业和信息化部办公厅关于组织推荐工业节能与绿色发展评价中心的通知》	工信厅节函〔2016〕580号
2016.09	工业和信息化部	《工业和信息化部办公厅关于开展绿色制造体系建设的通知》	工信厅节函〔2016〕586号
2016.09	住房和城乡建设部等部门	《住房和城乡建设部等部门关于进一步鼓励和引导民间资本进入城市供水、燃气、供热、污水和垃圾处理行业的意见》	建城〔2016〕208号
2016.09	工业和信息化部、国家标准化管理委员会	《绿色制造标准体系建设指南》	工信部联节〔2016〕304号
2016.10	环境保护部	《全国生态保护"十三五"规划纲要》	环生态〔2016〕151号
2016.10	中煤协	《关于煤炭工业"十三五"节能环保与资源综合利用的指导意见》	
2016.10	工业和信息化部	《工业和信息化部办公厅关于开展国家重大工业节能监察专项督查的通知》	工信厅节函〔2016〕628号
2016.10	环境保护部	《关于以改善环境质量为核心加强环境影响评价管理的通知》	环环评〔2016〕150号
2016.10	国家发展改革委、水利部等部门	《全民节水行动计划》	发改环资〔2016〕2259号
2016.10	住房和城乡建设部等部门	《关于进一步加强城市生活垃圾焚烧处理工作的意见》	建城〔2016〕227号

日期	机构	名称	文号
2016.11	国务院	《国务院办公厅关于印发控制污染物排放许可制实施方案的通知》	国办发〔2016〕81 号
2016.11	财政部、工业和信息化部	《财政部 工业和信息化部关于组织开展绿色制造系统集成工作的通知》	财建〔2016〕797 号
2016.11	环境保护部、科技部	《国家环境保护"十三五"科技发展规划纲要》	

资料来源：笔者根据公开资料整理。

二 产业相关政策亮点

（一）信息技术深度融合到节能环保相关政策制定中

目前，大数据、云计算等技术在我国节能环保产业相关政策制定中有了一定的应用，环保大数据的决策支撑作用逐渐提升。2012 年 1 月，工业和信息化部制定了《关于进一步加强工业节能减排信息监测系统建设工作的通知》。2013 年 7 月，环境保护部制定了《国家重点监控企业自行监测及信息公开办法（试行）》和《国家重点监控企业污染源监督性监测及信息公开办法（试行）》。2015 年 7 月，国务院发布了《生态环境监测网络建设方案》。2016 年 3 月，环境保护部制定了《生态环境大数据建设总体方案》。这些政策有利于推动环保相关部门建立信息检测管理平台，加强环保数据的分析和研判，为政策法规、规划计划、标准规范等制定提供信息支持。

（二）政策效果的部门协同效应不断强化

2010 年以前，我国节能环保产业的相关政策主要由国务院或者环境保护部等单个部门制定，政策落实依靠一个部门"单兵推进"。2010 年后，我国节能环保产业政策由多个部门共同制定的情况愈加普遍。如 2010 年 5 月发布的《关于推进再制造产业发展的意见》是由国家发展改革委、科技部、工业和信息化部、公安部、财政部、环境保护部、商务部、海关总署、国家税务总局、国家工商总局等 11 个部门共同制定，2012 年 1 月发布的《"十二五"节能减排全民行动实施方案》更是由国家发展改革委、财政部等 17 个部门共同制定。对比"单兵推进"模式，多个部门共同制定政策文件，在政策推进中各司其职，有利于政策的整体推进落实，增强政策效果的协同性。此外，工业和信息化部在节能环保产业政策制定中的作用不断强化。无论是单独制定政策，还是协同其他部门共同制定政策，工业和信息化部在行业"规则"制定中都体现出了越来越多的话语权。作为产业主管部门，这也体现了我国工业转型升级、绿色发展的现实需要和要求。

（三）经济性政策在政策工具中的作用更加突出

过去，我国节能环保领域的主要政策工具是关停并转和处罚等行政性手段，而较少使用激励性的经济手段。由于行政政策执行过程中的一些人为因素，政策效果较弱。目前，财税政策、价格政策、金融政策等经济性政策工具被越来越多地使用到节能环保产业政策制定中，按照"谁污染谁付费，谁补偿谁受益，谁环保谁获益"原则，加强对从事环境保护行为的激励奖励，提高污染成本。

（四）通过政策文件强化公众在节能环保中的参与感

从现行的大部分节能环保相关政策来看，政府都处于政策制定者和管理者的领导地位，而公众只是作为"末端参与者"和"事后参与者"。近年来，政府通过相关政策，提高公众在节能环保产业中的参与感，汇群众智慧、集群众力量，使公众参与成为推动节能环保事业的不竭动力。新修订的《环境保护法》在总则中明确规定了"公众参与"原则，并对"信息公开和公众参与"设专章规定。2014 年 5 月，环保部发布了《关于推进环境保护公众参与的指导意见》，这是我国首个对公众参与环境保护内容作出具体规定的政府性文件，明确了公众参与的范围、内容、方式、渠道和程序。2015

年 4 月，环保部又印发了《环境保护公众参与办法》（试行），进一步从顶层设计上统筹规划，对构建新型的公众参与环境治理模式具有重要意义。

（五）通过示范城市发挥政策集成效应

2011 年 6 月，财政部、国家发展改革委发布了《关于开展节能减排财政政策综合示范工作的通知》。两部委于同年启动了节能减排财政政策综合示范工作，分三批选择 30 个示范城市，中央财政连续三年给予专项财政支持。对于中央政府而言，可减少对项目的直接管理，强化事中事后管理。对于地方政府而言，有利于更加充分发挥其积极性，鼓励其开展有利于节能环保的各项制度创新，在政策"组合拳"的支持下，以试点城市为平台，"以点带面"推动节能环保事业深入发展。

（六）节能环保服务业成为政策鼓励重点

目前，欧美国家节能环保服务业在整个节能环保产业中的比重已达 50% 以上，而我国占比还不足 20%。节能环保服务业是引导环境技术和环境资本市场发展的重要动力，近期我国节能环保相关政策把节能环保服务业作为重点对象加以扶持。2011 年，国务院印发《工业转型升级规划（2011 ~ 2015 年)》，明确节能环保服务业是工业生产必须加快发展的五大生产性服务业之一。2013 年 1 月，环境保护部印发《关于发展环保服务业的指导意见》。2014 年国务院印发《关于加快发展生产性服务业促进产业结构调整升级的指导意见》，节能环保被列为发展重点之一。2016 年 7 月，工业和信息化部、国家发展改革委和中国工程院联合发布《发展服务型制造转型行动指南》。该指南明确表示要开展绿色环保服务，包括开展绿色服务认证评价试点，开展回收及再制造、再利用等绿色环保服务等内容。

三　产业相关政策下一步方向

目前，我国政府虽然出台了一系列节能环保相关的政策并极大地推动了产业的快速发展，但现有政策仍然存在许多不完善之处，主要表现在以下几个方面。一是与节能环保相关的法律和标准仍不完善。一些领域的立法仍存在空白，如《土壤环境保护法》仍未制定。一些产品和技术的标准缺失，重点用能行业的排污标准和能耗标准与国际标准相比仍显落后。二是节能环保产业管理体制不够顺畅。由于节能环保产业缺乏清晰、明确的产业定位，多头管理情况一直存在。在国家层面，国家发展改革委、环境保护部、工业和信息化部、科技部等部门均有一部分管理职能。不同省市的节能环保发展"十二五"规划也是由不同部门制定的，这就造成了产业发展规划比较凌乱、政出多门，难以形成产业合力和集聚。三是节能环保相关财税政策不健全。从财政政策来看，我国对节能环保的资金支持分散于各个专项资金中，资金额度小，难以发挥"聚合"效应。政府绿色采购占整个政府采购中的比重较低，对节能环保产业的支持作用有限。从税收政策来看，目前，我国还没有开征真正意义上的环境税，关于环境方面的税收优惠主要散见于增值税、消费税、资源税等税种中。水资源税没有列入资源税征收范围，还是执行排污收费制度，由于收费对象和收费项目的不完善及收费标准不高，不能够抵消企业的排污成本，政策对企业的约束力不明显。四是节能环保投融资体制发展滞后。目前，我国已出台一些促进节能环保融资的相关政策，但我国绿色金融仍处于初始探索阶段，绿色信贷和保险等业务有所发展，绿色证券在一些地方展开试点，但绿色金融仍以信贷为主，直接融资比重小，业务发展滞后。很多资金难以进入节能环保领域，特别对中小企业而言，融资更为困难。未来节能环保产业相关政策可以从以下几个角度来加以完善。

（一）健全节能环保法规和标准体系

尽快制定《土壤环境保护法》，完善《节约能源法》（2016 年修订）、《环境保护法》（2014 年修订）的相关配套政策。完善能效"领跑者"制度，设立能效"标杆"，并对标杆企业进行政策扶持。鼓励企业开展自身"纵向"和"横向"对标，逐步提高产品能效标准。建立健全节能环保产业统计体系和信息发布制度，发挥统计监督作用。完善地方政府节能环保目标责任考核制度，将节能环保产业发展情况列入地方政府政绩考核标准。

（二）构建统一协调的节能环保管理体制

结合政府机构职能改革，理清节能环保管理体制，构建一个权责分明、协调配合、高效运转的管理体制框架。明确各部门的行政职能，发挥各职能部门优势。建立全方位的协调沟通机制。减少行政审批事项，推动扁平化管理，设立专门对口服务窗口，提高行政效能。

（三）完善节能环保财税政策

整合现有节能环保领域的专项资金，设立国家节能环保绿色基金。支持有条件的地方政府和社会资本合作设立区域绿色发展基金，通过政府的投资和引导，鼓励社会资本进入绿色产业，促进节能环保产业发展。出台《绿色采购法》，对绿色采购实体和程序作出系统性规定。完善绿色采购相关配套措施，打造绿色供应链管理体系，充分发挥政府绿色采购对节能环保产业的示范带动作用。适时开征环境税，建立环境税收体系，可以包括大气污染税、水污染税、垃圾税、噪音税等税种。通过税收的形式将企业的环境污染成本内部化，强制企业提高环保意识。

（四）积极拓展节能环保融资渠道

大力发展绿色债券市场、绿色股票指数、绿色保险等多项内容，构建绿色金融体系。鼓励商业银行开展绿色金融创新体系，建立绿色信贷统计标准。鼓励银行对绿色贷款单列统计，分类考核。对商业银行开展绿色金融业务给予一定的税收优惠和财政贴息。未来在《证券法》《保险法》等法律修订时，可增加关于绿色信贷、绿色债券和绿色保险制度的规定，使绿色金融的发展有法可依。大力发展绿色债券市场，完善碳交易市场和丰富碳金融产品。

（五）充分利用市场机制促进节能环保产业发展

完善资源环境价格市场形成机制。坚持市场取向，在暂不具备价格放开条件的领域内，推行价格动态调整或者开展试点的方法，建立培育竞争性市场体系，发挥价格杠杆作用，促进节能环保产业发展。建立严格的生态环境市场化政策体系，推行排污权、碳排放权、节能量等交易，逐步形成全国统一的排污权交易市场。推行合同能源管理、合同节水管理和环境污染第三方治理。

参考文献

杨志安、王金翎：《节能环保产业相关财税政策回顾与展望》，《人民论坛》2016 年第 3 期。

裴莹莹、杨占红、罗宏、薛婕、冯慧娟：《我国发展节能环保产业的战略思考》2016 年第 1 期。

《解读节能环保产业发展有关政策和扶持措施》，中国科技网，2015 年 8 月 25 日。

林艳：《我国节能减排政策的优化策略研究》，《理论月刊》2016 年第 3 期。

产 业 篇

Industry Reports

B.10
物联网产业发展现状及对策

杨培泽[*]

摘　要：　物联网是近年来国家重点发展的战略性新兴产业之一，被列
　　　　　为继计算机、互联网与移动通信网之后的第三次信息产业浪
　　　　　潮，是继通信网之后的另一个万亿级市场。目前，在全球范
　　　　　围内物联网正处于起步阶段，物联网技术发展和产业应用具
　　　　　有广阔的前景和难得的机遇。经过多年的发展，我国已经
　　　　　成为全球物联网产业发展最活跃的国家之一，在物联网技
　　　　　术研发、标准研制、产业培育和行业应用等方面已初步具
　　　　　备一定的基础，随着芯片、传感器等硬件价格的不断下
　　　　　降，通信网络、云计算和智能处理技术的革新和进步，物
　　　　　联网迎来了快速发展期，将是下一个推动我国快速发展的

* 杨培泽，国家工业信息安全发展研究中心工程师，研究方向为产业经济。

伴随着今冬的第一场雪，2017年很快就要到了。世界每天都在发生着让人眼花缭乱的变化，而唯一不变的，是面向未来无数的可能性。作为个体，如何获取专业信息以备不时之需？作为行政主体或企事业主体，如何提高决策的科学性让这个世界变得更好而不是更糟？原创、实证、专业、前沿、及时、持续，这是1997年"皮书系列"品牌创立的初衷。

1997~2017，从最初一个出版社的学术产品名称到媒体和公众使用频率极高的热点词语，从专业术语到大众话语，从官方文件到独特的出版型态，作为重要的智库成果，"皮书"始终致力于成为海量信息时代的信息过滤器，成为经济社会发展的记录仪，成为政策制定、评估、调整的智力源，社会科学研究的资料集成库。"皮书"的概念不断延展，"皮书"的种类更加丰富，"皮书"的功能日渐完善。

1997~2017，皮书及皮书数据库已成为中国新型智库建设不可或缺的抓手与平台，成为政府、企业和各类社会组织决策的利器，成为人文社科研究最基本的资料库，成为世界系统完整及时认知当代中国的窗口和通道！"皮书"所具有的凝聚力正在形成一种无形的力量，吸引着社会各界关注中国的发展，参与中国的发展。

二十年的"皮书"正值青春，愿每一位皮书人付出的年华与智慧不辜负这个时代！

社会科学文献出版社社长
中国社会学会秘书长

2016年11月

社会科学文献出版社简介

社会科学文献出版社成立于1985年，是直属于中国社会科学院的人文社会科学专业学术出版机构。

成立以来，社科文献依托于中国社会科学院丰厚的学术出版和专家学者资源，坚持"创社科经典，出传世文献"的出版理念和"权威、前沿、原创"的产品定位，逐步走上了智库产品与专业学术成果系列化、规模化、数字化、国际化、市场化发展的经营道路，取得了令人瞩目的成绩。

学术出版 社科文献先后策划出版了"皮书"系列、"列国志"、"社科文献精品译库"、"全球化译丛"、"全面深化改革研究书系"、"近世中国"、"甲骨文"、"中国史话"等一大批既有学术影响又有市场价值的图书品牌和学术品牌，形成了较强的学术出版能力和资源整合能力。2016年社科文献发稿5.5亿字，出版图书2000余种，承印发行中国社会科学院院属期刊72种。

数字出版 凭借着雄厚的出版资源整合能力，社科文献长期以来一直致力于从内容资源和数字平台两个方面实现传统出版的再造，并先后推出了皮书数据库、列国志数据库、中国田野调查数据库等一系列数字产品。2016年数字化加工图书近4000种，文字处理量达10亿字。数字出版已经初步形成了产品设计、内容开发、编辑标引、产品运营、技术支持、营销推广等全流程体系。

国际出版 社科文献通过学术交流和国际书展等方式积极参与国际学术和国际出版的交流合作，努力将中国优秀的人文社会科学研究成果推向世界，从构建国际话语体系的角度推动学术出版国际化。目前已与英、荷、法、德、美、日、韩等国及港澳台地区近40家出版和学术文化机构建立了长期稳定的合作关系。

融合发展 紧紧围绕融合发展战略，社科文献全面布局融合发展和数字化转型升级，成效显著。以核心资源和重点项目为主的社科文献数据库产品群和数字出版体系日臻成熟，"一带一路"系列研究成果与专题数据库、阿拉伯问题研究国别基础库及中阿文化交流数据库平台等项目开启了社科文献向专业知识服务商转型的新篇章，成为行业领先。

此外，社科文献充分利用网络媒体平台，积极与各类媒体合作，并联合大型书店、学术书店、机场书店、网络书店、图书馆，构建起强大的学术图书内容传播平台，学术图书的媒体曝光率居全国之首，图书馆藏率居于全国出版机构前十位。

有温度，有情怀，有视野，更有梦想。未来社科文献将继续坚持专业化学术出版之路不动摇，着力搭建最具影响力的智库产品整合及传播平台、学术资源共享平台，为实现"社科文献梦"奠定坚实基础。

经 济 类

经济类皮书涵盖宏观经济、城市经济、大区域经济，
提供权威、前沿的分析与预测

经济蓝皮书

2017 年中国经济形势分析与预测

李扬／主编　2016 年 12 月出版　定价：89.00 元

◆　本书为总理基金项目，由著名经济学家李扬领衔，联合中
国社会科学院等数十家科研机构、国家部委和高等院校的专家
共同撰写，系统分析了 2016 年的中国经济形势并预测 2017 年
我国经济运行情况。

中国省域竞争力蓝皮书

中国省域经济综合竞争力发展报告（2015～2016）

李建平　李闽榕　高燕京／主编　2017 年 2 月出版　估价：198.00 元

◆　本书融多学科的理论为一体，深入追踪研究了省域经济发
展与中国国家竞争力的内在关系，为提升中国省域经济综合竞
争力提供有价值的决策依据。

城市蓝皮书

中国城市发展报告 No.10

潘家华　单菁菁／主编　2017 年 9 月出版　估价：89.00 元

◆　本书是由中国社会科学院城市发展与环境研究中心编著
的、多角度、全方位地立体展示了中国城市的发展状况，并对
中国城市的未来发展提出了许多建议。该书有强烈的时代感，
对中国城市发展实践有重要的参考价值。

人口与劳动绿皮书

中国人口与劳动问题报告 No.18

蔡昉　张车伟 / 主编　2017 年 10 月出版　估价：89.00 元

◆　本书为中国社科院人口与劳动经济研究所主编的年度报告，对当前中国人口与劳动形势做了比较全面和系统的深入讨论，为研究我国人口与劳动问题提供了一个专业性的视角。

世界经济黄皮书

2017 年世界经济形势分析与预测

张宇燕 / 主编　2016 年 12 月出版　定价：89.00 元

◆　本书由中国社会科学院世界经济与政治研究所的研究团队撰写，2016 年世界经济增速进一步放缓，就业增长放慢。世界经济面临许多重大挑战同时，地缘政治风险、难民危机、大国政治周期、恐怖主义等问题也仍然在影响世界经济的稳定与发展。预计 2017 年按 PPP 计算的世界 GDP 增长率约为 3.0%。

国际城市蓝皮书

国际城市发展报告（2017）

屠启宇 / 主编　2017 年 2 月出版　估价：89.00 元

◆　本书作者以上海社会科学院从事国际城市研究的学者团队为核心，汇集同济大学、华东师范大学、复旦大学、上海交通大学、南京大学、浙江大学相关城市研究专业学者。立足动态跟踪介绍国际城市发展时间中，最新出现的重大战略、重大理念、重大项目、重大报告和最佳案例。

金融蓝皮书

中国金融发展报告（2017）

李扬　王国刚 / 主编　2017 年 1 月出版　估价：89.00 元

◆　本书由中国社会科学院金融研究所组织编写，概括和分析了 2016 年中国金融发展和运行中的各方面情况，研讨和评论了 2016 年发生的主要金融事件，有利于读者了解掌握 2016 年中国的金融状况，把握 2017 年中国金融的走势。

农村绿皮书

中国农村经济形势分析与预测（2016～2017）

魏后凯　杜志雄　黄秉信 / 著　2017 年 4 月出版　估价：89.00 元

◆　本书描述了 2016 年中国农业农村经济发展的一些主要指标和变化，并对 2017 年中国农业农村经济形势的一些展望和预测，提出相应的政策建议。

西部蓝皮书

中国西部发展报告（2017）

姚慧琴　徐璋勇 / 主编　2017 年 9 月出版　估价：89.00 元

◆　本书由西北大学中国西部经济发展研究中心主编，汇集了源自西部本土以及国内研究西部问题的权威专家的第一手资料，对国家实施西部大开发战略进行年度动态跟踪，并对 2017 年西部经济、社会发展态势进行预测和展望。

经济蓝皮书·夏季号

中国经济增长报告（2016～2017）

李扬 / 主编　2017 年 9 月出版　估价：98.00 元

◆　中国经济增长报告主要探讨 2016~2017 年中国经济增长问题，以专业视角解读中国经济增长，力求将其打造成一个研究中国经济增长、服务宏微观各级决策的周期性、权威性读物。

就业蓝皮书

2017 年中国本科生就业报告

麦可思研究院 / 编著　2017 年 6 月出版　估价：98.00 元

◆　本书基于大量的数据和调研，内容翔实，调查独到，分析到位，用数据说话，对我国大学生教育与发展起到了很好的建言献策作用。

社会政法类

社会政法类皮书聚焦社会发展领域的热点、难点问题，
提供权威、原创的资讯与视点

社会蓝皮书

2017 年中国社会形势分析与预测

李培林　陈光金　张翼/主编　2016 年 12 月出版　定价：89.00 元

◆　本书由中国社会科学院社会学研究所组织研究机构专家、
高校学者和政府研究人员撰写，聚焦当下社会热点，对 2016
年中国社会发展的各个方面内容进行了权威解读，同时对 2017
年社会形势发展趋势进行了预测。

法治蓝皮书

中国法治发展报告 No.15（2017）

李林　田禾/主编　2017 年 3 月出版　估价：118.00 元

◆　本年度法治蓝皮书回顾总结了 2016 年度中国法治发展取
得的成就和存在的不足，并对 2017 年中国法治发展形势进行
了预测和展望。

社会体制蓝皮书

中国社会体制改革报告 No.5（2017）

龚维斌/主编　2017 年 4 月出版　估价：89.00 元

◆　本书由国家行政学院社会治理研究中心和北京师范大学中
国社会管理研究院共同组织编写，主要对 2016 年社会体制改
革情况进行回顾和总结，对 2017 年的改革走向进行分析，提
出相关政策建议。

社会心态蓝皮书

中国社会心态研究报告（2017）

王俊秀　杨宜音／主编　2017 年 12 月出版　估价：89.00 元

◆　本书是中国社会科学院社会学研究所社会心理研究中心"社会心态蓝皮书课题组"的年度研究成果，运用社会心理学、社会学、经济学、传播学等多种学科的方法进行了调查和研究，对于目前我国社会心态状况有较广泛和深入的揭示。

生态城市绿皮书

中国生态城市建设发展报告（2017）

刘举科　孙伟平　胡文臻／主编　2017 年 7 月出版　估价：118.00 元

◆　报告以绿色发展、循环经济、低碳生活、民生宜居为理念，以更新民众观念、提供决策咨询、指导工程实践、引领绿色发展为宗旨，试图探索一条具有中国特色的城市生态文明建设新路。

城市生活质量蓝皮书

中国城市生活质量报告（2017）

中国经济实验研究院／主编　2017 年 7 月出版　估价：89.00 元

◆　本书对全国 35 个城市居民的生活质量主观满意度进行了电话调查，同时对 35 个城市居民的客观生活质量指数进行了计算，为我国城市居民生活质量的提升，提出了针对性的政策建议。

公共服务蓝皮书

中国城市基本公共服务力评价（2017）

钟君　吴正杲／主编　2017 年 12 月出版　估价：89.00 元

◆　中国社会科学院经济与社会建设研究室与华图政信调查组成联合课题组，从 2010 年开始对基本公共服务力进行研究，研创了基本公共服务力评价指标体系，为政府考核公共服务与社会管理工作提供了理论工具。

行业报告类

行业报告类皮书立足重点行业、新兴行业领域，
提供及时、前瞻的数据与信息

企业社会责任蓝皮书

中国企业社会责任研究报告（2017）

黄群慧　钟宏武　张蒽　翟利峰 / 著　2017 年 10 月出版　估价：89.00 元

◆　本书剖析了中国企业社会责任在 2016 ~ 2017 年度的最新
发展特征，详细解读了省域国有企业在社会责任方面的阶段性
特征，生动呈现了国内外优秀企业的社会责任实践。对了解
中国企业社会责任履行现状、未来发展，以及推动社会责任建
设有重要的参考价值。

新能源汽车蓝皮书

中国新能源汽车产业发展报告（2017）

黄中国汽车技术研究中心　日产（中国）投资有限公司

东风汽车有限公司 / 编著　　2017 年 7 月出版　　估价：98.00 元

◆　本书对我国 2016 年新能源汽车产业发展进行了全面系统
的分析，并介绍了国外的发展经验。有助于相关机构、行业和
社会公众等了解中国新能源汽车产业发展的最新动态，为政府
部门出台新能源汽车产业相关政策法规、企业制定相关战略规
划，提供必要的借鉴和参考。

杜仲产业绿皮书

中国杜仲橡胶资源与产业发展报告（2016 ~ 2017）

杜红岩　胡文臻　俞锐 / 主编　　2017 年 1 月出版　　估价：85.00 元

◆　本书对 2016 年来的杜仲产业的发展情况、研究团队在杜
仲研究方面取得的重要成果、部分地区杜仲产业发展的具体情
况、杜仲新标准的制定情况等进行了较为详细的分析与介绍，
使广大关心杜仲产业发展的读者能够及时跟踪产业最新进展。

企业蓝皮书
中国企业绿色发展报告 No.2（2017）

李红玉　朱光辉 / 主编　　2017 年 8 月出版　　估价：89.00 元

◆　本书深入分析中国企业能源消费、资源利用、绿色金融、绿色产品、绿色管理、信息化、绿色发展政策及绿色文化方面的现状，并对目前存在的问题进行研究，剖析因果，谋划对策。为企业绿色发展提供借鉴，为我国生态文明建设提供支撑。

中国上市公司蓝皮书
中国上市公司发展报告（2017）

张平　王宏淼 / 主编　　2017 年 10 月出版　　估价：98.00 元

◆　本书由中国社会科学院上市公司研究中心组织编写的，着力于全面、真实、客观反映当前中国上市公司财务状况和价值评估的综合性年度报告。本书详尽分析了 2016 年中国上市公司情况，特别是现实中暴露出的制度性、基础性问题，并对资本市场改革进行了探讨。

资产管理蓝皮书
中国资产管理行业发展报告（2017）

智信资产管理研究院 / 编著　　2017 年 6 月出版　　估价：89.00 元

◆　中国资产管理行业刚刚兴起，未来将中国金融市场最有看点的行业。本书主要分析了 2016 年度资产管理行业的发展情况，同时对资产管理行业的未来发展做出科学的预测。

体育蓝皮书
中国体育产业发展报告（2017）

阮伟　钟秉枢 / 主编　　2017 年 12 月出版　　估价：89.00 元

◆　本书运用多种研究方法，在对于体育竞赛业、体育用品业、体育场馆业、体育传媒业等传统产业研究的基础上，紧紧围绕 2016 年体育领域内的各种热点事件进行研究和梳理，进一步拓宽了研究的广度、提升了研究的高度、挖掘了研究的深度。

国别与地区类

国别与地区类皮书关注全球重点国家与地区，
提供全面、独特的解读与研究

美国蓝皮书

美国研究报告（2017）

郑秉文　黄平／主编　2017年6月出版　估价：89.00元

◆　本书是由中国社会科学院美国所主持完成的研究成果，它
回顾了美国2016年的经济、政治形势与外交战略，对2017年
以来美国内政外交发生的重大事件及重要政策进行了较为全面
的回顾和梳理。

日本蓝皮书

日本研究报告（2017）

杨伯江／主编　2017年5月出版　估价：89.00元

◆　本书对2016年拉丁美洲和加勒比地区诸国的政治、经济、
社会、外交等方面的发展情况做了系统介绍，对该地区相关国
家的热点及焦点问题进行了总结和分析，并在此基础上对该地
区各国2017年的发展前景做出预测。

亚太蓝皮书

亚太地区发展报告（2017）

李向阳／主编　2017年3月出版　估价：89.00元

◆　本书是中国社会科学院亚太与全球战略研究院的集体研究
成果。2016年的"亚太蓝皮书"继续关注中国周边环境的变化。
该书盘点了2016年亚太地区的焦点和热点问题，为深入了解
2016年及未来中国与周边环境的复杂形势提供了重要参考。

德国蓝皮书

德国发展报告（2017）

郑春荣 / 主编　2017 年 6 月出版　估价：89.00 元

◆ 本报告由同济大学德国研究所组织编撰，由该领域的专家学者对德国的政治、经济、社会文化、外交等方面的形势发展情况，进行全面的阐述与分析。

日本经济蓝皮书

日本经济与中日经贸关系研究报告（2017）

王洛林　张季风 / 编著　2017 年 5 月出版　估价：89.00 元

◆ 本书系统、详细地介绍了 2016 年日本经济以及中日经贸关系发展情况，在进行了大量数据分析的基础上，对 2017 年日本经济以及中日经贸关系的大致发展趋势进行了分析与预测。

俄罗斯黄皮书

俄罗斯发展报告（2017）

李永全 / 编著　2017 年 7 月出版　估价：89.00 元

◆ 本书系统介绍了 2016 年俄罗斯经济政治情况，并对 2016 年该地区发生的焦点、热点问题进行了分析与回顾；在此基础上，对该地区 2017 年的发展前景进行了预测。

非洲黄皮书

非洲发展报告 No.19（2016 ～ 2017）

张宏明 / 主编　2017 年 8 月出版　估价：89.00 元

◆ 本书是由中国社会科学院西亚非洲研究所组织编撰的非洲形势年度报告，比较全面、系统地分析了 2016 年非洲政治形势和热点问题，探讨了非洲经济形势和市场走向，剖析了大国对非洲关系的新动向；此外，还介绍了国内非洲研究的新成果。

地方发展类

地方发展类皮书关注中国各省份、经济区域，
提供科学、多元的预判与资政信息

北京蓝皮书

北京公共服务发展报告（2016~2017）

施昌奎／主编　2017年2月出版　估价：89.00元

◆ 本书是由北京市政府职能部门的领导、首都著名高校的教授、知名研究机构的专家共同完成的关于北京市公共服务发展与创新的研究成果。

河南蓝皮书

河南经济发展报告（2017）

张占仓／编著　2017年3月出版　估价：89.00元

◆ 本书以国内外经济发展环境和走向为背景，主要分析当前河南经济形势，预测未来发展趋势，全面反映河南经济发展的最新动态、热点和问题，为地方经济发展和领导决策提供参考。

广州蓝皮书

2017年中国广州经济形势分析与预测

庾建设　陈浩钿　谢博能／主编　2017年7月出版　估价：85.00元

◆ 本书由广州大学与广州市委政策研究室、广州市统计局联合主编，汇集了广州科研团体、高等院校和政府部门诸多经济问题研究专家、学者和实际部门工作者的最新研究成果，是关于广州经济运行情况和相关专题分析、预测的重要参考资料。

文化传媒类

文化传媒类皮书透视文化领域、文化产业，
探索文化大繁荣、大发展的路径

新媒体蓝皮书

中国新媒体发展报告 No.8（2017）

唐绪军/主编　2017年6月出版　估价：89.00元

◆　本书是由中国社会科学院新闻与传播研究所组织编写的关于新媒体发展的最新年度报告，旨在全面分析中国新媒体的发展现状，解读新媒体的发展趋势，探析新媒体的深刻影响。

移动互联网蓝皮书

中国移动互联网发展报告（2017）

官建文/编著　　2017年6月出版　　估价：89.00元

◆　本书着眼于对中国移动互联网2016年度的发展情况做深入解析，对未来发展趋势进行预测，力求从不同视角、不同层面全面剖析中国移动互联网发展的现状、年度突破及热点趋势等。

传媒蓝皮书

中国传媒产业发展报告（2017）

崔保国/主编　2017年5月出版　估价：98.00元

◆　"传媒蓝皮书"连续十多年跟踪观察和系统研究中国传媒产业发展。本报告在对传媒产业总体以及各细分行业发展状况与趋势进行深入分析基础上，对年度发展热点进行跟踪，剖析新技术引领下的商业模式，对传媒各领域发展趋势、内体经营、传媒投资进行解析，为中国传媒产业正在发生的变革提供前瞻行参考。

经济类

"三农"互联网金融蓝皮书
中国"三农"互联网金融发展报告（2017）
著(编)者：李勇坚 王弢　2017年8月出版 / 估价：98.00元
PSN B-2016-561-1/1

G20国家创新竞争力黄皮书
二十国集团（G20）国家创新竞争力发展报告（2016~2017）
2017年8月出版 / 估价：158.00元
著(编)者：李建平 李闽榕 赵新力 周天勇
PSN Y-2011-229-1/1

产业蓝皮书
中国产业竞争力报告（2017）No.7
著(编)者：张其仔　2017年12月出版 / 估价：98.00元
PSN B-2010-175-1/1

城市创新蓝皮书
中国城市创新报告（2017）
著(编)者：周天勇 旷建伟　2017年11月出版 / 估价：89.00元
PSN B-2013-340-1/1

城市蓝皮书
中国城市发展报告 No.10
著(编)者：潘家华 单菁菁　2017年9月出版 / 估价：89.00元
PSN B-2007-091-1/1

城乡一体化蓝皮书
中国城乡一体化发展报告（2016～2017）
著(编)者：汝信 付崇兰　2017年7月出版 / 估价：85.00元
PSN B-2011-226-1/2

城镇化蓝皮书
中国新型城镇化健康发展报告（2017）
著(编)者：张占斌　2017年8月出版 / 估价：89.00元
PSN B-2014-396-1/1

创新蓝皮书
创新型国家建设报告（2016～2017）
著(编)者：詹正茂　2017年12月出版 / 估价：89.00元
PSN B-2009-140-1/1

创业蓝皮书
中国创业发展报告（2016～2017）
著(编)者：黄群慧 赵卫星 钟宏武等
2017年11月出版 / 估价：89.00元
PSN B-2016-578-1/1

低碳发展蓝皮书
中国低碳发展报告（2016~2017）
著(编)者：齐晔 张希良　2017年3月出版 / 估价：98.00元
PSN B-2011-223-1/1

低碳经济蓝皮书
中国低碳经济发展报告（2017）
著(编)者：薛进军 赵忠秀　2017年6月出版 / 估价：85.00元
PSN B-2011-194-1/1

东北蓝皮书
中国东北地区发展报告（2017）
著(编)者：朱宇 张新颖　2017年12月出版 / 估价：89.00元
PSN B-2006-067-1/1

发展与改革蓝皮书
中国经济发展和体制改革报告No.8
著(编)者：邹东涛 王再文　2017年1月出版 / 估价：98.00元
PSN B-2008-122-1/1

工业化蓝皮书
中国工业化进程报告（2017）
著(编)者：黄群慧　2017年12月出版 / 估价：158.00元
PSN B-2007-095-1/1

管理蓝皮书
中国管理发展报告（2017）
著(编)者：张晓东　2017年10月出版 / 估价：98.00元
PSN B-2014-416-1/1

国际城市蓝皮书
国际城市发展报告（2017）
著(编)者：屠启宇　2017年2月出版 / 估价：89.00元
PSN B-2012-260-1/1

国家创新蓝皮书
中国创新发展报告（2017）
著(编)者：陈劲　2017年12月出版 / 估价：89.00元
PSN B-2014-370-1/1

金融蓝皮书
中国金融发展报告（2017）
著(编)者：李扬 王国刚　2017年12月出版 / 估价：89.00元
PSN B-2004-031-1/6

京津冀金融蓝皮书
京津冀金融发展报告（2017）
著(编)者：王爱俭 李向前
2017年3月出版 / 估价：89.00元
PSN B-2016-528-1/1

京津冀蓝皮书
京津冀发展报告（2017）
著(编)者：文魁 祝尔娟　2017年4月出版 / 估价：89.00元
PSN B-2012-262-1/1

经济蓝皮书
2017年中国经济形势分析与预测
著(编)者：李扬　2016年12月出版 / 定价：89.00元
PSN B-1996-001-1/1

经济蓝皮书·春季号
2017年中国经济前景分析
著(编)者：李扬　2017年6月出版 / 估价：89.00元
PSN B-1999-008-1/1

经济蓝皮书·夏季号
中国经济增长报告（2016～2017）
著(编)者：李扬　2017年9月出版 / 估价：98.00元
PSN B-2010-176-1/1

经济信息绿皮书
中国与世界经济发展报告（2017）
著(编)者：杜平　2017年12月出版 / 估价：89.00元
PSN G-2003-023-1/1

就业蓝皮书
2017年中国本科生就业报告
著(编)者：麦可思研究院　2017年6月出版 / 估价：98.00元
PSN B-2009-146-1/2

经济类

就业蓝皮书
2017年中国高职高专生就业报告
著(编)者: 麦可思研究院　2017年6月出版 / 估价: 98.00元
PSN B-2015-472-2/2

科普能力蓝皮书
中国科普能力评价报告（2017）
著(编)者: 李富 强李群　2017年8月出版 / 估价: 89.00元
PSN B-2016-556-1/1

临空经济蓝皮书
中国临空经济发展报告（2017）
著(编)者: 连玉明　2017年9月出版 / 估价: 89.00元
PSN B-2014-421-1/1

农村绿皮书
中国农村经济形势分析与预测（2016~2017）
著(编)者: 魏后凯 杜志雄 黄秉信
2017年4月出版 / 估价: 89.00元
PSN G-1998-003-1/1

农业应对气候变化蓝皮书
气候变化对中国农业影响评估报告 No.3
著(编)者: 矫梅燕　2017年8月出版 / 估价: 98.00元
PSN B-2014-413-1/1

气候变化绿皮书
应对气候变化报告（2017）
著(编)者: 王伟光 郑国光　2017年6月出版 / 估价: 89.00元
PSN G-2009-144-1/1

区域蓝皮书
中国区域经济发展报告（2016~2017）
著(编)者: 赵弘　2017年6月出版 / 估价: 89.00元
PSN B-2004-034-1/1

全球环境竞争力绿皮书
全球环境竞争力报告（2017）
著(编)者: 李建平 李闽榕 王金南
2017年12月出版 / 估价: 198.00元
PSN G-2013-363-1/1

人口与劳动绿皮书
中国人口与劳动问题报告 No.18
著(编)者: 蔡昉 张车伟　2017年11月出版 / 估价: 89.00元
PSN G-2000-012-1/1

商务中心区蓝皮书
中国商务中心区发展报告 No.3（2016）
著(编)者: 李国红 单菁菁　2017年1月出版 / 估价: 89.00元
PSN B-2015-444-1/1

世界经济黄皮书
2017年世界经济形势分析与预测
著(编)者: 张宇燕　2016年12月出版 / 定价: 89.00元
PSN Y-1999-006-1/1

世界旅游城市绿皮书
世界旅游城市发展报告（2017）
著(编)者: 宋宇　2017年1月出版 / 估价: 128.00元
PSN G-2014-400-1/1

土地市场蓝皮书
中国农村土地市场发展报告（2016~2017）
著(编)者: 李光荣　2017年3月出版 / 估价: 89.00元
PSN B-2016-527-1/1

西北蓝皮书
中国西北发展报告（2017）
著(编)者: 高建龙　2017年3月出版 / 估价: 89.00元
PSN B-2012-261-1/1

西部蓝皮书
中国西部发展报告（2017）
著(编)者: 姚慧琴 徐璋勇　2017年9月出版 / 估价: 89.00元
PSN B-2005-039-1/1

新型城镇化蓝皮书
新型城镇化发展报告（2017）
著(编)者: 李伟 宋敏 沈体雁　2017年3月出版 / 估价: 98.00元
PSN B-2014-431-1/1

新兴经济体蓝皮书
金砖国家发展报告（2017）
著(编)者: 林跃勤 周文　2017年12月出版 / 估价: 89.00元
PSN B-2011-195-1/1

长三角蓝皮书
2017年新常态下深化一体化的长三角
著(编)者: 王庆五　2017年12月出版 / 估价: 88.00元
PSN B-2005-038-1/1

中部竞争力蓝皮书
中国中部经济社会竞争力报告（2017）
著(编)者: 教育部人文社会科学重点研究基地
南昌大学中国中部经济社会发展研究中心
2017年12月出版 / 估价: 89.00元
PSN B-2012-276-1/1

中部蓝皮书
中国中部地区发展报告（2017）
著(编)者: 宋亚平　2017年12月出版 / 估价: 88.00元
PSN B-2007-089-1/1

中国省域竞争力蓝皮书
中国省域经济综合竞争力发展报告（2017）
著(编)者: 李建平 李闽榕 高燕京
2017年2月出版 / 估价: 198.00元
PSN B-2007-088-1/1

中三角蓝皮书
长江中游城市群发展报告（2017）
著(编)者: 秦尊文　2017年9月出版 / 估价: 89.00元
PSN B-2014-417-1/1

中小城市绿皮书
中国中小城市发展报告（2017）
著(编)者: 中国城市经济学会中小城市经济发展委员会
中国城镇化促进会中小城市发展委员会
《中国中小城市发展报告》编纂委员会
中小城市发展战略研究院
2017年11月出版 / 估价: 128.00元
PSN G-2010-161-1/1

中原蓝皮书
中原经济区发展报告（2017）
著(编)者: 李英杰　2017年6月出版 / 估价: 88.00元
PSN B-2011-192-1/1

自贸区蓝皮书
中国自贸区发展报告（2017）
著(编)者: 王力　2017年7月出版 / 估价: 89.00元
PSN B-2016-559-1/1

社会政法类

北京蓝皮书
中国社区发展报告（2017）
著(编)者: 于燕燕　2017年2月出版 / 估价: 89.00元
PSN B-2007-083-5/8

殡葬绿皮书
中国殡葬事业发展报告（2017）
著(编)者: 李伯森　2017年4月出版 / 估价: 158.00元
PSN G-2010-180-1/1

城市管理蓝皮书
中国城市管理报告（2016~2017）
著(编)者: 刘林　刘承水　2017年5月出版 / 估价: 158.00元
PSN B-2013-336-1/1

城市生活质量蓝皮书
中国城市生活质量报告（2017）
著(编)者: 中国经济实验研究院
2017年7月出版 / 估价: 89.00元
PSN B-2013-326-1/1

城市政府能力蓝皮书
中国城市政府公共服务能力评估报告（2017）
著(编)者: 何艳玲　2017年4月出版 / 估价: 89.00元
PSN B-2013-338-1/1

慈善蓝皮书
中国慈善发展报告（2017）
著(编)者: 杨团　2017年6月出版 / 估价: 89.00元
PSN B-2009-142-1/1

党建蓝皮书
党的建设研究报告 No.2（2017）
著(编)者: 崔建民　陈东平　2017年2月出版 / 估价: 89.00元
PSN B-2016-524-1/1

地方法治蓝皮书
中国地方法治发展报告 No.3（2017）
著(编)者: 李林　田禾　2017年3出版 / 估价: 108.00元
PSN B-2015-442-1/1

法治蓝皮书
中国法治发展报告 No.15（2017）
著(编)者: 李林　田禾　2017年3月出版 / 估价: 118.00元
PSN B-2004-027-1/1

法治政府蓝皮书
中国法治政府发展报告（2017）
著(编)者: 中国政法大学法治政府研究院
2017年2月出版 / 估价: 98.00元
PSN B-2015-502-1/2

法治政府蓝皮书
中国法治政府评估报告（2017）
著(编)者: 中国政法大学法治政府研究院
2016年11月出版 / 估价: 98.00元
PSN B-2016-577-2/2

反腐倡廉蓝皮书
中国反腐倡廉建设报告 No.7
著(编)者: 张英伟　2017年12月出版 / 估价: 89.00元
PSN B-2012-259-1/1

非传统安全蓝皮书
中国非传统安全研究报告（2016~2017）
著(编)者: 余潇枫　魏志江　2017年6月出版 / 估价: 89.00元
PSN B-2012-273-1/1

妇女发展蓝皮书
中国妇女发展报告 No.7
著(编)者: 王金玲　2017年9月出版 / 估价: 148.00元
PSN B-2006-069-1/1

妇女教育蓝皮书
中国妇女教育发展报告 No.4
著(编)者: 张李玺　2017年10月出版 / 估价: 78.00元
PSN B-2008-121-1/1

妇女绿皮书
中国性别平等与妇女发展报告（2017）
著(编)者: 谭琳　2017年12月出版 / 估价: 99.00元
PSN G-2006-073-1/1

公共服务蓝皮书
中国城市基本公共服务力评价（2017）
著(编)者: 钟君　吴正杲　2017年12月出版 / 估价: 89.00元
PSN B-2011-214-1/1

公民科学素质蓝皮书
中国公民科学素质报告（2016~2017）
著(编)者: 李群　陈雄　马宗文
2017年1月出版 / 估价: 89.00元
PSN B-2014-379-1/1

公共关系蓝皮书
中国公共关系发展报告（2017）
著(编)者: 柳斌杰　2017年11月出版 / 估价: 89.00元
PSN B-2016-580-1/1

公益蓝皮书
中国公益慈善发展报告（2017）
著(编)者: 朱健刚　2017年4月出版 / 估价: 118.00元
PSN B-2012-283-1/1

国际人才蓝皮书
海外华侨华人专业人士报告（2017）
著(编)者: 王辉耀　苗绿　2017年8月出版 / 估价: 89.00元
PSN B-2014-409-4/4

国际人才蓝皮书
中国国际移民报告（2017）
著(编)者: 王辉耀　2017年2月出版 / 估价: 89.00元
PSN B-2012-304-3/4

国际人才蓝皮书
中国留学发展报告（2017）No.5
著(编)者: 王辉耀　苗绿　2017年10月出版 / 估价: 89.00元
PSN B-2012-244-2/4

海洋社会蓝皮书
中国海洋社会发展报告（2017）
著(编)者: 崔凤　宋宁而　2017年7月出版 / 估价: 89.00元
PSN B-2015-478-1/1

行政改革蓝皮书
中国行政体制改革报告（2017）No.6
著(编)者：魏礼群　2017年5月出版 / 估价：98.00元
PSN B-2011-231-1/1

华侨华人蓝皮书
华侨华人研究报告（2017）
著(编)者：贾益民 2017年12月出版 / 估价：128.00元
PSN B-2011-204-1/1

环境竞争力绿皮书
中国省域环境竞争力发展报告（2017）
著(编)者：李建平 李闽榕 王金南
2017年11月出版 / 估价：198.00元
PSN G-2010-165-1/1

环境绿皮书
中国环境发展报告（2017）
著(编)者：刘鉴强 2017年11月出版 / 估价：89.00元
PSN G-2006-048-1/1

基金会蓝皮书
中国基金会发展报告（2016~2017）
著(编)者：中国基金会发展报告课题组
2017年4月出版 / 估价：85.00元
PSN B-2013-368-1/1

基金会绿皮书
中国基金会发展独立研究报告（2017）
著(编)者：基金会中心网 中央民族大学基金会研究中心
2017年6月出版 / 估价：88.00元
PSN G-2011-213-1/1

基金会透明度蓝皮书
中国基金会透明度发展研究报告（2017）
著(编)者：基金会中心网 清华大学廉政与治理研究中心
2017年12月出版 / 估价：89.00元
PSN B-2015-509-1/1

家庭蓝皮书
中国"创建幸福家庭活动"评估报告（2017）
国务院发展研究中心"创建幸福家庭活动评估"课题组著
2017年8月出版 / 估价：89.00元
PSN B-2012-261-1/1

健康城市蓝皮书
中国健康城市建设研究报告（2017）
著(编)者：王鸿春 解树江 盛继洪
2017年9月出版 / 估价：89.00元
PSN B-2016-565-2/2

教师蓝皮书
中国中小学教师发展报告（2017）
著(编)者：曾晓东 鱼霞　2017年6月出版 / 估价：89.00元
PSN B-2012-289-1/1

教育蓝皮书
中国教育发展报告（2017）
著(编)者：杨东平　2017年4月出版 / 估价：89.00元
PSN B-2006-047-1/1

科普蓝皮书
中国基层科普发展报告（2016~2017）
著(编)者：赵立 新陈玲　2017年9月出版 / 估价：89.00元
PSN B-2016-569-3/3

科普蓝皮书
中国科普基础设施发展报告（2017）
著(编)者：任福君　2017年6月出版 / 估价：89.00元
PSN B-2010-174-1/3

科普蓝皮书
中国科普人才发展报告（2017）
著(编)者：郑念 任嵘嵘　2017年4月出版 / 估价：98.00元
PSN B-2015-513-2/3

科学教育蓝皮书
中国科学教育发展报告（2017）
著(编)者：罗晖 王康友　2017年10月出版 / 估价：89.00元
PSN B-2015-487-1/1

劳动保障蓝皮书
中国劳动保障发展报告（2017）
著(编)者：刘燕斌　2017年9月出版 / 估价：188.00元
PSN B-2014-415-1/1

老龄蓝皮书
中国老年宜居环境发展报告（2017）
著(编)者：党俊武 周燕珉　2017年1月出版 / 估价：89.00元
PSN B-2013-320-1/1

连片特困区蓝皮书
中国连片特困区发展报告（2017）
著(编)者：游俊 冷志明 丁建军
2017年3月出版 / 估价：98.00元
PSN B-2013-321-1/1

民间组织蓝皮书
中国民间组织报告（2017）
著(编)者：黄晓勇　2017年12月出版 / 估价：89.00元
PSN B-2008-118-1/1

民调蓝皮书
中国民生调查报告（2017）
著(编)者：谢耘耕　2017年12月出版 / 估价：98.00元
PSN B-2014-398-1/1

民族发展蓝皮书
中国民族发展报告（2017）
著(编)者：郝时远 王延中 王希恩
2017年4月出版 / 估价：98.00元
PSN B-2006-070-1/1

女性生活蓝皮书
中国女性生活状况报告No.11（2017）
著(编)者：韩湘景　2017年10月出版 / 估价：98.00元
PSN B-2006-071-1/1

汽车社会蓝皮书
中国汽车社会发展报告（2017）
著(编)者：王俊秀　2017年1月出版 / 估价：89.00元
PSN B-2011-224-1/1

青年蓝皮书
中国青年发展报告（2017）No.3
著(编)者：廉思 等　2017年4月出版 / 估价：89.00元
PSN B-2013-333-1/1

青少年蓝皮书
中国未成年人互联网运用报告（2017）
著(编)者：李文革 沈杰 季为民
2017年11月出版 / 估价：89.00元
PSN B-2010-156-1/1

青少年体育蓝皮书
中国青少年体育发展报告（2017）
著(编)者：郭建军 杨桦　2017年9月出版 / 估价：89.00元
PSN B-2015-482-1/1

群众体育蓝皮书
中国群众体育发展报告（2017）
著(编)者：刘国永 杨桦　2017年12月出版 / 估价：89.00元
PSN B-2016-519-2/3

人权蓝皮书
中国人权事业发展报告 No.7（2017）
著(编)者：李君如　2017年9月出版 / 估价：98.00元
PSN B-2011-215-1/1

社会保障绿皮书
中国社会保障发展报告（2017）No.9
著(编)者：王延中　2017年4月出版 / 估价：89.00元
PSN G-2001-014-1/1

社会风险评估蓝皮书
风险评估与危机预警评估报告（2017）
著(编)者：唐钧　2017年8月出版 / 估价：85.00元
PSN B-2016-521-1/1

社会工作蓝皮书
中国社会工作发展报告（2017）
著(编)者：民政部社会工作研究中心
2017年8月出版 / 估价：89.00元
PSN B-2009-141-1/1

社会管理蓝皮书
中国社会管理创新报告 No.5
著(编)者：连玉明　2017年11月出版 / 估价：89.00元
PSN B-2012-300-1/1

社会蓝皮书
2017年中国社会形势分析与预测
著(编)者：李培林 陈光金 张翼
2016年12月出版 / 定价：89.00元
PSN B-1998-002-1/1

社会体制蓝皮书
中国社会体制改革报告No.5（2017）
著(编)者：龚维斌　2017年4月出版 / 估价：89.00元
PSN B-2013-330-1/1

社会心态蓝皮书
中国社会心态研究报告（2017）
著(编)者：王俊秀 杨宜音　2017年12月出版 / 估价：89.00元
PSN B-2011-199-1/1

社会组织蓝皮书
中国社会组织评估发展报告（2017）
著(编)者：徐家良 廖鸿　2017年12月出版 / 估价：89.00元
PSN B-2013-366-1/1

生态城市绿皮书
中国生态城市建设发展报告（2017）
著(编)者：刘举科 孙伟平 胡文臻
2017年9月出版 / 估价：118.00元
PSN G-2012-269-1/1

生态文明绿皮书
中国省域生态文明建设评价报告（ECI 2017）
著(编)者：严耕　2017年12月出版 / 估价：98.00元
PSN G-2010-170-1/1

体育蓝皮书
中国公共体育服务发展报告（2017）
著(编)者：戴健　2017年12月出版 / 估价：89.00元
PSN B-2013-367-2/4

土地整治蓝皮书
中国土地整治发展研究报告 No.4
著(编)者：国土资源部土地整治中心
2017年7月出版 / 估价：89.00元
PSN B-2014-401-1/1

土地政策蓝皮书
中国土地政策研究报告（2017）
著(编)者：高延利 李宪文
2017年12月出版 / 估价：89.00元
PSN B-2015-506-1/1

医改蓝皮书
中国医药卫生体制改革报告（2017）
著(编)者：文学国 房志武　2017年11月出版 / 估价：98.00元
PSN B-2014-432-1/1

医疗卫生绿皮书
中国医疗卫生发展报告 No.7（2017）
著(编)者：申宝忠 韩玉珍　2017年4月出版 / 估价：85.00元
PSN G-2004-033-1/1

应急管理蓝皮书
中国应急管理报告（2017）
著(编)者：宋英华　2017年9月出版 / 估价：98.00元
PSN B-2016-563-1/1

政治参与蓝皮书
中国政治参与报告（2017）
著(编)者：房宁　2017年9月出版 / 估价：118.00元
PSN B-2011-200-1/1

中国农村妇女发展蓝皮书
农村流动女性城市生活发展报告（2017）
著(编)者：谢丽华　2017年12月出版 / 估价：89.00元
PSN B-2014-434-1/1

宗教蓝皮书
中国宗教报告（2017）
著(编)者：邱永辉　2017年4月出版 / 估价：89.00元
PSN B-2008-117-1/1

行业报告类

SUV蓝皮书
中国SUV市场发展报告（2016~2017）
著(编)者：靳军　2017年9月出版 / 估价：89.00元
PSN B-2016-572-1/1

保健蓝皮书
中国保健服务产业发展报告 No.2
著(编)者：中国保健协会 中共中央党校
2017年7月出版 / 估价：198.00元
PSN B-2012-272-3/3

保健蓝皮书
中国保健食品产业发展报告 No.2
著(编)者：中国保健协会
　　中国社会科学院食品药品产业发展与监管研究中心
2017年7月出版 / 估价：198.00元
PSN B-2012-271-2/3

保健蓝皮书
中国保健用品产业发展报告 No.2
著(编)者：中国保健协会
　　国务院国有资产监督管理委员会研究中心
2017年3月出版 / 估价：198.00元
PSN B-2012-270-1/3

保险蓝皮书
中国保险业竞争力报告（2017）
著(编)者：项俊波　2017年12月出版 / 估价：99.00元
PSN B-2013-311-1/1

冰雪蓝皮书
中国滑雪产业发展报告（2017）
著(编)者：孙承华 伍斌 魏庆华 张鸿俊
2017年8月出版 / 估价：89.00元
PSN B-2016-560-1/1

彩票蓝皮书
中国彩票发展报告（2017）
著(编)者：益彩基金　2017年4月出版 / 估价：98.00元
PSN B-2015-462-1/1

餐饮产业蓝皮书
中国餐饮产业发展报告（2017）
著(编)者：邢颖　2017年6月出版 / 估价：98.00元
PSN B-2009-151-1/1

测绘地理信息蓝皮书
新常态下的测绘地理信息研究报告（2017）
著(编)者：库热西·买合苏提
2017年12月出版 / 估价：118.00元
PSN B-2009-145-1/1

茶业蓝皮书
中国茶产业发展报告（2017）
著(编)者：杨江帆 李闽榕　2017年10月出版 / 估价：88.00元
PSN B-2010-164-1/1

产权市场蓝皮书
中国产权市场发展报告（2016~2017）
著(编)者：曹和平　2017年5月出版 / 估价：89.00元
PSN B-2009-147-1/1

产业安全蓝皮书
中国出版传媒产业安全报告（2016~2017）
著(编)者：北京印刷学院文化产业安全研究院
2017年3月出版 / 估价：89.00元
PSN B-2014-384-13/14

产业安全蓝皮书
中国文化产业安全报告（2017）
著(编)者：北京印刷学院文化产业安全研究院
2017年12月出版 / 估价：89.00元
PSN B-2014-378-12/14

产业安全蓝皮书
中国新媒体产业安全报告（2017）
著(编)者：北京印刷学院文化产业安全研究院
2017年12月出版 / 估价：89.00元
PSN B-2015-500-14/14

城投蓝皮书
中国城投行业发展报告（2017）
著(编)者：王晨艳 丁伯康　2017年11月出版 / 估价：300.00元
PSN B-2016-514-1/1

电子政务蓝皮书
中国电子政务发展报告（2016~2017）
著(编)者：李季 杜平　2017年7月出版 / 估价：89.00元
PSN B-2003-022-1/1

杜仲产业绿皮书
中国杜仲橡胶资源与产业发展报告（2016~2017）
著(编)者：杜红岩 胡文臻 俞锐
2017年1月出版 / 估价：85.00元
PSN G-2013-350-1/1

房地产蓝皮书
中国房地产发展报告 No.14（2017）
著(编)者：李春华 王业强　2017年5月出版 / 估价：89.00元
PSN B-2004-028-1/1

服务外包蓝皮书
中国服务外包产业发展报告（2017）
著(编)者：王晓红 刘德军
2017年6月出版 / 估价：89.00元
PSN B-2013-331-2/2

服务外包蓝皮书
中国服务外包竞争力报告（2017）
著(编)者：王力 刘春生 黄育华
2017年11月出版 / 估价：85.00元
PSN B-2011-216-1/2

工业和信息化蓝皮书
世界网络安全发展报告（2016~2017）
著(编)者：洪京一　2017年4月出版 / 估价：89.00元
PSN B-2015-452-5/5

工业和信息化蓝皮书
世界信息化发展报告（2016~2017）
著(编)者：洪京一　2017年4月出版 / 估价：89.00元
PSN B-2015-451-4/5

工业和信息化蓝皮书
世界信息技术产业发展报告（2016~2017）
著(编)者：洪京一　2017年4月出版 / 估价：89.00元
PSN B-2015-449-2/5

工业和信息化蓝皮书
移动互联网产业发展报告（2016~2017）
著(编)者：洪京一　2017年4月出版 / 估价：89.00元
PSN B-2015-448-1/5

工业和信息化蓝皮书
战略性新兴产业发展报告（2016~2017）
著(编)者：洪京一　2017年4月出版 / 估价：89.00元
PSN B-2015-450-3/5

工业设计蓝皮书
中国工业设计发展报告（2017）
著(编)者：王晓红 于炜 张立群
2017年9月出版 / 估价：138.00元
PSN B-2014-420-1/1

黄金市场蓝皮书
中国商业银行黄金业务发展报告（2016~2017）
著(编)者：平安银行　2017年3月出版 / 估价：98.00元
PSN B-2016-525-1/1

互联网金融蓝皮书
中国互联网金融发展报告（2017）
著(编)者：李东荣　2017年9月出版 / 估价：128.00元
PSN B-2014-374-1/1

互联网医疗蓝皮书
中国互联网医疗发展报告（2017）
著(编)者：宫晓东　2017年9月出版 / 估价：89.00元
PSN B-2016-568-1/1

会展蓝皮书
中外会展业动态评估年度报告（2017）
著(编)者：张敏　2017年1月出版 / 估价：88.00元
PSN B-2013-327-1/1

金融监管蓝皮书
中国金融监管报告（2017）
著(编)者：胡滨　2017年6月出版 / 估价：89.00元
PSN B-2012-281-1/1

金融蓝皮书
中国金融中心发展报告（2017）
著(编)者：王力 黄育华　2017年11月出版 / 估价：85.00元
PSN B-2011-186-6/6

建筑装饰蓝皮书
中国建筑装饰行业发展报告（2017）
著(编)者：刘晓一 葛顺道　2017年7月出版 / 估价：198.00元
PSN B-2016-554-1/1

客车蓝皮书
中国客车产业发展报告（2016~2017）
著(编)者：姚蔚　2017年10月出版 / 估价：85.00元
PSN B-2013-361-1/1

旅游安全蓝皮书
中国旅游安全报告（2017）
著(编)者：郑向敏 谢朝武　2017年5月出版 / 估价：128.00元
PSN B-2012-280-1/1

旅游绿皮书
2016~2017年中国旅游发展分析与预测
著(编)者：张广瑞 刘德谦　2017年4月出版 / 估价：89.00元
PSN G-2002-018-1/1

煤炭蓝皮书
中国煤炭工业发展报告（2017）
著(编)者：岳福斌　2017年12月出版 / 估价：85.00元
PSN B-2008-123-1/1

民营企业社会责任蓝皮书
中国民营企业社会责任报告（2017）
著(编)者：中华全国工商业联合会
2017年12月出版 / 估价：89.00元
PSN B-2015-511-1/1

民营医院蓝皮书
中国民营医院发展报告（2017）
著(编)者：庄一强　2017年10月出版 / 估价：85.00元
PSN B-2012-299-1/1

闽商蓝皮书
闽商发展报告（2017）
著(编)者：李闽榕 王日根 林琛
2017年12月出版 / 估价：89.00元
PSN B-2012-298-1/1

能源蓝皮书
中国能源发展报告（2017）
著(编)者：崔民选 王军生 陈义和
2017年10月出版 / 估价：98.00元
PSN B-2006-049-1/1

农产品流通蓝皮书
中国农产品流通产业发展报告（2017）
著(编)者：贾敬敦 张东科 张玉玺 张鹏毅 周伟
2017年1月出版 / 估价：89.00元
PSN B-2012-288-1/1

企业公益蓝皮书
中国企业公益研究报告（2017）
著(编)者：钟宏武 汪杰 顾一 黄晓娟 等
2017年12月出版 / 估价：89.00元
PSN B-2015-501-1/1

企业国际化蓝皮书
中国企业国际化报告（2017）
著(编)者：王辉耀　2017年11月出版 / 估价：98.00元
PSN B-2014-427-1/1

企业蓝皮书
中国企业绿色发展报告 No.2（2017）
著(编)者：李红玉 朱光辉　2017年8月出版 / 估价：89.00元
PSN B-2015-481-2/2

企业社会责任蓝皮书
中国企业社会责任研究报告（2017）
著(编)者：黄群慧 钟宏武 张蒽 翟利峰
2017年11月出版 / 估价：89.00元
PSN B-2009-149-1/1

汽车安全蓝皮书
中国汽车安全发展报告（2017）
著(编)者：中国汽车技术研究中心
2017年7月出版 / 估价：89.00元
PSN B-2014-385-1/1

汽车电子商务蓝皮书
中国汽车电子商务发展报告（2017）
著(编)者：中华全国工商业联合会汽车经销商商会
　　　　　北京易观智库网络科技有限公司
2017年10月出版 / 估价：128.00元
PSN B-2015-485-1/1

汽车工业蓝皮书
中国汽车工业发展年度报告（2017）
著(编)者：中国汽车工业协会 中国汽车技术研究中心
　　　　　丰田汽车（中国）投资有限公司
2017年4月出版 / 估价：128.00元
PSN B-2015-463-1/2

汽车工业蓝皮书
中国汽车零部件产业发展报告（2017）
著(编)者：中国汽车工业协会 中国汽车工程研究院
2017年10月出版 / 估价：98.00元
PSN B-2016-515-2/2

汽车蓝皮书
中国汽车产业发展报告（2017）
著(编)者：国务院发展研究中心产业经济研究部
　　　　　中国汽车工程学会 大众汽车集团（中国）
2017年8月出版 / 估价：98.00元
PSN B-2008-124-1/1

人力资源蓝皮书
中国人力资源发展报告（2017）
著(编)者：余兴安　2017年11月出版 / 估价：89.00元
PSN B-2012-287-1/1

融资租赁蓝皮书
中国融资租赁业发展报告（2016～2017）
著(编)者：李光荣 王力　2017年8月出版 / 估价：89.00元
PSN B-2015-443-1/1

商会蓝皮书
中国商会发展报告No.5（2017）
著(编)者：王钦敏　2017年7月出版 / 估价：89.00元
PSN B-2008-125-1/1

输血服务蓝皮书
中国输血行业发展报告（2017）
著(编)者：朱永明 耿鸿武　2016年8月出版 / 估价：89.00元
PSN B-2016-583-1/1

上市公司蓝皮书
中国上市公司社会责任信息披露报告（2017）
著(编)者：张旺 张杨　2017年11月出版 / 估价：89.00元
PSN B-2011-234-1/2

社会责任管理蓝皮书
中国上市公司社会责任能力成熟度报告（2017）No.2
著(编)者：肖红军 王晓光 李伟阳
2017年12月出版 / 估价：98.00元
PSN B-2015-507-2/2

社会责任管理蓝皮书
中国企业公众透明度报告（2017）No.3
著(编)者：黄速建 熊梦 王晓光 肖红军
2017年1月出版 / 估价：98.00元
PSN B-2015-440-1/2

食品药品蓝皮书
食品药品安全与监管政策研究报告（2016～2017）
著(编)者：唐民皓　2017年6月出版 / 估价：89.00元
PSN B-2009-129-1/1

世界能源蓝皮书
世界能源发展报告（2017）
著(编)者：黄晓勇　2017年6月出版 / 估价：99.00元
PSN B-2013-349-1/1

水利风景区蓝皮书
中国水利风景区发展报告（2017）
著(编)者：谢婵才 兰思仁　2017年5月出版 / 估价：89.00元
PSN B-2015-480-1/1

私募市场蓝皮书
中国私募股权市场发展报告（2017）
著(编)者：曹和平　2017年12月出版 / 估价：89.00元
PSN B-2010-162-1/1

碳市场蓝皮书
中国碳市场报告（2017）
著(编)者：定金彪　2017年11月出版 / 估价：89.00元
PSN B-2014-430-1/1

体育蓝皮书
中国体育产业发展报告（2017）
著(编)者：阮伟 钟秉枢　2017年12月出版 / 估价：89.00元
PSN B-2010-179-1/4

网络空间安全蓝皮书
中国网络空间安全发展报告（2017）
著(编)者：惠志斌 唐涛　2017年4月出版 / 估价：89.00元
PSN B-2015-466-1/1

西部金融蓝皮书
中国西部金融发展报告（2017）
著(编)者：李忠民　2017年8月出版 / 估价：85.00元
PSN B-2010-160-1/1

协会商会蓝皮书
中国行业协会商会发展报告（2017）
著(编)者：景朝阳 李勇　2017年4月出版 / 估价：99.00元
PSN B-2015-461-1/1

新能源汽车蓝皮书
中国新能源汽车产业发展报告（2017）
著(编)者：中国汽车技术研究中心
　　　　　日产（中国）投资有限公司 东风汽车有限公司
2017年7月出版 / 估价：98.00元
PSN B-2013-347-1/1

新三板蓝皮书
中国新三板市场发展报告（2017）
著(编)者：王力　2017年6月出版 / 估价：89.00元
PSN B-2016-534-1/1

信托市场蓝皮书
中国信托业市场报告（2016～2017）
著(编)者：用益信托工作室
2017年1月出版 / 估价：198.00元
PSN B-2014-371-1/1

信息化蓝皮书
中国信息化形势分析与预测（2016~2017）
著(编)者：周宏仁　2017年8月出版 / 估价：98.00元
PSN B-2010-168-1/1

信用蓝皮书
中国信用发展报告（2017）
著(编)者：章政 田侃　2017年4月出版 / 估价：99.00元
PSN B-2013-328-1/1

休闲绿皮书
2017年中国休闲发展报告
著(编)者：宋瑞　2017年10月出版 / 估价：89.00元
PSN G-2010-158-1/1

休闲体育蓝皮书
中国休闲体育发展报告（2016～2017）
著(编)者：李相如 钟炳枢　2017年10月出版 / 估价：89.00元
PSN G-2016-516-1/1

养老金融蓝皮书
中国养老金融发展报告（2017）
著(编)者：董克用 姚余栋
2017年6月出版 / 估价：89.00元
PSN B-2016-584-1/1

药品流通蓝皮书
中国药品流通行业发展报告（2017）
著(编)者：佘鲁林 温再兴　2017年8月出版 / 估价：158.00元
PSN B-2014-429-1/1

医院蓝皮书
中国医院竞争力报告（2017）
著(编)者：庄一强 曾益新　2017年3月出版 / 估价：128.00元
PSN B-2016-529-1/1

医药蓝皮书
中国中医药产业园战略发展报告（2017）
著(编)者：裴长洪 房书亭 吴滁心
2017年8月出版 / 估价：89.00元
PSN B-2012-305-1/1

邮轮绿皮书
中国邮轮产业发展报告（2017）
著(编)者：汪泓　2017年10月出版 / 估价：89.00元
PSN G-2014-419-1/1

智能养老蓝皮书
中国智能养老产业发展报告（2017）
著(编)者：朱勇　2017年10月出版 / 估价：89.00元
PSN B-2015-488-1/1

债券市场蓝皮书
中国债券市场发展报告（2016~2017）
著(编)者：杨农　2017年10月出版 / 估价：89.00元
PSN B-2016-573-1/1

中国节能汽车蓝皮书
中国节能汽车发展报告（2016~2017）
著(编)者：中国汽车工程研究院股份有限公司
2017年9月出版 / 估价：98.00元
PSN B-2016-566-1/1

中国上市公司蓝皮书
中国上市公司发展报告（2017）
著(编)者：张平 王宏淼
2017年10月出版 / 估价：98.00元
PSN B-2014-414-1/1

中国陶瓷产业蓝皮书
中国陶瓷产业发展报告（2017）
著(编)者：左和平 黄速建　2017年10月出版 / 估价：98.00元
PSN B-2016-574-1/1

中国总部经济蓝皮书
中国总部经济发展报告（2016~2017）
著(编)者：赵弘　2017年9月出版 / 估价：89.00元
PSN B-2005-036-1/1

中医文化蓝皮书
中国中医药文化传播发展报告（2017）
著(编)者：毛嘉陵　2017年7月出版 / 估价：89.00元
PSN B-2015-468-1/1

装备制造业蓝皮书
中国装备制造业发展报告（2017）
著(编)者：徐东华　2017年12月出版 / 估价：148.00元
PSN B-2015-505-1/1

资本市场蓝皮书
中国场外交易市场发展报告（2016～2017）
著(编)者：高峦　2017年3月出版 / 估价：89.00元
PSN B-2009-153-1/1

资产管理蓝皮书
中国资产管理行业发展报告（2017）
著(编)者：智信资产管理研究院
2017年6月出版 / 估价：89.00元
PSN B-2014-407-2/2

文化传媒类

传媒竞争力蓝皮书
中国传媒国际竞争力研究报告（2017）
著(编)者：李本乾　刘强
2017年11月出版 / 估价：148.00元
PSN B-2013-356-1/1

传媒蓝皮书
中国传媒产业发展报告（2017）
著(编)者：崔保国　2017年5月出版 / 估价：98.00元
PSN B-2005-035-1/1

传媒投资蓝皮书
中国传媒投资发展报告（2017）
著(编)者：张向东　谭云明
2017年6月出版 / 估价：128.00元
PSN B-2015-474-1/1

动漫蓝皮书
中国动漫产业发展报告（2017）
著(编)者：卢斌　郑玉明　牛兴侦
2017年9月出版 / 估价：89.00元
PSN B-2011-198-1/1

非物质文化遗产蓝皮书
中国非物质文化遗产发展报告（2017）
著(编)者：陈平　2017年5月出版 / 估价：98.00元
PSN B-2015-469-1/1

广电蓝皮书
中国广播电影电视发展报告（2017）
著(编)者：国家新闻出版广电总局发展研究中心
2017年7月出版 / 估价：98.00元
PSN B-2006-072-1/1

广告主蓝皮书
中国广告主营销传播趋势报告 No.9
著(编)者：黄升民　杜国清　邵华冬　等
2017年10月出版 / 估价：148.00元
PSN B-2005-041-1/1

国际传播蓝皮书
中国国际传播发展报告（2017）
著(编)者：胡正荣　李继东　姬德强
2017年11月出版 / 估价：89.00元
PSN B-2014-408-1/1

纪录片蓝皮书
中国纪录片发展报告（2017）
著(编)者：何苏六　2017年9月出版 / 估价：89.00元
PSN B-2011-222-1/1

科学传播蓝皮书
中国科学传播报告（2017）
著(编)者：詹正茂　2017年7月出版 / 估价：89.00元
PSN B-2008-120-1/1

两岸创意经济蓝皮书
两岸创意经济研究报告（2017）
著(编)者：罗昌智　林咏能
2017年10月出版 / 估价：98.00元
PSN B-2014-437-1/1

两岸文化蓝皮书
两岸文化产业合作发展报告（2017）
著(编)者：胡惠林　李保宗　2017年7月出版 / 估价：89.00元
PSN B-2012-285-1/1

媒介与女性蓝皮书
中国媒介与女性发展报告(2016~2017)
著(编)者：刘利群　2017年9月出版 / 估价：118.00元
PSN B-2013-345-1/1

媒体融合蓝皮书
中国媒体融合发展报告（2017）
著(编)者：梅宁华　宋建武　2017年7月出版 / 估价：89.00元
PSN B-2015-479-1/1

全球传媒蓝皮书
全球传媒发展报告（2017）
著(编)者：胡正荣　李继东　唐晓芬
2017年11月出版 / 估价：89.00元
PSN B-2012-237-1/1

少数民族非遗蓝皮书
中国少数民族非物质文化遗产发展报告（2017）
著(编)者：肖远平（彝）　柴立（满）
2017年8月出版 / 估价：98.00元
PSN B-2015-467-1/1

视听新媒体蓝皮书
中国视听新媒体发展报告（2017）
著(编)者：国家新闻出版广电总局发展研究中心
2017年7月出版 / 估价：98.00元
PSN B-2011-184-1/1

文化创新蓝皮书
中国文化创新报告（2017）No.7
著(编)者：于平　傅才武　2017年7月出版 / 估价：98.00元
PSN B-2009-143-1/1

文化建设蓝皮书
中国文化发展报告（2016~2017）
著(编)者：江畅　孙伟平　戴茂堂
2017年6月出版 / 估价：116.00元
PSN B-2014-392-1/1

文化科技蓝皮书
文化科技创新发展报告（2017）
著(编)者：于平　李凤亮　2017年11月出版 / 估价：89.00元
PSN B-2013-342-1/1

文化蓝皮书
中国公共文化服务发展报告（2017）
著(编)者：刘新成　张永新　张旭
2017年12月出版 / 估价：98.00元
PSN B-2007-093-2/10

文化蓝皮书
中国公共文化投入增长测评报告（2017）
著(编)者：王亚南　2017年4月出版 / 估价：89.00元
PSN B-2014-435-10/10

文化蓝皮书
中国少数民族文化发展报告（2016~2017）
著(编)者：武翠英 张晓明 任乌晶
2017年9月出版 / 估价：89.00元
PSN B-2013-369-9/10

文化蓝皮书
中国文化产业发展报告（2016~2017）
著(编)者：张晓明 王家新 章建刚
2017年2月出版 / 估价：89.00元
PSN B-2002-019-1/10

文化蓝皮书
中国文化产业供需协调检测报告（2017）
著(编)者：王亚南 2017年2月出版 / 估价：89.00元
PSN B-2013-323-8/10

文化蓝皮书
中国文化消费需求景气评价报告（2017）
著(编)者：王亚南 2017年4月出版 / 估价：89.00元
PSN B-2011-236-4/10

文化品牌蓝皮书
中国文化品牌发展报告（2017）
著(编)者：欧阳友权 2017年5月出版 / 估价：98.00元
PSN B-2012-277-1/1

文化遗产蓝皮书
中国文化遗产事业发展报告（2017）
著(编)者：苏杨 张颖岚 王宇飞
2017年8月出版 / 估价：98.00元
PSN B-2008-119-1/1

文学蓝皮书
中国文情报告（2016~2017）
著(编)者：白烨 2017年5月出版 / 估价：49.00元
PSN B-2011-221-1/1

新媒体蓝皮书
中国新媒体发展报告No.8（2017）
著(编)者：唐绪军 2017年6月出版 / 估价：89.00元
PSN B-2010-169-1/1

新媒体社会责任蓝皮书
中国新媒体社会责任研究报告（2017）
著(编)者：钟瑛 2017年11月出版 / 估价：89.00元
PSN B-2014-423-1/1

移动互联网蓝皮书
中国移动互联网发展报告（2017）
著(编)者：官建文 2017年6月出版 / 估价：89.00元
PSN B-2012-282-1/1

舆情蓝皮书
中国社会舆情与危机管理报告（2017）
著(编)者：谢耘耕 2017年9月出版 / 估价：128.00元
PSN B-2011-235-1/1

影视风控蓝皮书
中国影视舆情与风控报告 （2017）
著(编)者：司若 2017年4月出版 / 估价：138.00元
PSN B-2016-530-1/1

地方发展类

安徽经济蓝皮书
合芜蚌国家自主创新综合示范区研究报告（2016~2017）
著(编)者：王开玉 2017年11月出版 / 估价：89.00元
PSN B-2014-383-1/1

安徽蓝皮书
安徽社会发展报告（2017）
著(编)者：程桦 2017年4月出版 / 估价：89.00元
PSN B-2013-325-1/1

安徽社会建设蓝皮书
安徽社会建设分析报告（2016~2017）
著(编)者：黄家海 王开玉 蔡宪
2016年4月出版 / 估价：89.00元
PSN B-2013-322-1/1

澳门蓝皮书
澳门经济社会发展报告（2016~2017）
著(编)者：吴志良 郝雨凡 2017年6月出版 / 估价：98.00元
PSN B-2009-138-1/1

北京蓝皮书
北京公共服务发展报告（2016~2017）
著(编)者：施昌奎 2017年2月出版 / 估价：89.00元
PSN B-2008-103-7/8

北京蓝皮书
北京经济发展报告（2016~2017）
著(编)者：杨松 2017年6月出版 / 估价：89.00元
PSN B-2006-054-2/8

北京蓝皮书
北京社会发展报告（2016~2017）
著(编)者：李伟东 2017年6月出版 / 估价：89.00元
PSN B-2006-055-3/8

北京蓝皮书
北京社会治理发展报告（2016~2017）
著(编)者：殷星辰 2017年5月出版 / 估价：89.00元
PSN B-2014-391-8/8

北京蓝皮书
北京文化发展报告（2016~2017）
著(编)者：李建盛 2017年4月出版 / 估价：89.00元
PSN B-2007-082-4/8

北京律师绿皮书
北京律师发展报告No.3（2017）
著(编)者：王隽 2017年7月出版 / 估价：88.00元
PSN G-2012-301-1/1

北京旅游蓝皮书
北京旅游发展报告（2017）
著(编)者：北京旅游学会　2017年1月出版 / 估价：88.00元
PSN B-2011-217-1/1

北京人才蓝皮书
北京人才发展报告（2017）
著(编)者：于淼　2017年12月出版 / 估价：128.00元
PSN B-2011-201-1/1

北京社会心态蓝皮书
北京社会心态分析报告（2016～2017）
著(编)者：北京社会心理研究所
2017年8月出版 / 估价：89.00元
PSN B-2014-422-1/1

北京社会组织管理蓝皮书
北京社会组织发展与管理（2016～2017）
著(编)者：黄江松　2017年4月出版 / 估价：88.00元
PSN B-2015-446-1/1

北京体育蓝皮书
北京体育产业发展报告（2016～2017）
著(编)者：钟秉枢 陈杰 杨铁黎
2017年9月出版 / 估价：89.00元
PSN B-2015-475-1/1

北京养老产业蓝皮书
北京养老产业发展报告（2017）
著(编)者：周明明 冯喜良　2017年8月出版 / 估价：89.00元
PSN B-2015-465-1/1

滨海金融蓝皮书
滨海新区金融发展报告（2017）
著(编)者：王爱俭 张锐钢　2017年12月出版 / 估价：89.00元
PSN B-2014-424-1/1

城乡一体化蓝皮书
中国城乡一体化发展报告·北京卷（2016～2017）
著(编)者：张宝秀 黄序　2017年5月出版 / 估价：89.00元
PSN B-2012-258-2/2

创意城市蓝皮书
北京文化创意产业发展报告（2017）
著(编)者：张京成 王国华　2017年10月出版 / 估价：89.00元
PSN B-2012-263-1/7

创意城市蓝皮书
青岛文化创意产业发展报告（2017）
著(编)者：马达 张月妮　2017年8月出版 / 估价：89.00元
PSN B-2011-235-1/1

创意城市蓝皮书
天津文化创意产业发展报告（2016～2017）
著(编)者：谢思全　2017年6月出版 / 估价：89.00元
PSN B-2016-537-7/7

创意城市蓝皮书
无锡文化创意产业发展报告（2017）
著(编)者：谭军 张鸣年　2017年10月出版 / 估价：89.00元
PSN B-2013-346-3/7

创意城市蓝皮书
武汉文化创意产业发展报告（2017）
著(编)者：黄永林 陈汉桥　2017年9月出版 / 估价：99.00元
PSN B-2013-354-4/7

创意上海蓝皮书
上海文化创意产业发展报告（2016～2017）
著(编)者：王慧敏 王兴全　2017年8月出版 / 估价：89.00元
PSN B-2016-562-1/1

福建妇女发展蓝皮书
福建省妇女发展报告（2017）
著(编)者：刘群英　2017年11月出版 / 估价：88.00元
PSN B-2011-220-1/1

福建自贸区蓝皮书
中国（福建）自由贸易实验区发展报告（2016～2017）
著(编)者：黄茂兴　2017年4月出版 / 估价：108.00元
PSN B-2017-532-1/1

甘肃蓝皮书
甘肃经济发展分析与预测（2017）
著(编)者：朱智文 罗哲　2017年1月出版 / 估价：89.00元
PSN B-2013-312-1/6

甘肃蓝皮书
甘肃社会发展分析与预测（2017）
著(编)者：安文华 包晓霞 谢增虎
2017年1月出版 / 估价：89.00元
PSN B-2013-313-2/6

甘肃蓝皮书
甘肃文化发展分析与预测（2017）
著(编)者：安文华 周小华　2017年1月出版 / 估价：89.00元
PSN B-2013-314-3/6

甘肃蓝皮书
甘肃县域和农村发展报告（2017）
著(编)者：刘进军 柳民 王建兵
2017年1月出版 / 估价：89.00元
PSN B-2013-316-5/6

甘肃蓝皮书
甘肃舆情分析与预测（2017）
著(编)者：陈双梅 郝树声　2017年1月出版 / 估价：89.00元
PSN B-2013-315-4/6

甘肃蓝皮书
甘肃商贸流通发展报告（2017）
著(编)者：杨志武 王福生 王晓芳
2017年1月出版 / 估价：89.00元
PSN B-2016-523-6/6

广东蓝皮书
广东全面深化改革发展报告（2017）
著(编)者：周林生 涂成林　2017年12月出版 / 估价：89.00元
PSN B-2015-504-3/3

广东蓝皮书
广东社会工作发展报告（2017）
著(编)者：罗观翠　2017年6月出版 / 估价：89.00元
PSN B-2014-402-2/3

广东蓝皮书
广东省电子商务发展报告（2017）
著(编)者：程晓 邓顺国　2017年7月出版 / 估价：89.00元
PSN B-2013-360-1/3

广东社会建设蓝皮书
广东省社会建设发展报告（2017）
著(编)者：广东省社会工作委员会
2017年12月出版 / 估价：99.00元
PSN B-2014-436-1/1

广东外经贸蓝皮书
广东对外经济贸易发展研究报告（2016~2017）
著(编)者：陈万灵　2017年8月出版 / 估价：98.00元
PSN B-2012-286-1/1

广西北部湾经济区蓝皮书
广西北部湾经济区开放开发报告（2017）
著(编)者：广西北部湾经济区规划建设管理委员会办公室
　　　　　广西社会科学院广西北部湾发展研究院
2017年2月出版 / 估价：89.00元
PSN B-2010-181-1/1

巩义蓝皮书
巩义经济社会发展报告（2017）
著(编)者：丁同民　朱军　2017年4月出版 / 估价：58.00元
PSN B-2016-533-1/1

广州蓝皮书
2017年中国广州经济形势分析与预测
著(编)者：庾建设　陈浩钿　谢博能
2017年7月出版 / 估价：85.00元
PSN B-2011-185-9/14

广州蓝皮书
2017年中国广州社会形势分析与预测
著(编)者：张强　陈怡霓　杨秦　2017年6月出版 / 估价：85.00元
PSN B-2008-110-5/14

广州蓝皮书
广州城市国际化发展报告（2017）
著(编)者：朱名宏　2017年8月出版 / 估价：79.00元
PSN B-2012-246-11/14

广州蓝皮书
广州创新型城市发展报告（2017）
著(编)者：尹涛　2017年7月出版 / 估价：79.00元
PSN B-2012-247-12/14

广州蓝皮书
广州经济发展报告（2017）
著(编)者：朱名宏　2017年7月出版 / 估价：79.00元
PSN B-2005-040-1/14

广州蓝皮书
广州农村发展报告（2017）
著(编)者：朱名宏　2017年8月出版 / 估价：79.00元
PSN B-2010-167-8/14

广州蓝皮书
广州汽车产业发展报告（2017）
著(编)者：杨再高　冯兴亚　2017年7月出版 / 估价：79.00元
PSN B-2006-066-3/14

广州蓝皮书
广州青年发展报告（2016~2017）
著(编)者：徐柳　张强　2017年9月出版 / 估价：79.00元
PSN B-2013-352-13/14

广州蓝皮书
广州商贸业发展报告（2017）
著(编)者：李江涛　肖振宇　荀振英
2017年7月出版 / 估价：79.00元
PSN B-2012-245-10/14

广州蓝皮书
广州社会保障发展报告（2017）
著(编)者：蔡国萱　2017年8月出版 / 估价：79.00元
PSN B-2014-425-14/14

广州蓝皮书
广州文化创意产业发展报告（2017）
著(编)者：徐咏虹　2017年7月出版 / 估价：79.00元
PSN B-2008-111-6/14

广州蓝皮书
中国广州城市建设与管理发展报告（2017）
著(编)者：董皞　陈小钢　李江涛
2017年7月出版 / 估价：85.00元
PSN B-2007-087-4/14

广州蓝皮书
中国广州科技创新发展报告（2017）
著(编)者：邹采芯　马正勇　陈爽
2017年7月出版 / 估价：79.00元
PSN B-2006-065-2/14

广州蓝皮书
中国广州文化发展报告（2017）
著(编)者：徐俊忠　陆志强　顾涧清
2017年7月出版 / 估价：79.00元
PSN B-2009-134-7/14

贵阳蓝皮书
贵阳城市创新发展报告No.2（白云篇）
著(编)者：连玉明　2017年10月出版 / 估价：89.00元
PSN B-2015-491-3/10

贵阳蓝皮书
贵阳城市创新发展报告No.2（观山湖篇）
著(编)者：连玉明　2017年10月出版 / 估价：89.00元
PSN B-2011-235-1/1

贵阳蓝皮书
贵阳城市创新发展报告No.2（花溪篇）
著(编)者：连玉明　2017年10月出版 / 估价：89.00元
PSN B-2015-490-2/10

贵阳蓝皮书
贵阳城市创新发展报告No.2（开阳篇）
著(编)者：连玉明　2017年10月出版 / 估价：89.00元
PSN B-2015-492-4/10

贵阳蓝皮书
贵阳城市创新发展报告No.2（南明篇）
著(编)者：连玉明　2017年10月出版 / 估价：89.00元
PSN B-2015-496-8/10

贵阳蓝皮书
贵阳城市创新发展报告No.2（清镇篇）
著(编)者：连玉明　2017年10月出版 / 估价：89.00元
PSN B-2015-489-1/10

贵阳蓝皮书
贵阳城市创新发展报告No.2（乌当篇）
著(编)者：连玉明　2017年10月出版 / 估价：89.00元
PSN B-2015-495-7/10

贵阳蓝皮书
贵阳城市创新发展报告No.2（息烽篇）
著(编)者：连玉明　2017年10月出版 / 估价：89.00元
PSN B-2015-493-5/10

贵阳蓝皮书
贵阳城市创新发展报告No.2（修文篇）
著(编)者：连玉明　2017年10月出版 / 估价：89.00元
PSN B-2015-494-6/10

贵阳蓝皮书
贵阳城市创新发展报告No.2（云岩篇）
著(编)者：连玉明　2017年10月出版 / 估价：89.00元
PSN B-2015-498-10/10

贵州房地产蓝皮书
贵州房地产发展报告No.4（2017）
著(编)者：武廷方　2017年7月出版 / 估价：89.00元
PSN B-2014-426-1/1

贵州蓝皮书
贵州册亨经济社会发展报告（2017）
著(编)者：黄德林　2017年3月出版 / 估价：89.00元
PSN B-2016-526-8/9

贵州蓝皮书
贵安新区发展报告（2016~2017）
著(编)者：马长青 吴大华　2017年6月出版 / 估价：89.00元
PSN B-2015-459-4/9

贵州蓝皮书
贵州法治发展报告（2017）
著(编)者：吴大华　2017年5月出版 / 估价：89.00元
PSN B-2012-254-2/9

贵州蓝皮书
贵州国有企业社会责任发展报告（2016~2017）
著(编)者：郭丽 周航 万强
2017年12月出版 / 估价：89.00元
PSN B-2015-512-6/9

贵州蓝皮书
贵州民航业发展报告（2017）
著(编)者：申振东 吴大华　2017年10月出版 / 估价：89.00元
PSN B-2015-471-5/9

贵州蓝皮书
贵州民营经济发展报告（2017）
著(编)者：杨静 吴大华　2017年3月出版 / 估价：89.00元
PSN B-2016-531-9/9

贵州蓝皮书
贵州人才发展报告（2017）
著(编)者：于杰 吴大华　2017年9月出版 / 估价：89.00元
PSN B-2014-382-3/9

贵州蓝皮书
贵州社会发展报告（2017）
著(编)者：王兴骥　2017年6月出版 / 估价：89.00元
PSN B-2010-166-1/9

贵州蓝皮书
贵州国家级开放创新平台发展报告（2017）
著(编)者：申晓庆 吴大华 李泓
2017年6月出版 / 估价：89.00元
PSN B-2016-518-1/9

海淀蓝皮书
海淀区文化和科技融合发展报告（2017）
著(编)者：陈名杰 孟景伟　2017年5月出版 / 估价：85.00元
PSN B-2013-329-1/1

杭州都市圈蓝皮书
杭州都市圈发展报告（2017）
著(编)者：沈翔 戚建国　2017年5月出版 / 估价：128.00元
PSN B-2012-302-1/1

杭州蓝皮书
杭州妇女发展报告（2017）
著(编)者：魏颖　2017年6月出版 / 估价：89.00元
PSN B-2014-403-1/1

河北经济蓝皮书
河北省经济发展报告（2017）
著(编)者：马树强 金浩 张贵
2017年4月出版 / 估价：89.00元
PSN B-2014-380-1/1

河北蓝皮书
河北经济社会发展报告（2017）
著(编)者：郭金平　2017年1月出版 / 估价：89.00元
PSN B-2014-372-1/1

河北食品药品安全蓝皮书
河北食品药品安全研究报告（2017）
著(编)者：丁锦霞　2017年6月出版 / 估价：89.00元
PSN B-2015-473-1/1

河南经济蓝皮书
2017年河南经济形势分析与预测
著(编)者：胡五岳　2017年2月出版 / 估价：89.00元
PSN B-2007-086-1/1

河南蓝皮书
2017年河南社会形势分析与预测
著(编)者：刘道兴 牛苏林　2017年4月出版 / 估价89.00元
PSN B-2005-043-1/8

河南蓝皮书
河南城市发展报告（2017）
著(编)者：张占仓 王建国　2017年5月出版 / 估价：89.00元
PSN B-2009-131-3/8

河南蓝皮书
河南法治发展报告（2017）
著(编)者：丁同民 张林海　2017年5月出版 / 估价：89.00元
PSN B-2014-376-6/8

河南蓝皮书
河南工业发展报告（2017）
著(编)者：张占仓 丁同民　2017年5月出版 / 估价：89.00元
PSN B-2013-317-5/8

河南蓝皮书
河南金融发展报告（2017）
著(编)者：河南省社会科学院
2017年6月出版 / 估价：89.00元
PSN B-2014-390-7/8

河南蓝皮书
河南经济发展报告（2017）
著(编)者：张占仓　2017年3月出版 / 估价：89.00元
PSN B-2010-157-4/8

河南蓝皮书
河南农业农村发展报告（2017）
著(编)者：吴海峰　2017年4月出版 / 估价：89.00元
PSN B-2015-445-8/8

河南蓝皮书
河南文化发展报告（2017）
著(编)者：卫绍生　2017年3月出版 / 估价：88.00元
PSN B-2008-106-2/8

河南商务蓝皮书
河南商务发展报告（2017）
著(编)者：焦锦淼 穆荣国　2017年6月出版 / 估价：88.00元
PSN B-2014-399-1/1

黑龙江蓝皮书
黑龙江经济发展报告（2017）
著(编)者：朱宇　2017年1月出版 / 估价：89.00元
PSN B-2011-190-2/2

黑龙江蓝皮书
黑龙江社会发展报告（2017）
著(编)者：谢宝禄　2017年1月出版 / 估价：89.00元
PSN B-2011-189-1/2

湖北文化蓝皮书
湖北文化发展报告（2017）
著(编)者：吴成国　2017年10月出版 / 估价：95.00元
PSN B-2016-567-1/1

湖南城市蓝皮书
区域城市群整合
著(编)者：童中贤 韩未名
2017年12月出版 / 估价：89.00元
PSN B-2006-064-1/1

湖南蓝皮书
2017年湖南产业发展报告
著(编)者：梁志峰　2017年5月出版 / 估价：128.00元
PSN B-2011-207-2/8

湖南蓝皮书
2017年湖南电子政务发展报告
著(编)者：梁志峰　2017年5月出版 / 估价：128.00元
PSN B-2014-394-6/8

湖南蓝皮书
2017年湖南经济展望
著(编)者：梁志峰　2017年5月出版 / 估价：128.00元
PSN B-2011-206-1/8

湖南蓝皮书
2017年湖南两型社会与生态文明发展报告
著(编)者：梁志峰　2017年5月出版 / 估价：128.00元
PSN B-2011-208-3/8

湖南蓝皮书
2017年湖南社会发展报告
著(编)者：梁志峰　2017年5月出版 / 估价：128.00元
PSN B-2014-393-5/8

湖南蓝皮书
2017年湖南县域经济社会发展报告
著(编)者：梁志峰　2017年5月出版 / 估价：128.00元
PSN B-2014-395-7/8

湖南蓝皮书
湖南城乡一体化发展报告（2017）
著(编)者：陈文胜 王文强 陆福兴 邝奕轩
2017年6月出版 / 估价：89.00元
PSN B-2015-477-8/8

湖南县域绿皮书
湖南县域发展报告 No.3
著(编)者：袁准 周小毛　2017年9月出版 / 估价：89.00元
PSN G-2012-274-1/1

沪港蓝皮书
沪港发展报告（2017）
著(编)者：尤安山　2017年9月出版 / 估价：89.00元
PSN B-2013-362-1/1

吉林蓝皮书
2017年吉林经济社会形势分析与预测
著(编)者：马克　2015年12月出版 / 估价：89.00元
PSN B-2013-319-1/1

吉林省城市竞争力蓝皮书
吉林省城市竞争力报告（2017）
著(编)者：崔岳春 张磊　2017年3月出版 / 估价：89.00元
PSN B-2015-508-1/1

济源蓝皮书
济源经济社会发展报告（2017）
著(编)者：喻新安　2017年4月出版 / 估价：89.00元
PSN B-2014-387-1/1

健康城市蓝皮书
北京健康城市建设研究报告（2017）
著(编)者：王鸿春　2017年8月出版 / 估价：89.00元
PSN B-2015-460-1/2

江苏法治蓝皮书
江苏法治发展报告 No.6（2017）
著(编)者：蔡道通 龚廷泰　2017年8月出版 / 估价：98.00元
PSN B-2012-290-1/1

江西蓝皮书
江西经济社会发展报告（2017）
著(编)者：张勇 姜玮 梁勇　2017年10月出版 / 估价：89.00元
PSN B-2015-484-1/2

江西蓝皮书
江西设区市发展报告（2017）
著(编)者：姜玮 梁勇　2017年10月出版 / 估价：79.00元
PSN B-2016-517-2/2

江西文化蓝皮书
江西文化产业发展报告（2017）
著(编)者：张圣才 汪春翔
2017年10月出版 / 估价：128.00元
PSN B-2015-499-1/1

街道蓝皮书
北京街道发展报告No.2（白纸坊篇）
著(编)者：连玉明　2017年8月出版 / 估价：98.00元
PSN B-2016-544-7/15

街道蓝皮书
北京街道发展报告No.2（椿树篇）
著(编)者：连玉明　2017年8月出版 / 估价：98.00元
PSN B-2016-548-11/15

街道蓝皮书
北京街道发展报告No.2（大栅栏篇）
著(编)者：连玉明　2017年8月出版 / 估价：98.00元
PSN B-2016-552-15/15

街道蓝皮书
北京街道发展报告No.2（德胜篇）
著(编)者：连玉明　2017年8月出版 / 估价：98.00元
PSN B-2016-551-14/15

街道蓝皮书
北京街道发展报告No.2（广安门内篇）
著(编)者：连玉明　2017年8月出版 / 估价：98.00元
PSN B-2016-540-3/15

街道蓝皮书
北京街道发展报告No.2（广安门外篇）
著(编)者：连玉明　2017年8月出版 / 估价：98.00元
PSN B-2016-547-10/15

街道蓝皮书
北京街道发展报告No.2（金融街篇）
著(编)者：连玉明　2017年8月出版 / 估价：98.00元
PSN B-2016-538-1/15

街道蓝皮书
北京街道发展报告No.2（牛街篇）
著(编)者：连玉明　2017年8月出版 / 估价：98.00元
PSN B-2016-545-8/15

街道蓝皮书
北京街道发展报告No.2（什刹海篇）
著(编)者：连玉明　2017年8月出版 / 估价：98.00元
PSN B-2016-546-9/15

街道蓝皮书
北京街道发展报告No.2（陶然亭篇）
著(编)者：连玉明　2017年8月出版 / 估价：98.00元
PSN B-2016-542-5/15

街道蓝皮书
北京街道发展报告No.2（天桥篇）
著(编)者：连玉明　2017年8月出版 / 估价：98.00元
PSN B-2016-549-12/15

街道蓝皮书
北京街道发展报告No.2（西长安街篇）
著(编)者：连玉明　2017年8月出版 / 估价：98.00元
PSN B-2016-543-6/15

街道蓝皮书
北京街道发展报告No.2（新街口篇）
著(编)者：连玉明　2017年8月出版 / 估价：98.00元
PSN B-2016-541-4/15

街道蓝皮书
北京街道发展报告No.2（月坛篇）
著(编)者：连玉明　2017年8月出版 / 估价：98.00元
PSN B-2016-539-2/15

街道蓝皮书
北京街道发展报告No.2（展览路篇）
著(编)者：连玉明　2017年8月出版 / 估价：98.00元
PSN B-2016-550-13/15

经济特区蓝皮书
中国经济特区发展报告（2017）
著(编)者：陶一桃　2017年12月出版 / 估价：98.00元
PSN B-2009-139-1/1

辽宁蓝皮书
2017年辽宁经济社会形势分析与预测
著(编)者：曹晓峰 梁启东
2017年1月出版 / 估价：79.00元
PSN B-2006-053-1/1

洛阳蓝皮书
洛阳文化发展报告（2017）
著(编)者：刘福兴 陈启明　2017年7月出版 / 估价：89.00元
PSN B-2015-476-1/1

南京蓝皮书
南京文化发展报告（2017）
著(编)者：徐宁　2017年10月出版 / 估价：89.00元
PSN B-2014-439-1/1

南宁蓝皮书
南宁经济发展报告（2017）
著(编)者：胡建华　2017年9月出版 / 估价：79.00元
PSN B-2016-570-2/3

南宁蓝皮书
南宁社会发展报告（2017）
著(编)者：胡建华　2017年9月出版 / 估价：79.00元
PSN B-2016-571-3/3

内蒙古蓝皮书
内蒙古反腐倡廉建设报告 No.2
著(编)者：张志华 无极　2017年12月出版 / 估价：79.00元
PSN B-2013-365-1/1

浦东新区蓝皮书
上海浦东经济发展报告（2017）
著(编)者：沈开艳 周奇　2017年1月出版 / 估价：89.00元
PSN B-2011-225-1/1

青海蓝皮书
2017年青海经济社会形势分析与预测
著(编)者：陈玮　2015年12月出版 / 估价：79.00元
PSN B-2012-275-1/1

人口与健康蓝皮书
深圳人口与健康发展报告（2017）
著(编)者：陆杰华 罗乐宣 苏杨
2017年11月出版 / 估价：89.00元
PSN B-2011-228-1/1

山东蓝皮书
山东经济形势分析与预测（2017）
著(编)者：李广杰　2017年7月出版 / 估价：89.00元
PSN B-2014-404-1/4

山东蓝皮书
山东社会形势分析与预测（2017）
著(编)者：张华 唐洲雁　2017年6月出版 / 估价：89.00元
PSN B-2014-405-2/4

山东蓝皮书
山东文化发展报告（2017）
著(编)者：涂可国　2017年11月出版 / 估价：98.00元
PSN B-2014-406-3/4

山西蓝皮书
山西资源型经济转型发展报告（2017）
著(编)者：李志强　2017年7月出版 / 估价：89.00元
PSN B-2011-197-1/1

陕西蓝皮书
陕西经济发展报告（2017）
著(编)者：任宗哲 白宽犁 裴成荣
2015年12月出版 / 估价：89.00元
PSN B-2009-135-1/5

陕西蓝皮书
陕西社会发展报告（2017）
著(编)者：任宗哲 白宽犁 牛昉
2015年12月出版 / 估价：89.00元
PSN B-2009-136-2/5

陕西蓝皮书
陕西文化发展报告（2017）
著(编)者：任宗哲 白宽犁 王长寿
2015年12月出版 / 估价：89.00元
PSN B-2009-137-3/5

上海蓝皮书
上海传媒发展报告（2017）
著(编)者：强荧 焦雨虹　2017年1月出版 / 估价：89.00元
PSN B-2012-295-5/7

上海蓝皮书
上海法治发展报告（2017）
著(编)者：叶青　2017年6月出版 / 估价：89.00元
PSN B-2012-296-6/7

上海蓝皮书
上海经济发展报告（2017）
著(编)者：沈开艳　2017年1月出版 / 估价：89.00元
PSN B-2006-057-1/7

上海蓝皮书
上海社会发展报告（2017）
著(编)者：杨雄 周海旺　2017年1月出版 / 估价：89.00元
PSN B-2006-058-2/7

上海蓝皮书
上海文化发展报告（2017）
著(编)者：荣跃明　2017年1月出版 / 估价：89.00元
PSN B-2006-059-3/7

上海蓝皮书
上海文学发展报告（2017）
著(编)者：陈圣来　2017年6月出版 / 估价：89.00元
PSN B-2012-297-7/7

上海蓝皮书
上海资源环境发展报告（2017）
著(编)者：周冯琦 汤庆合 任文伟
2017年1月出版 / 估价：89.00元
PSN B-2006-060-4/7

社会建设蓝皮书
2017年北京社会建设分析报告
著(编)者：宋贵伦 冯虹　2017年10月出版 / 估价：89.00元
PSN B-2010-173-1/1

深圳蓝皮书
深圳法治发展报告（2017）
著(编)者：张骁儒　2017年6月出版 / 估价：89.00元
PSN B-2015-470-6/7

深圳蓝皮书
深圳经济发展报告（2017）
著(编)者：张骁儒　2017年7月出版 / 估价：89.00元
PSN B-2008-112-3/7

深圳蓝皮书
深圳劳动关系发展报告（2017）
著(编)者：汤庭芬　2017年6月出版 / 估价：89.00元
PSN B-2007-097-2/7

深圳蓝皮书
深圳社会建设与发展报告（2017）
著(编)者：张骁儒 陈东平　2017年7月出版 / 估价：89.00元
PSN B-2008-113-4/7

深圳蓝皮书
深圳文化发展报告(2017)
著(编)者：张骁儒　2017年7月出版 / 估价：89.00元
PSN B-2016-555-7/7

四川法治蓝皮书
丝绸之路经济带发展报告（2016～2017）
著(编)者：任宗哲 白宽犁 谷孟宾
2017年12月出版 / 估价：85.00元
PSN B-2014-410-1/1

四川法治蓝皮书
四川依法治省年度报告 No.3（2017）
著(编)者：李林 杨天宗 田禾
2017年3月出版 / 估价：108.00元
PSN B-2015-447-1/1

四川蓝皮书
2017年四川经济形势分析与预测
著(编)者：杨钢　2017年1月出版 / 估价：98.00元
PSN B-2007-098-2/7

四川蓝皮书
四川城镇化发展报告（2017）
著(编)者：侯水平 陈炜　2017年4月出版 / 估价：85.00元
PSN B-2015-456-7/7

四川蓝皮书
四川法治发展报告（2017）
著(编)者：郑泰安　2017年1月出版 / 估价：89.00元
PSN B-2015-441-5/7

四川蓝皮书
四川企业社会责任研究报告（2016～2017）
著(编)者：侯水平 盛毅 翟刚
2017年4月出版 / 估价：89.00元
PSN B-2014-386-4/7

四川蓝皮书
四川社会发展报告（2017）
著(编)者：李羚　2017年5月出版 / 估价：89.00元
PSN B-2008-127-3/7

四川蓝皮书
四川生态建设报告（2017）
著(编)者：李晟之　2017年4月出版 / 估价：85.00元
PSN B-2015-455-6/7

四川蓝皮书
四川文化产业发展报告（2017）
著(编)者：向宝云 张立伟
2017年4月出版 / 估价：89.00元
PSN B-2006-074-1/7

体育蓝皮书
上海体育产业发展报告（2016～2017）
著(编)者：张林 黄海燕
2017年10月出版 / 估价：89.00元
PSN B-2015-454-4/4

体育蓝皮书
长三角地区体育产业发展报告（2016～2017）
著(编)者：张林　2017年4月出版 / 估价：89.00元
PSN B-2015-453-3/4

天津金融蓝皮书
天津金融发展报告（2017）
著(编)者：王爱俭 孔德昌
2017年12月出版 / 估价：98.00元
PSN B-2014-418-1/1

图们江区域合作蓝皮书
图们江区域合作发展报告（2017）
著(编)者：李铁　2017年6月出版 / 估价：98.00元
PSN B-2015-464-1/1

温州蓝皮书
2017年温州经济社会形势分析与预测
著(编)者：潘忠强 王春光 金浩
2017年4月出版 / 估价：89.00元
PSN B-2008-105-1/1

西咸新区蓝皮书
西咸新区发展报告（2016~2017）
著(编)者：李扬 王军　2017年6月出版 / 估价：89.00元
PSN B-2016-535-1/1

扬州蓝皮书
扬州经济社会发展报告（2017）
著(编)者：丁纯　2017年12月出版 / 估价：98.00元
PSN B-2011-191-1/1

长株潭城市群蓝皮书
长株潭城市群发展报告（2017）
著(编)者：张萍　2017年12月出版 / 估价：89.00元
PSN B-2008-109-1/1

中医文化蓝皮书
北京中医文化传播发展报告（2017）
著(编)者：毛嘉陵　2017年5月出版 / 估价：79.00元
PSN B-2015-468-1/2

珠三角流通蓝皮书
珠三角商圈发展研究报告（2017）
著(编)者：王先庆 林至颖
2017年7月出版 / 估价：98.00元
PSN B-2012-292-1/1

遵义蓝皮书
遵义发展报告（2017）
著(编)者：曾征 龚永育 雍思强
2017年12月出版 / 估价：89.00元
PSN B-2014-433-1/1

国际问题类

"一带一路"跨境通道蓝皮书
"一带一路"跨境通道建设研究报告（2017）
著(编)者：郭业洲　2017年8月出版 / 估价：89.00元
PSN B-2016-558-1/1

"一带一路"蓝皮书
"一带一路"建设发展报告（2017）
著(编)者：孔丹 李永全　2017年7月出版 / 估价：89.00元
PSN B-2015-553-1/1

阿拉伯黄皮书
阿拉伯发展报告（2016～2017）
著(编)者：罗林　2017年11月出版 / 估价：89.00元
PSN Y-2014-381-1/1

北部湾蓝皮书
泛北部湾合作发展报告（2017）
著(编)者：吕余生　2017年12月出版 / 估价：85.00元
PSN B-2008-114-1/1

大湄公河次区域蓝皮书
大湄公河次区域合作发展报告（2017）
著(编)者：刘稚　2017年8月出版 / 估价：89.00元
PSN B-2011-196-1/1

大洋洲蓝皮书
大洋洲发展报告（2017）
著(编)者：喻常森　2017年10月出版 / 估价：89.00元
PSN B-2013-341-1/1

德国蓝皮书
德国发展报告（2017）
著(编)者：郑春荣　2017年6月出版 / 估价：89.00元
PSN B-2012-278-1/1

东盟黄皮书
东盟发展报告（2017）
著(编)者：杨晓强 庄国土
2017年3月出版 / 估价：89.00元
PSN Y-2012-303-1/1

东南亚蓝皮书
东南亚地区发展报告（2016～2017）
著(编)者：厦门大学东南亚研究中心 王勤
2017年12月出版 / 估价：89.00元
PSN B-2012-240-1/1

俄罗斯黄皮书
俄罗斯发展报告（2017）
著(编)者：李永全　2017年7月出版 / 估价：89.00元
PSN Y-2006-061-1/1

非洲黄皮书
非洲发展报告 No.19（2016～2017）
著(编)者：张宏明　2017年8月出版 / 估价：89.00元
PSN Y-2012-239-1/1

公共外交蓝皮书
中国公共外交发展报告（2017）
著(编)者：赵启正 雷蔚真
2017年4月出版 / 估价：89.00元
PSN B-2015-457-1/1

国际安全蓝皮书
中国国际安全研究报告(2017)
著(编)者：刘慧　2017年7月出版 / 估价：98.00元
PSN B-2016-522-1/1

国际形势黄皮书
全球政治与安全报告（2017）
著(编)者：李慎明 张宇燕
2016年12月出版 / 估价：89.00元
PSN Y-2001-016-1/1

韩国蓝皮书
韩国发展报告（2017）
著(编)者：牛林杰 刘宝全
2017年11月出版 / 估价：89.00元
PSN B-2010-155-1/1

加拿大蓝皮书
加拿大发展报告（2017）
著(编)者：仲伟合　2017年9月出版 / 估价：89.00元
PSN B-2014-389-1/1

拉美黄皮书
拉丁美洲和加勒比发展报告（2016～2017）
著(编)者：吴白乙　2017年6月出版 / 估价：89.00元
PSN Y-1999-007-1/1

美国蓝皮书
美国研究报告（2017）
著(编)者：郑秉文 黄平　2017年6月出版 / 估价：89.00元
PSN B-2011-210-1/1

缅甸蓝皮书
缅甸国情报告（2017）
著(编)者：李晨阳　2017年12月出版 / 估价：86.00元
PSN B-2013-343-1/1

欧洲蓝皮书
欧洲发展报告（2016～2017）
著(编)者：黄平 周弘 江时学
2017年6月出版 / 估价：89.00元
PSN B-1999-009-1/1

葡语国家蓝皮书
葡语国家发展报告（2017）
著(编)者：王成安 张敏　2017年12月出版 / 估价：89.00元
PSN B-2015-503-1/2

葡语国家蓝皮书
中国与葡语国家关系发展报告·巴西（2017）
著(编)者：张曙光　2017年8月出版 / 估价：89.00元
PSN B-2016-564-2/2

日本经济蓝皮书
日本经济与中日经贸关系研究报告（2017）
著(编)者：张季风　2017年5月出版 / 估价：89.00元
PSN B-2008-102-1/1

日本蓝皮书
日本研究报告（2017）
著(编)者：杨柏江　2017年5月出版 / 估价：89.00元
PSN B-2002-020-1/1

上海合作组织黄皮书
上海合作组织发展报告（2017）
著(编)者：李进峰 吴宏伟 李少捷
2017年6月出版 / 估价：89.00元
PSN Y-2009-130-1/1

世界创新竞争力黄皮书
世界创新竞争力发展报告（2017）
著(编)者：李闽榕 李建平 赵新力
2017年1月出版 / 估价：148.00元
PSN Y-2013-318-1/1

泰国蓝皮书
泰国研究报告（2017）
著(编)者：庄国土 张禹东
2017年8月出版 / 估价：118.00元
PSN B-2016-557-1/1

土耳其蓝皮书
土耳其发展报告（2017）
著(编)者：郭长刚 刘义　2017年9月出版 / 估价：89.00元
PSN B-2014-412-1/1

亚太蓝皮书
亚太地区发展报告（2017）
著(编)者：李向阳　2017年3月出版 / 估价：89.00元
PSN B-2001-015-1/1

印度蓝皮书
印度国情报告（2017）
著(编)者：吕昭义　2017年12月出版 / 估价：89.00元
PSN B-2012-241-1/1

印度洋地区蓝皮书
印度洋地区发展报告（2017）
著(编)者：汪戎　　2017年6月出版 / 估价：89.00元
PSN B-2013-334-1/1

英国蓝皮书
英国发展报告（2016~2017）
著(编)者：王展鹏　　2017年11月出版 / 估价：89.00元
PSN B-2015-486-1/1

越南蓝皮书
越南国情报告（2017）
著(编)者：广西社会科学院 罗梅 李碧华
2017年12月出版 / 估价：89.00元
PSN B-2006-056-1/1

以色列蓝皮书
以色列发展报告（2017）
著(编)者：张倩红　　2017年8月出版 / 估价：89.00元
PSN B-2015-483-1/1

伊朗蓝皮书
伊朗发展报告（2017）
著(编)者：冀开远　　2017年10月出版 / 估价：89.00元
PSN B-2016-575-1/1

中东黄皮书
中东发展报告 No.19（2016~2017）
著(编)者：杨光　　2017年10月出版 / 估价：89.00元
PSN Y-1998-004-1/1

中亚黄皮书
中亚国家发展报告（2017）
著(编)者：孙力 吴宏伟　　2017年7月出版 / 估价：98.00元
PSN Y-2012-238-1/1

　　皮书序列号是社会科学文献出版社专门为识别皮书、管理皮书而设计的编号。皮书序列号是出版皮书的许可证号，是区别皮书与其他图书的重要标志。

　　它由一个前缀和四部分构成。这四部分之间用连字符"-"连接。前缀和这四部分之间空半个汉字（见示例）。

《国际人才蓝皮书：中国留学发展报告》序列号示例

　　从示例中可以看出，《国际人才蓝皮书：中国留学发展报告》的首次出版年份是2012年，是社科文献出版社出版的第244个皮书品种，是"国际人才蓝皮书"系列的第2个品种（共4个品种）。

✤ 皮书起源 ✤

"皮书"起源于十七、十八世纪的英国,主要指官方或社会组织正式发表的重要文件或报告,多以"白皮书"命名。在中国,"皮书"这一概念被社会广泛接受,并被成功运作、发展成为一种全新的出版形态,则源于中国社会科学院社会科学文献出版社。

✤ 皮书定义 ✤

皮书是对中国与世界发展状况和热点问题进行年度监测,以专业的角度、专家的视野和实证研究方法,针对某一领域或区域现状与发展态势展开分析和预测,具备原创性、实证性、专业性、连续性、前沿性、时效性等特点的公开出版物,由一系列权威研究报告组成。

✤ 皮书作者 ✤

皮书系列的作者以中国社会科学院、著名高校、地方社会科学院的研究人员为主,多为国内一流研究机构的权威专家学者,他们的看法和观点代表了学界对中国与世界的现实和未来最高水平的解读与分析。

✤ 皮书荣誉 ✤

皮书系列已成为社会科学文献出版社的著名图书品牌和中国社会科学院的知名学术品牌。2016 年,皮书系列正式列入"十三五"国家重点出版规划项目;2012~2016 年,重点皮书列入中国社会科学院承担的国家哲学社会科学创新工程项目;2017 年,55 种院外皮书使用"中国社会科学院创新工程学术出版项目"标识。

中国皮书网

www.pishu.cn

发布皮书研创资讯，传播皮书精彩内容
引领皮书出版潮流，打造皮书服务平台

栏目设置

关于皮书：何谓皮书、皮书分类、皮书大事记、皮书荣誉、
　　　　　皮书出版第一人、皮书编辑部

最新资讯：通知公告、新闻动态、媒体聚焦、网站专题、视频直播、下载专区

皮书研创：皮书规范、皮书选题、皮书出版、皮书研究、研创团队

皮书评奖评价：指标体系、皮书评价、皮书评奖

互动专区：皮书说、皮书智库、皮书微博、数据库微博

所获荣誉

2008 年、2011 年，中国皮书网均在全
国新闻出版业网站荣誉评选中获得"最具商
业价值网站"称号；

2012 年,获得"出版业网站百强"称号。

网库合一

2014 年，中国皮书网与皮书数据库端
口合一，实现资源共享。更多详情请登录
www.pishu.cn。

权威报告·热点资讯·特色资源

皮书数据库
ANNUAL REPORT(YEARBOOK)
DATABASE

当代中国与世界发展高端智库平台

所获荣誉

- 2016年，入选"国家'十三五'电子出版物出版规划骨干工程"
- 2015年，荣获"搜索中国正能量 点赞2015""创新中国科技创新奖"
- 2013年，荣获"中国出版政府奖·网络出版物奖"提名奖
- 连续多年荣获中国数字出版博览会"数字出版·优秀品牌"奖

成为会员

通过网址www.pishu.com.cn或使用手机扫描二维码进入皮书数据库网站，进行手机号码验证或邮箱验证即可成为皮书数据库会员（建议通过手机号码快速验证注册）。

会员福利

- 使用手机号码首次注册会员可直接获得100元体验金，不需充值即可购买和查看数据库内容（仅限使用手机号码快速注册）。
- 已注册用户购书后可免费获赠100元皮书数据库充值卡。刮开充值卡涂层获取充值密码，登录并进入"会员中心"—"在线充值"—"充值卡充值"，充值成功后即可购买和查看数据库内容。

数据库服务热线：400-008-6695
数据库服务QQ：2475522410
数据库服务邮箱：database@ssap.cn

图书销售热线：010-59367070/7028
图书服务QQ：1265056568
图书服务邮箱：duzhe@ssap.cn

表1　物联网涉及领域的应用项目

领域	项目
交通领域应用	汕头路桥电子收费管理
	智能停车场管理系统
	ZigBee 路灯控制系统
	京津城际铁路快通卡项目
制造领域应用	物联网在汽车制造领域的应用
	物联网在制药领域的应用
	物联网在家电制造领域的应用(海尔)
物流和零售领域应用	物联网在物流领域的应用(智能物流)
	物联网在零售领域的应用(智能店面)
	物联网在仓储中的应用(智慧仓储)
	香港国际机场行李管理
防伪安全领域应用	物联网技术在五粮液酒防伪中的应用
	物联网在食品安全中的应用(追溯系统)
医疗领域应用	病人身份匹配和监护管理系统
	基于物联网技术的血液管理系统
	医疗物联网和"简约的数字医疗"
其他领域应用	军事领域(物品管理、车辆追查、人员管理等)

资料来源：公开资料整理。

（一）产业规模

2016 年全球物联网市场规模继续稳步扩大，产业体系更加完善，2015年全球物联网市场规模达到 624 亿美元，预计 2016 年将达到 700 亿美元，比上年增长 12%。物联网进入了高速发展阶段，物联网设备与服务集成商、电信运营商、互联网企业、IT 企业、平台企业等依托传统优势，竞相布局物联网系统或平台，集聚优势资源提供系统化、综合性的物联网解决方案，打造开源生态圈。物联网市场竞争已从产品竞争转向平台竞争、生态圈竞争，市场格局由碎片化走向聚合。

随着物联网市场规模不断地扩大，物联网相关产品和设备的数量激增。2015 年，物联网相关产品和设备数量达到 49 亿个，2016 年预计还将增长

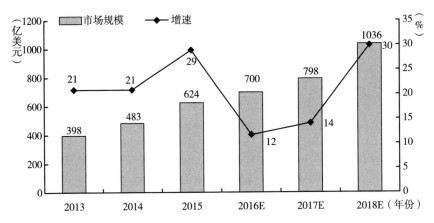

图2　2013～2018年全球物联网市场规模及增速

资料来源：公开资料整理。

30%。预计到2018年，物联网设备数量将超过PC、平板电脑与智能手机存量的总和。预计到2020年，全球所有物联网设备数量将达到200亿个以上。根据相关测算，2020年人均连接设备数将从当前的1.7个上升到4.5个，主要增加的物联网相关产品和设备为消费型可穿戴设备，如智能开关、医疗健康设备等。

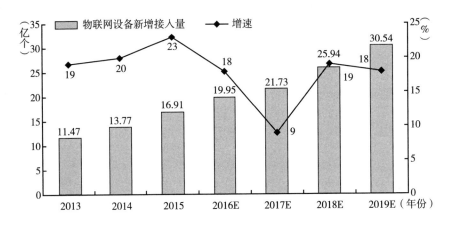

图3　2013～2019年全球物联网设备新增接入量

资料来源：公开资料整理。

目前，我国将物联网产业作为国家重点发展的战略性新兴产业之一，"十三五"规划中明确指出，要积极推进云计算和物联网发展，推进物联网感知设施规划布局，发展物联网开环应用。随着物联网应用示范项目的大力开展，"互联网＋""中国制造 2025"等国家战略的推进，以及云计算、大数据等技术和市场的驱动，我国物联网市场规模将持续扩大。

根据相关数据，2016 年我国物联网产业规模预计达到 9300 亿元，比 2015 年物联网产业规模 7500 亿元增长 24.0%。物联网作为通信行业新兴应用，在万物互联的大趋势下，市场规模将进一步扩大。中国物联网研究发展中心预计，到 2020 年，物联网产业规模将接近 2 万亿元，未来五年复合增速达到 15%。

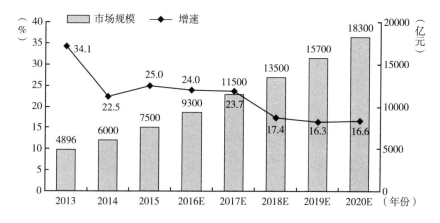

图 4　2011～2020 年中国物联网整体规模及增长预测

资料来源：根据公开资料整理。

2015 年，我国 M2M 连接数突破 7300 万，同比增长 46%。RFID 产业规模超过 300 亿元，传感器市场规模接近 1000 亿元，我国物联网产业基本形成了完整的产业链。我国在 M2M 服务、中高频 RFID、二维码等产业环节具有一定优势，但产业优势主要集中在中低端硬件领域，在基础芯片设计、高端传感器制造、智能信息处理等产业环节较为薄弱，物联网大数据处理和公共平台服务处于起步阶段，物联网相关的终端制造、应用服务、平台运营管理仍在成长培育阶段。

（二）区域布局

1. 全球布局

在国家层面，物联网产业的发展受到高度重视，各国政府积极布局物联网产业，建立相关物联网产业联盟和产业生态体系。目前，国际物联网产业的生态布局已经全面展开，物联网产业链已初步建立，信息技术发展已从互联网、移动互联网延伸到物联网，物联网引领的新型信息化与传统领域走向深度融合。

在设备制造商层面，各国芯片巨头、设备制造商等依靠核心技术能力，积极进行物联网生态布局，抢占行业发展先机。巨头通过构建产业联盟以稳固物联网产业生态，构建竞争优势，其中工业、车联网、智能家居等领域成为布局热点。

在运营商层面，国际运营商围绕新连接、新设备和新平台三大领域开展物联网布局。在新连接领域，运营商积极探索新网络布局，发展窄带物联网技术，推动多网络协同。在新设备领域，运营商尝试多种发展模式。在新平台领域，运营商搭建物联网产业生态系统，平台层不仅是产业链价值最大的一层，也是数据的集散中心，更是商业模式创新的集中区域。

2. 国内布局

在物联网相关产业政策的推动下，我国物联网产业在技术标准研究、应用示范和推进、产业培育和发展等领域取得了极大的进步。随着物联网应用示范项目的大力开展、国家战略的推进，以及云计算、大数据等技术和市场的驱动，我国物联网市场的需求不断被激发，物联网产业呈现蓬勃生机。

此外，各地方政府也积极营造物联网产业发展环境，以土地优惠、税收优惠、人才优待、专项资金扶持等多种政策措施推动产业发展，并建立了一系列产业联盟和研究中心。

从企业数量来看，我国物联网及相关企业超过 3 万家，中小企业占比超过 85%。从事传感器的研制、生产和应用的企业有 2000 多家，从事微系统研制、生产的企业有 50 多家，产品种类共计 6000 多种，年产总量 40 多亿只。但我国传感器小型企业占比超过七成，产品以低端为主。高端产品进口占比较大，其中传感器约占60%，传感器芯片约占80%，MEMS芯片基本100%进口。

表2　国内各地区物联网产业优势行业概览

发展重点	地区
芯片制造	江苏、上海、北京、四川、重庆、广东
传感器设备	上海、北京、广东、福建、湖北
标签成品	北京、广东、福建、湖北
读写器制造	江苏、北京、广东、福建
系统集成	北京、江苏、广东、四川、浙江
网络提供与运营服务	北京、上海、广东、江苏、山东
应用示范	北京、上海、广东、江苏、福建、重庆、湖北、山东

资料来源：根据网上公开资料整理。

图5　国内物联网布局

从空间分布来看，我国围绕北京、上海、无锡、杭州、广东、深圳、武汉、重庆八大城市建立产业联盟和研发中心，已初步形成环渤海、长三角、珠三角、中西部四大区域产业集聚区。各区域产业集聚各有特色，物联网应用发展各有侧重，产业领域和公共服务保持协调发展。

（三）企业动态

物联网产业的发展需要通过行业间的协同合作、共同标准的开发，以及深入应用端的多方跨界解决方案的融合，就智能制造而言，需要把物联网的设备层、控制层、信息层、企业管理层、云端五个层面的纵广深度串联，把各个垂直领域的行业应用做深。开发物联网项目是一个巨大的工程，单独开发一套综合的物联网系统非常困难，因此需要各类型企业加速融合，针对各垂直领域不断加深行业应用，由点串线覆盖面，不断培育新的经济增长点，增强可持续发展能力和可持续竞争力（见表3）。

表3　2016年物联网产业行业合作情况

公司	合 作 内 容
西门子和微软	西门子将与微软在物联网领域展开合作，将其主要用于对工业设备收集的大数据进行分析的平台提供给微软的云服务。西门子借此提高客户企业的便利性，以促进自身服务的优化，有助于提高生产效率的软件等的利用
SAP和GE	SAP和通用电气数字部门将在工业物联网领域展开合作，实现通用电气Predix操作系统与SAP HANA云平台更紧密的集成。合作初期重点在双方共同的石油天然气客户，并将共同制定标准并构建参考架构
霍尼韦尔和福斯	霍尼韦尔与福斯公司将携手为用户提供工业物联网解决方案，帮助实现更加安全、高效及可靠的运营。这项合作将成为霍尼韦尔INspireTM项目的一部分。该项目是霍尼韦尔为其工业物联网生态系统发起的联合客户开发项目
发那科和思科、罗克韦尔自动化	发那科和思科、罗克韦尔自动化共同为FIELD system进行合作，实现工厂中设备的智能互联，推动智能制造的发展。FIELD system能实现自动化系统中的机床、机器人、周边设备及传感器的连接并可提供先进的数据分析，提高生产过程中的生产质量、效率、灵活度以及设备的可靠性
ABB和微软	ABB宣布与微软结为战略合作伙伴深入合作，双方携手在整合的云平台基础上开发下一代数字化解决方案。双方将携手把ABB机器人、船舶和电动汽车等业务领域的客户数字化成功经验拓展到其他客户行业

公司	合 作 内 容
GE 和华为	华为与 GE 建立战略合作伙伴关系,共同加速工业物联网创新应用的开发,支持工业客户的数字化转型,双方将基于 GE 创新的 Predix 工业物联网应用平台以及华为领先的物联网网关、网络控制器、连接管理平台、大数据计算平台等信息通信技术及基础架构进行联合创新,携手开发、推广和交付新型工业数字化和自动化解决方案,并进一步加速基于云化的工业数字化应用的部署及推广

资料来源:根据网上公开资料整理。

  2016 年,物联网上游的芯片厂商在积极整合,下游的终端厂商也开始"抱团取暖",从上游的芯片供应到下游的智能硬件生产,整个行业都在进行着一场广泛的整合(见表 4)。在这样的整合之下,将推动物联网行业进入快速的发展期,更多的智能硬件将进入人们的日常生活,最终让"万物互联"成为现实。

表4　2016 年物联网产业行业并购情况

行业并购	具体内容
索尼与牵牛星半导体	日本索尼集团宣布以 2.12 亿美元收购以色列通信半导体供应商牵牛星半导体。此次"联姻",索尼可借机进入物联网等新市场,以色列可通过技术输出成为日本极少数大型跨国集团的一部分
微芯与 Atmel	美国芯片制造商微芯宣布以 35.6 亿美元的价格收购同行 Atmel。两家厂商的主营业务都是 MCU 微控制芯片,由于 MCU 和物联网硬件领域息息相关,这种影响很可能会触及物联网
思科与 Jasper	美国网络解决方案供应商思科宣布将以 14 亿美元的现金价格收购物联网初创公司 Jasper。Jasper 不仅为思科提供了极具关联性的客户群,还有高度发展的物联网平台,这大大丰富了思科集团在物联网产业的布局
Qorvo 与 GreenPeak	射频产品半导体厂商 Qorvo 宣布就收购同行 GreenPeak 达成最终协议。这次收购巩固了 Qorvo 在无线射频领域的领导地位,扩展其产品布局,为公司在智能家居、物联网等领域的快速发展提供了强有力的支持
Cypress 与 Broadcom	半导体公司 Cypress 宣布以 5.5 亿美金收购 Broadcom 的物联网部门,其中主要包括 WiFi、蓝牙和 ZigBee 等和物联网密切相关的产品线。收购后,Cypress 的无线通信实力大大增强

续表

行业并购	具体内容
Infineon（英飞凌）与 Wolfspeed 功率和射频业务部	德国芯片厂商 Infineon 宣布以 8.5 亿美元的现金收购 Wolfspeed 功率和射频业务部门。基于化合物半导体技术的功率管理解决方案具备多重优势，能够让 Infineon 的客户开发出能效更高、面积更小、成本更低的系统，同时在 5G 和新能源汽车等高新技术领域也广泛地需要化合物半导体技术
Softbank（软银）与 ARM	软银宣布以 322 亿美元收购英国芯片设计公司 ARM，这次调整可谓"双赢"，ARM 虽在智能手机的芯片架构设计上占有"霸主"地位，但由于全球智能手机增速放缓、新业务拓展乏善可陈，增长潜力有待观望，而软银的出现为其添了一笔新生机，软银公司本身目标是成为各种设备和服务间的黏合剂
Qualcomm（高通）与 NXP（恩智浦）	高通宣布以 470 亿美元的价格收购全球最大的车载芯片商 NXP，高通收购 NXP 的主要目的是弥补其在物联网、汽车电子等领域的技术短板。NXP 虽在市值上相差许多，但在汽车电子等方面几乎处于统治地位，特别是在物联网、自动驾驶等新兴领域，得到 NXP 的支持，高通想在物联网和自动驾驶领域有所建树

资料来源：根据网上公开资料整理。

二 产业技术进展

（一）国外技术进展

近年来，欧盟、美国、日本、韩国等在物联网产业技术领域开展了大量的研究工作，在推进开放的物联网发展体系架构研究和平台产品研发等方面已经取得了一定进展。这些技术研究的重心由早期的行业物联网应用逐渐向物联网顶层架构转移，提出了多种不同形式的体系架构，旨在指导物联网系统设计，实现统一的数据采集、处理和服务。其中较具代表性的有美国麻省理工学院 Auto-ID 实验室提出的网络化自动标识系统体系结构 Networked Auto-ID、日本 uID 中心提出的基于 uID 的物联网体系结构、韩国电子与通信技术研究所提出的泛在传感器网络体系结构 USN、美国弗吉尼亚大学提出的 Physical-net、欧洲电信标准组织提出的 M2M 架构，欧盟 FP7 计划提出的 IOT-A、SENSEI，美国自然基金委提出的 CPS，以及法国巴黎第六大学提出的自主体系结构 AOA 等。不同模式在不同的应用场合各有优势。

在平台产品研发方面，国外相关公司已经研发出针对传感器、智能设备的物联网平台，如 Xively、Arrayent、Yeelink 及 Thingspeak 等，它们多数定位于开放的通用物联网平台和云平台，试图解决设备接入、数据存储和展现等问题。总体来说，这些物联网平台都用到了云计算技术，规定统一的数据格式和接入方式；都集成了第三方应用，并与其交互数据；云平台公司大多采取软硬件结合的策略，同时允许第三方硬件接入平台。

（二）国内技术进展

我国的物联网发展既具备了一些国际物联网发展的共性特征，也呈现一些鲜明的中国特色和阶段特点。我国物联网各层面技术成熟度不同，传感器技术是攻关重点，消费电子、移动终端、汽车电子、机器人、生物医疗等物联网领域应用创新对传感器提出了更高的要求，这也是物联网建设的底层基石。我国传感器产业布局基本形成，不仅拥有了基本齐全的产品门类，设计、研发和应用水平也得到了一定的提高，已经形成较为完整的产业体系，部分细分领域已跻身世界领先水平，但整体的技术档次偏低，尤其是智能化、小型化传感器的技术难题尚未攻克。传感器自主研发滞后，不仅导致物联网系统成本高昂，阻碍物联网应用推广，更重要的是其潜在的安全隐患。在物联网各项技术中，传感器技术是物联网的基础和核心，同时也是制约我国物联网发展的最大瓶颈。

目前，国内物联网产业借鉴移动互联网的技术、模式和渠道，开始从行业领域向民生领域渗透，基于移动智能终端的融合应用正在不断涌现。例如，智慧城市信息化系统开放城市管理数据和能力，通过移动智能终端向用户提供公共缴费、气象预警、交通引导等便民服务。目前，应用程序商店中已出现众多智慧城市、智能医疗、环境监测、智能交通等物联网应用。智能家居和移动互联网的逐步融合，将推动智能家居行业形成"硬件＋软件＋数据服务"的平台化运营模式。从垂直到水平、从封闭到开放、从私有到标准化，借鉴移动互联网的成功经验，物联网应用将实现规模化发展。

近年来，我国物联网技术呈现良好发展态势，但是目前物联网仍处于发展的积累阶段，还有很大的发展潜力。开放式发展是推动物联网技术进一步发展的催化剂，是物联网的发展趋势，而物联网与移动互联网两大产业通过相互的技术借鉴、模式学习和资源利用，将在终端、网络、平台等各个层面进行多种形式的融合，对整个社会生产、生活产生巨大影响。市场需求、成本、标准化、技术成熟度、商业模式是影响物联网应用规模化推广的主要因素，M2M和车联网市场内生动力强大，相关技术标准日趋成熟，全面推广的各方面条件基本具备，将成为物联网应用的率先突破方向。

表5   物联网技术发展方向

构架	感知层	传输层	应用层
实现方式	感知和识别物体，获取信息	传递和处理信息，连接感知层与应用层	将物联网技术与行业需求相结合，实现广泛智能化应用解决方案
发展方式	RFID标签和读写器、摄像头、GPS、M2M终端、二维码等	光纤通信、WiFi、蓝牙、WLAN、2G/3G/4G、LPWAN、LTE-M等	中间件技术、大数据、云计算等
突破方向	更精确和全面的感知功能，解决低功耗、小型化、低层本的问题	扩展规模，实现泛在，简化结构，统一标准	信息技术与行业深度融合，信息安全保障，商业模式开放

资料来源：根据网上公开资料整理。

三 产业发展问题及对策建议

（一）存在的问题

近几年，我国物联网产业发展较快，在物联网部分关键技术研发、物联网产业标准制定、物联网产业培育和具体行业应用等方面已取得一定的成果，但仍然面临几个关键问题，如一些物联网产业相关设备的核心技术需要突破、物联网产业没有形成有效的产业链等。

第一，物联网关键技术及设备水平需进一步提高。目前我国物联网在芯片、云计算等多个技术领域已取得众多成果，但相关的核心技术仍与发达国家有差距。传感技术作为物联网技术的核心，是最基础应用层获取和处理信息的关键，传感器作为感知识别层的重要元器件，是物联网建立的重要前提。但目前我国传感技术及传感器等相关设备发展滞后，核心传感元器件受制于人，这已成为我国物联网发展的主要障碍。美国、日本、德国等少数发达国家占据了全球传感器市场70%以上的份额，我国传感器产业在国家政策支持下，已形成从技术研发、设计、生产到应用的完整产业体系，中低档产品基本满足市场需求，但从行业产品结构看，老产品比例较高，新产品明显不足，其中高新技术类产品更少，同时，数字化、智能化、微型化产品严重欠缺。未来物联网产业的发展，更需要关键技术和设备的进步。

第二，物联网产业没有形成有效的产业链。物联网产业覆盖面较广，涉及家庭生活、生产物流、医疗卫生公共安全及交通等多个领域，每个领域都有巨大的发展空间，推动产业的发展就需要建立完善的产业链，从而形成联动的上下游企业关系。物联网产业链包含芯片提供商、传感器供应商、无线模组厂商、网络运营商、平台服务商、系统及软件开发商、智能硬件厂商、系统集成及应用服务提供商八大环节，随着社会发展对物联网需求的增加，产业链也会不断延伸和发展，更需要产业链各个环节相互配合，加强信息、技术的交流学习，通过产业链的联动作用更能带动整个产业的发展。

第三，物联网产业需要寻找内生发展动力。目前，我国的物联网基础设施主要是由政府投入实施建设的，所取得的大部分成效主要是在政府的推动下，而真正在物联网商业领域的发展成果较少。物联网初始阶段需要巨额的资金投入，在公共领域方面主要依靠国家专项资金的投入和引导，但在商业领域中，物联网属于高新技术产业，不确定因素较多，更需要企业在市场的竞争中发展，从而推动物联网整个产业的发展。虽然物联网产业集群整体发展势头良好，但其服务能力较弱，其应用水平仍处在较低位置。在国内物联网产业的商业领域中，政府要逐步以引导产业发展为主，让市场决定产业的发展，以物联网产业的内生动力推进产业进步。

（二）发展思路及对策建议

目前，我国物联网产业仍处于发展的初级阶段，政府需加强引导来提升物联网关键技术和设备产品等薄弱环节，及时制定出符合物联网产业发展趋势的相关政策，以应对各国物联网产业之间激烈的竞争。在已出台的中国物联网产业政策的基础上，针对国际物联网产业发展趋势，从以下方面加强对物联网产业的支持，推动物联网产业全面发展。

首先，多层次推动物联网产业关键技术和设备产品的发展。物联网属于新兴技术产业，一些关键技术和设备产品都不够成熟，需要着重支持物联网核心技术和设备的研发，突破物体接入、物体管理和物体交互等物联网共性关键技术，充分发挥共性水平技术在推动物联网大规模发展方面的作用。研发通用的软硬件设备产品，构建物联网运行支撑环境，打造便捷易用、安全可靠的物联网水平共性支撑平台。突破多种核心关键技术，打造全新的物联网运行支撑环境，构建新型的运营、应用和商业模式，需要加大创新投入，通过产学研联合，增强企业技术中心、高等院校、科研院所的科技创新能力。

其次，多领域推进物联网产业形成稳定的商业模式。物联网产业覆盖面较广，涉及家庭生活、生产物流、医疗卫生公共安全及交通等多个领域，每个领域都蕴含着巨大的发展空间，而目前我国物联网产业的经济效益主要体现在传感器设备及 RFID 技术方面，在车联网、可穿戴设备等多个领域的经济效益还需要经过一段时间的发展才能体现。物联网产业形成稳定的商业模式对其产业的发展极其关键，通过稳定的商业模式带来的经济效益促使物联网产业稳定发展，进而从稳定的商业模式逐渐发展为稳定的商业生态，最终带动整个产业的发展。

最后，政府加强物联网产业顶层设计及相关标准制定。我国物联网产业发展总体来看仍处于初级阶段，产业基础不够扎实，与发达国家相比仍有一定差距，因此需要政府加强物联网产业顶层设计，进行总体规划，打通物联网行业系统，实现应用系统间的互联互通，及时制定出符合我国物联网产业发展特征的政策。加快跨行业、跨领域的物联网标准的制定，包括物联网系统结构等总体标准，物联网标识解析、信息安全、网络管理等基础共性标准，以及行业应用标准。

参考文献

中国电子技术标准化研究院、国家物联网基础标准工作组：《2016 物联网标准化白皮书》，2016。

朱德成、刘佩云、郑秋辰：《全面解析国内外物联网体系架构》，《中国电子科学研究院学报》2016 年第 3 期。

《2016 年物联网发展机遇分析》，东兴证券，2016 年 5 月 12 日。

《2016 年中国物联网行业市场规模及发展趋势分析》，中国产业信息网，2016 年 5 月 17 日。

《2016 年物联网行业现状分析及趋势预测》，搜狐平台，2016 年 5 月 19 日。

B.11
工业机器人产业发展现状及对策

王邵军*

摘　要：　2015 年全球工业机器人销量再创历史新高，销量比上年增长
　　　　　15%，达到 253748 台。2013～2015 年中国连续三年成为全球第
　　　　　一大工业机器人市场。近年来，我国国内品牌的市场份额有所增
　　　　　加。各级政府积极推动工业机器人产业发展，产品研发和推广应
　　　　　用显著提速。国际厂商聚焦人机协同等前沿技术研究，国内企业
　　　　　自主研发与推广应用并行，机器人仍然是投资热点。但是，我国
　　　　　工业机器人核心技术研发仍进展较慢，高端产品市场占有率较
　　　　　低，自主品牌需加快推广。未来，应落实《机器人产业发展规
　　　　　划（2016～2020 年)》有关部署，加快技术研发、推广示范应用
　　　　　和政策引导，推动工业机器人产业持续健康发展。

关键词：　工业机器人　自主品牌　产品研发

当前，全球机器人产业发展方兴未艾，工业机器人销量再创历史新高，
达到 253748 台。2013～2015 年，中国连续三年成为世界第一大工业机器人
消费市场。我国高度重视机器人产业发展，国家"十三五"规划纲要提出，
要大力推进机器人、增材制造、智能系统等新兴前沿领域创新和产业化，形
成一批新增长点。2016 年，工业和信息化部、国家发展改革委、财政部三
部委专门印发了《机器人产业发展规划（2016～2020 年)》，引导我国机器

---

* 王邵军，国家工业信息安全发展研究中心工程师，研究方向为智能制造装备。

人产业快速健康可持续发展。近年来，国内企业在规模扩张、技术研发等方面均实现突破，工业机器人的推广应用也取得明显成效。

一 产业发展及动态

（一）产业规模

2016 年国际机器人联合会（IFR）发布的数据显示，2015 年全球工业机器人销量为 253748 台，较 2014 年（22.1 万台）增长 15%，创造了新的纪录。

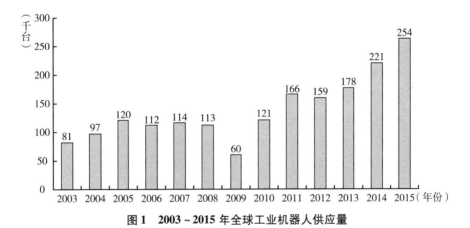

图1　2003~2015 年全球工业机器人供应量

资料来源：国际机器人联合会网站。

分地区看，欧洲市场销量比上一年增加 10%，达到 50100 台。最抢眼的三个国家为德国（20105 台）、意大利（6700 台）和西班牙（3800 台）。美洲市场销量增加了 17%，达到 38100 台，美国销量增加 3%，为 27504 台；墨西哥市场一年内销量倍增，大约为 5500 台；加拿大销量增加 49%，达到 3500 台。亚洲市场仍然是增长最为强劲的市场。亚洲市场销量约为 16 万台，增长了 19%；中国市场销量为 68600 台，比上年增长 20%，超过整个欧洲市场的销量；韩国市场的销量为 38300 台；日本市场的销量为 35000 台。

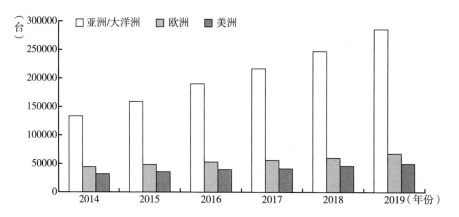

图2　2014～2019年工业机器人供应量及预测

资料来源：国际机器人联合会。

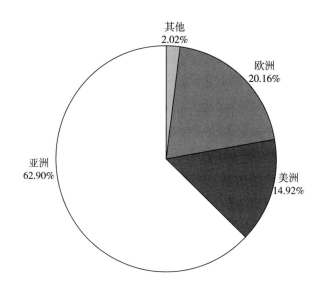

图3　2015年全球工业机器人销量分布

资料来源：国际机器人联合会。

分行业看，汽车及零部件制造业仍然是工业机器人的主要应用领域，2015年销量为97500台，比上年增长了4%。金属和机械工业领域的销量增长了39%。电子电器制造业增长了41%，销量为64600台。

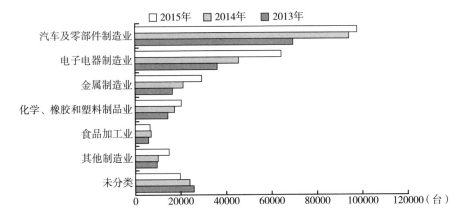

图4 2013~2015年分行业的工业机器人供应量

资料来源：国际机器人联合会。

从国内市场看，中国机器人产业联盟（CRIA）发布的数据显示，2015年，我国市场增速虽较前期有所回落，但在全球范围内仍保持领先水平。我国国产机器人销售22257台，销量同比增长31.3%，所占市场比重为33%，比上年提高4个百分点。多关节机器人全年销售4万余台，

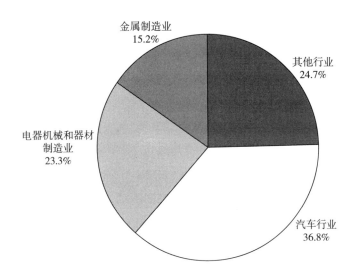

图5 2015年我国工业机器人销售的行业分布

资料来源：中国机器人产业联盟。

同比增长 12.5%，其中国产多关节机器人占比为 15.1%。从行业应用看，汽车行业占工业机器人销量的比重为 36.8%，23.3% 的工业机器人销往电器机械和器材制造业，金属制造业的工业机器人销量所占比重为 15.2%。

（二）产业布局

1. 国际动态

从主要生产国家和地区来看，日本工业机器人产业发展仍然保持以出口带动为主的格局。据日本机器人协会公布的成员企业数据显示，2016 年 1 ~ 9 月，日本工业机器人企业的产量为 112563 台，比上一年同期增加 6.76%，产值 4090.82 亿日元，增长 0.04%。2016 年 1 ~ 9 月，日本国内安装量为 27250 台，比上年增加 12.27%，销售额达到 1267.37 亿日元，比上年增加 11.47%；日本工业机器人出口量为 83963 台，比上年同期增长 3.84%，出口额实现 2206.99 亿日元，比上年同期下降 22.29%。

德国也是全球工业机器人的产销大国。据德国机器人与自动化协会（VDMA）的统计，2010 ~ 2015 年，德国的工业机器人产量平均增长 11%。同时，根据 VDMA 的数据，德国机器人市场在 2014 年估值为 40 亿美元。德国工业机器人企业高度重视新兴市场，库卡和西门子等机器人厂商在中国设立了工厂，以积极抢占中国机器人市场。[1]

2. 国内布局

目前，我国工业机器人产业整体仍处于发展初期阶段。从产量比较看，尚不能与日本、德国等传统优势生产国相比。但是，在智能制造生产方式加速推广等利好因素的影响下，国内需求热度不减，国内机器人产量连续保持高速增长。国家统计局发布的数据显示，2015 年，我国工业机器人产量达到 32996 台，比上一年增加了 21.7%。2016 年 1 ~ 10 月，国内工业机器人

---

① AI 科技评论：《深度解读美的 292 亿德国 KUKA 机器人收购提案》，雷锋网，2015 年 5 月 20 日。

产量达到 56604 台，较 2015 年全年产量增长了 71.5%。

机器人产业的快速发展与我国各级政府及行业主管部门的高度重视密切相关。2016 年，工业和信息化部、国家发展改革委、财政部联合发布了《机器人产业发展规划（2016～2020）》（以下简称《规划》）。《规划》旨在推动我国机器人产业实现"两突破""三提升"，即实现机器人关键零部件和高端产品的重大突破，实现机器人质量可靠性、市场占有率和龙头企业竞争力的大幅提升。《规划》提出，到 2020 年，自主品牌工业机器人年产量达到 10 万台，六轴及以上工业机器人年产量达到 5 万台以上。同时，《规划》明确要加强统筹规划和资源整合，统筹协调各部门资源和力量，加强对区域产业政策的指导，形成国家和地方协调一致的产业政策体系；鼓励有条件的地区、园区发展机器人产业集群，引导机器人产业链及生产要素的集中集聚。

在东部地区，江苏常州、昆山等地成为工业机器人生产重镇。2015 年，常州市机器人产量超过 8000 台，年产值达 15 亿元。常州机器人产业中，工业机器人占比最多。其中，武进国家高新区是常州机器人产业的主要载体，目前拥有安川机器人、金石机器人等一批机器人整机制造商，集聚了纳博特斯克等一批机器人核心零部件企业。① 昆山坚持"招大引强、自主培养"，瞄准打造千亿级机器人及智能制造相关产业的目标，积极引进优质机器人项目，支持自主品牌做大做强，引进了哈工大昆山机器人产业项目以及协同创新联盟项目，与川崎、新时达等企业开展密切合作，目前已经形成了较为完善的机器人产业链条。②

在中部地区，安徽芜马合机器人集聚效应显现。2013 年，国家发改委批复安徽战略性新兴产业区域集聚发展试点实施方案，支持打造机器人产业集聚试点。安徽省以合肥、芜湖、马鞍山等工业机器人产业园为重点，积极支持工业机器人技术研发和产业化、示范推广应用和产品检测、行业技术培

---

① 孙东青：《常州机器人生产企业 10 多家产量已占全国 1/4》，《常州日报》2016 年 5 月 3 日。
② 史赛：《机器人引路迈向"智造"》，《昆山日报》2016 年 3 月 23 日。

训等服务平台建设。"芜马合"工业机器人产业集聚已形成一定规模，产业链日趋完善，核心竞争力日益凸显。2015 年，全省工业机器人本体产量达 2200 台，位居全国前列。其中，2015 年埃夫特公司的产量达 1200 台，位居全国单个企业之首。① 芜湖已经形成了以埃夫特等企业为龙头的整机企业集群，以翡叶动力等为代表的关键零部件企业集群，② 同时，积极打造面向机器人产业的投融资平台，③ 营造良好的产业生态。

在西部地区，中心城市将工业机器人产业作为重要发展方向。2016 年，西安航天基地签约智能装备（工业机器人）产业基地项目，项目投资 30 亿元，着力重构中国工业机器人产业版图。④ 重庆永川区现落户机器人及智能装备企业 105 家，是全国最大的机器人及智能装备产业基地。⑤ 重庆两江新区在 2012 年就将机器人产业作为战略性新兴产业发展重点，明确产业发展方向、路径和目标，注重创新产业和商业发展模式。两江新区在水土高新园规划了占地两平方公里的核心区，打造一区五平台，即机器人及智能装备制造区、标准检测评定平台、融资租赁支持平台、展示互动体验平台、人才教育培训平台、成果孵化转让平台。⑥

在东北地区，辽宁省积极进行工业机器人产业布局，着力打造以沈阳机器人产业园、沈抚新城机器人产业基地、大连金州新区国家智能装备产业示范基地为核心，构建沈抚机器人产业带，发展壮大大连智能装备产业基地。作为辽宁省机器人领军企业，新松公司近年来产值保持年均 30% 以上的增长，同时积极与高校、科研院所、金融机构等开展合作，逐步形成全省机器人产业分工协作格局。

---

① 吴量亮：《我省工业机器人产业异军突起》，《安徽日报》2016 年 4 月 11 日。
② 潘晔：《芜湖机器人产业亮出漂亮"成绩单"》，《芜湖日报》2016 年 12 月 16 日。
③ 王叶华：《芜马合机器人产业　集聚效应初步显现》，《大江晚报》2015 年 1 月 29 日。
④ 王向华：《西安航天基地 30 亿元打造工业机器人智慧园区》，《陕西日报》2016 年 5 月 14 日。
⑤ 吴新伟：《重庆永川建成全国最大机器人产业基地》，央广网，2016 年 4 月 11 日。
⑥ 黄军：《重庆市机器人与智能装备产业联合会两江新区分会挂牌成立　五个层面推进机器人产业发展》，华龙网，2016 年 8 月 17 日。

表1 2016 年部分省份支持工业机器人发展的相关政策

省份	文件名称	发布时间
山西	《山西省"十三五"战略性新兴产业发展规划》	2016.7.13
吉林	《中国制造 2025 吉林实施纲要》	2016.3.1
福建	《福建省"十三五"战略性新兴产业发展专项规划》	2016.4.25
江西	《江西省强攻工业制造升级三年行动计划(2016 ~ 2018 年)》	2016.6.29
贵州	《省人民政府关于贯彻落实〈中国制造 2025〉的意见》	2016.1.28
云南	《云南省人民政府关于贯彻〈中国制造 2025〉的实施意见》	2016.7.22
甘肃	《甘肃省"十三五"战略性新兴产业发展规划》	2016.8.9
新疆	《中国制造 2025 新疆行动方案》	2016.4.26
河南	《河南省人民政府办公厅关于积极发挥新消费引领作用加快培育形成新供给新动力的实施意见》	2016.11.14
湖北	《湖北省人民政府办公厅关于推进工业稳增长调结构提升发展能力的实施意见》	2016.11.15
	《湖北省人民政府关于印发湖北省工业"十三五"发展规划的通知》	2016.9.10
广东	《广东省人民政府关于深化标准化工作改革推进广东先进标准体系建设的意见》	2016.11.30
	《广东省人民政府关于深化制造业与互联网融合发展的实施意见》	2016.10.9
河北	《河北省人民政府办公厅关于印发河北省工业转型升级"十三五"规划的通知》	2016.9.30
	《河北省人民政府关于加快制造业与互联网融合发展的实施意见》	2016.8.8
	《河北省人民政府关于支持企业技术创新的指导意见》	2016.7.25
四川	《四川省人民政府办公厅关于印发四川省促进科技成果转移转化行动方案(2016 ~ 2020 年)的通知》	2016.9.22
陕西	《中共陕西省委、陕西省人民政府关于印发〈陕西省实施创新驱动发展战略纲要〉的通知》	2016.9.22
	《陕西省人民政府关于印发中国制造 2025 陕西实施意见的通知》	2016.6.17

省份	文件名称	发布时间
安徽	《安徽省人民政府办公厅关于印发安徽省战略性新兴产业"十三五"发展规划的通知》	2016.9.13
重庆	《重庆市人民政府关于印发重庆市建设国家重要现代制造业基地"十三五"规划的通知》	2016.9.5
山东	《山东省人民政府关于印发推动资本市场发展和重点产业转型升级财政政策措施的通知》	2016.7.19
青海	《青海省人民政府关于印发中国制造2025青海行动方案的通知》	2016.7.26

资料来源：根据公开资料整理，系不完全统计。

（三）企业动态

1. 国外企业

（1）国际知名厂商持续加快产能扩张

发那科将在日本茨城县新建机器人工厂，计划投资约500亿日元。新工厂将增产用于焊接和搬运的垂直多关节机器人，以及在食品工厂用于装箱等环节的机器人。目前，发那科总厂拥有月产5000台工业机器人的产能。新工厂计划也将安装同样的设备，形成月产1万台的能力。发那科计划通过增设新工厂来对抗安川电机和瑞士ABB，进一步提高目前为20%的全球份额。① 此外，上海发那科将投资1亿元在重庆两江新区水土园区建设上海发那科机器人重庆技术中心项目，项目达产后预计实现年产值2亿元。

（2）四大家族在中国市场总体份额有所下降

工业机器人四大家族仍然主导着中国工业机器人市场，但其市场份额因其他品牌的快速发展而有所下降，特别是随着国产品牌的迅速扩张以及其他国外品牌对中国市场的日益重视，发那科、ABB、库卡和安川的市场份额出现下滑。四大家族的市场占有率由2014年的45%下降至2015年的40%。

---

① 《发那科新设工业机器人工厂》，日经中文网，2016年7月6日。

2015 年发那科机器人在中国有近 50% 的增长，ABB 和库卡有 20% 左右的增长，而安川电机的出货量在中国市场则出现下滑。[①]

2. 国内企业

近年来，机器人产业成为国内投资的热点之一，传统机器人积极加强研发投入及规模扩张，下游应用企业积极开展兼并收购，成为产业发展的新生力量。2016 年，国内工业机器人企业的投资布局呈现三大特点。

一是自主研发与推广应用并行。以电子电器行业为代表的工业机器人下游应用企业，积极开展自主研发，研发应用工业机器人产品。以创维为例，2012 年，创维提出实施"机器人战略"，作为公司战略级长期规划，并在 2015 年提升为"智能制造战略"。创维自主研发自动锁螺丝机器人，建立整机全自动测试机器人、整机全自动包装线、自主研发 MES 系统等多个无人化设备群，机器人密度已经达到了 200 台以上，自动化监测等关键工序的覆盖率达到了 90% 以上。[②]

二是机器人领域并购活动日益活跃。很多企业通过开展兼并收购活动进入工业机器人行业或者加强全产业链布局，获取行业领先技术。2016 年 3 月，美的集团宣布全面要约收购全球领先的机器人及自动化生产设备和解决方案的供应商德国库卡集团，如果要约通过相关国家的反垄断审查，美的将成为库卡集团最大股东。华中数控拟以发行股份及支付现金相结合的方式购买江苏锦明 100% 股权，以期获取江苏锦明机器人系统集成应用领域的研发经验。

三是开放合作加快推进。越来越多的国内企业与国际知名工业机器人生产商建立合作关系，通过共同建立技术创新中心、开展应用推广合作等方式实现互利共赢。例如，苏州富强科技有限公司与德国库卡签署《战略合作备忘录》，双方计划就库卡工业机器人在 3C、汽车、医疗、新能源等行业的使用推广进行合作。

---

① OFweek 行业研究中心：《工业机器人发展新动向》，OFweek 机器人网，2016 年 8 月 31 日。
② BaymaxZ：《创维："机器人战略"敲开智能制造大门》，机器人圈，2016 年 8 月 25 日。

表2　国内部分企业发展动态

企业名称	扩张形式	对公司未来发展的影响
富强科技	富强科技与库卡签署合作备忘录,拟就库卡工业机器人在3C、汽车、医疗、新能源等行业的使用推广进行合作。富强科技在所有系统项目中,在同等的或较低价格的前提下向其客户推荐并采用库卡机器人产品用于项目集成。同时,双方拟在苏州市联合成立一家机器人工程应用技术中心,从事工业机器人在电子领域的应用开发	富强科技可以降低机器人的采购成本,获得库卡在工程应用方面的研发支持
均胜电子	均胜电子旗下子公司PIA收购了美国EVANA工业机器人公司,收购金额2000万美元	并购EVANA工业机器人公司完善了均胜电子工业自动化及机器人产业的全球布局,在全球制造业最发达的北美、欧洲和亚洲市场都拥有了技术先进的工业自动化及机器人公司
新松机器人	与施耐德电气建立全面战略合作伙伴关系,共同实现符合中国国情的、迈向智能制造的先进方法论和实施工具库,并通过培训和咨询等手段提升制造业劳动力素质;发展电子、物流、食品饮料和轨道交通等行业的解决方案;共同建设智能制造示范工厂。此外,施耐德电气还将利用其全球传播和业务网络,促进新松的全球化发展	共同引领产业转型升级的潮流,推动建立智能制造的有效方法论及生态系统
	与双环传动签署战略合作的框架性文件	发挥各自优势,开展工业机器人产品、减速器国产化与自动化改造、智能制造项目等全方位合作
南京埃斯顿	收购意大利Euclid Labs SRL部分股权并增资,并与其在中国投资设立合资公司	提升机器人的智能化技术水平和离线编程技术,减少智能制造系统方案设计、生产制造、后续维护的复杂度。该技术已应用于机器人及智能制造系统业务
	收购上海普莱克斯自动设备制造有限公司100%股权	有利于加快公司机器人在特定细分市场的布局,推动机器人本体在压铸行业的应用,实现产品的系列化、层次化,满足客户的不同需求,提升产品在压铸机周边自动化的市场竞争力
	收购南京锋远自动化装备有限公司100%股权	有利于进入汽车整车领域

企业名称	扩张形式	对公司未来发展的影响
	与荆门市楚大机电有限公司、荆门高新技术产业投资有限公司举行签约仪式,三方共同出资设立埃斯顿(湖北)机器人工程有限公司,建设智能机器人及机器人工作单元生产项目。根据协议,公司将持有埃斯顿(湖北)机器人公司的股权比例为55%	充分利用公司在工业机器人及智能制造系统技术及运营等方面的核心竞争优势,有效利用合作伙伴丰富的人力资源、资金资源和客户资源,有利于在湖北及华中地区大力发展工业机器人及其智能制造系统业务,进一步提升产品在该地区的品牌影响力和市场占有率
美的集团	美的发起全面要约收购全球领先的机器人及自动化生产设备和解决方案的供应商德国库卡集团。截至要约期结束,接受本次要约收购的库卡集团股份数量占库卡集团已发行股本的比例约为81.04%,加上本次要约收购前公司已持有库卡集团13.51%的股权,若要约收购得以交割,公司将共计持有库卡集团股份占库卡集团已发行股本的比例为94.55%	有助于加速推进"智慧家居 + 智能制造"
	收购安徽埃夫特智能装备有限公司17.8%的股权	扩大工业机器人行业的投资
双星集团	双星集团与瑞典 ABB 集团签署战略合作伙伴协议,成立 ABB - 双星工业机器人应用技术创新中心	双方将进行智能机器人的应用创新和超前研究,联合开发适合中国轮胎行业升级改造和建立智能制造工厂的专业机器人
中电熊猫	与德国库卡签署战略合作协议	推广 KUKA 在中电集团下属的各个电子制造公司的机器人的应用,同时推动国有液晶玻璃行业的自动化
华中数控	华中数控拟收购锦明机器人	取得江苏锦明机器人系统集成应用领域的研发经验,打造机器人"全产业链"
爱仕达	收购钱江摩托持有的钱江机器人51%的股权。交易完成后,钱江机器人将成为爱仕达控股子公司	提升公司智能化、自动化制造水平,同时寻找新的业务增长点

资料来源:根据公开资料整理。

二　产业技术进展

(一)国外技术趋势

1. 主要厂商聚焦人机协作

当前,人机协作成为工业机器人技术主要发展方向。英国巴克莱银行研究报告认为，到 2020 年，全球协作机器人的需求量将达到 25 万台。主要厂商纷纷在这一领域发力。ABB 推出实现人机协作的双臂工业机器人 YuMi。发那科推出协作机器人 CR - 35iA 机器人，它可以在没有安全围栏隔离的情况下与人在同一个空间工作。瑞士格和库卡联手开发出机器人拣选技术，将人机协同作业的概念引入未来的自动化智能仓库设计中。机器人拣选技术系统可以在没有护栏的情况下实现人机协作，具有较高的可靠性与安全性。Rethink Robotics 设计的智能机器人可在复杂的制造环境中与人协作。①②

2. 国际品牌在"机器人 +"领域发力

华为与 ABB 签订合作备忘录，双方共同研发将基于 4G LTE 的华为 OneAir 产品和技术应用到 ABB 的机器人和工业自动化解决方案中，实现机器人的远程无线监控管理、配置、运维、大数据应用和可视化智能生产，共同推动工业 4.0 领域的全联接。此外，ABB 将工业机器人软硬件技术整合 VR 系统，展现虚拟工厂运作场景，实现运用 VR 直接控制机器人，代替人工完成工件喷涂作业。

3. 提升传统性能仍然是重点研发方向

日本发那科在大负载方向取得新进展。发那科研发了其最大负载机器人 M-2000iA/2300。这一型号机器人有效载荷 2.3 吨，超过以前型号机器人 1.7 吨的负载极限。此款 M-2000iA/2300 六轴机器人伸缩距离为 3.7 米，具有较好的精准度和灵活的控制能力，可以降低损坏生产材料的风险，因此能够降低运行成本并提高生产速度。此款机器人可以应用于金属、造纸和汽车等行业。③ 安川电机未来的技术布局仍然将围绕传统应用市场客户的需求来进行工业机器人的技术改进。比如，适应汽车制造轻量化的技术要求等，并持续改良精度、负载、可靠性等技术指标。

---

① 《ABB、新松等七大企业的人机协作机器人技术》，OFweek 机器人网，2016 年 10 月 12 日。
② 《华为和 ABB 签订合作备忘录　助力工业迈入全联接时代》，华为网，2016 年 9 月 5 日。
③ 《发那科推出世界最大负载机器人》，OFweek 机器人网，2015 年 10 月 27 日。

（二）国内技术进展

随着工业机器人在国内的广泛应用，越来越多的国内企业力求在核心零部件方面取得突破，但是进展相对缓慢。例如，机器人减速器作为工业机器人的"重器"，对工业机器人的传动能力、承载能力、稳定性、效率等方面都至关重要。国内已有不少企业自主研发减速器，但减速器主要依赖进口的局面并未改变。

1. 秦川机床

秦川机床公司公报披露，"精密工业机器人减速器装配线"智能化项目已完成 MES、PLC、装配线体联调，实现柔性装配、快速换型，装配工艺执行能力提高。公司在 2013 年 7 月决定投资机器人减速器项目，与当初的计划进度相比，项目进展不够理想。目前公司已对 7 种 E 系列产品进行了技术、工艺优化整改，为下一步批量化组织生产做好准备。同时，根据市场需求，已经完成三种规格新产品的试制工作。目前还正在研发三种 C 系列和一种 F 系列关节减速器。

2. 新松机器人

据公司公报披露，新松机器人完成"十二五"时期"863"重点项目——"经济型机械加工机器人及集成应用"。项目面向焊接、注塑等作业需求，针对重型机械、塑胶行业机器人焊接、修整、注塑等作业的典型应用，攻克机器人模块化系列化设计，经济型伺服系统及控制器开发、焊接、修整和注塑等作业工具和工艺，工业机器人可靠性集成制造等关键技术，研制 3 自由度以上经济型机械加工机器人系统，完成针对重型机械、塑胶行业的自动化系统单元或生产线，实现示范和推广应用。目前，项目已经攻克了机器人机械结构的模块化与轻量化设计，经济型关键零部件集成制造技术、作业工具及工艺，机器人可靠性设计技术等关键技术；建立了机器人控制性能测试平台、可靠性测试平台，对机器人控制性能和可靠性进行了测试；完成了 6kg 机器人、6kg 加长型弧焊机器人和 20kg 机器人三种机器人产品样机的研制；三种工业机器人已完成了示范应用工作，正在进行产业化推广。

3. 南京埃斯顿等

根据南京埃斯顿机器人公司披露，由埃斯顿牵头，南京航空航天大学、南京星乔威泰克汽车零部件有限公司共同参与的"面向机械加工、锻压、焊接等作业需求的经济型机械加工机器人及集成应用"课题完成技术验收，课题研发了新型经济型机械加工机器人，实现了在锻压、焊接、机械加工等领域的批量推广应用，并建立了焊接和机床上下料的工业机器人示范应用项目，完成了合同各项指标。

4. 汇川技术

2016年以来，公司继续推广以伺服系统、控制系统、视觉系统为核心部件的工艺解决方案；搭建精密机械制造平台，向机电一体化产品延伸；公司推出了SCARA机器人解决方案，并取得销售订单。

三　产业发展问题及对策建议

我国连续三年蝉联全球第一大工业机器人消费市场，减速器等核心零部件研发取得积极进展，推广应用加快实施，产业发展仍面临巨大空间。根据中国机器人产业联盟的数据，2015年，国产机器人在市场总销量中的比重为33%，比上年提高4个百分点；但是，国产多关节机器人在同类型机器人市场中的占比仅为15.1%。虽然近年来我国工业机器人的政策体系、技术进展、市场环境都有显著改善和提升，但是与国内市场需求相比，工业机器人产业发展仍然相对滞后；特别是与国际领先品牌相比，我国工业机器人产业在高端产品环节明显存在短板。

（一）开展协同创新，加快突破核心技术和关键零部件

一是重点突破工业机器人领域的三大核心零部件。充分利用现有资金渠道，支持部署实施一批重点工程，加快建设国家级或省级机器人创新中心，充分发挥行业领军企业的优势，联合上下游企业、优势科研院所和高等院校，重点围绕精密减速器、控制器、伺服电机等核心零部件，开展技术攻

关。二是超前布局一批高水平工业机器人项目，重点突破多关节机器人等高端产品。瞄准国际机器人发展趋势，在人机协同、大负载以及智能互联等方面形成并跑乃至领跑优势。三是依托上海、广州、重庆、沈阳4个国家机器人检测与评定中心以及北京、芜湖2个公共服务平台，持续推进机器人产品联盟认证，完善监测与评定体系。

（二）加强示范应用，提升自主品牌工业机器人竞争力

一是鼓励国产品牌工业机器人厂商积极参与各地"机器换人"计划，与下游用户建立协同合作关系，持续提升在服务环节的支撑能力，借机加快技术积累，提高整机企业的市场份额。二是充分发挥智能制造领域有关联盟的桥梁和纽带作用，鼓励和引导工业机器人、数控机床等相关领域的企业加强合作，形成抱团合作的能力，为下游用户提供全方位的智能制造系统解决方案。

（三）加强政策指导，引导工业机器人产业科学有序布局

落实好《机器人产业发展规划（2016～2020）》，统筹谋划，引导工业机器人产业在全国各园区的合理布局，打造一批工业机器人产业集群。鼓励各地加强区域协同创新，突出特色优势，错位有序地发展机器人产业。行业管理部门指导行业协会、产业联盟加强对工业机器人产能的监测，对于低端环节产能跟风而上的倾向及时作出预警。

参考文献

IFR，"World Robotics 2016 Industrial Robot"，2016。

工业和信息化部、国家发展改革委、财政部：《机器人产业发展规划（2016～2020年）》，2016年3月21日。

《2015年中国工业机器人市场持续发展》，中国机器人产业联盟网，2016年7月11日。

B.12
石墨烯产业发展现状及对策

余新创[*]

摘　要：　当前，石墨烯因其独特的属性受到各界广泛关注，甚至被誉
为"新材料之王"，成为电池、显示屏、发光材料及芯片等
产品研制的理想材料，且其应用领域还在继续扩展。但是中
国的石墨烯产业还处在起步阶段，上游企业如何实现石墨烯
材料规模化量产成为该行业起步的关键。为此，政府需要在
研发、市场化及资源整合等方面采取有效措施，以提升整个
石墨烯行业的发展水平，推动石墨烯产业走向成熟稳定。

关键词：　石墨烯产业　研发　新材料

石墨烯是由一个碳原子与周围三个近邻碳原子结合形成蜂窝状结构的碳原子单层[①]。自2004年被英国学者德烈·海姆和康斯坦丁·诺沃肖洛夫成功研制以来，石墨烯因其独特的光、热、电、力属性引起各界广泛关注，被誉为"新材料之王"，甚至有预言称石墨烯可能会引发新的产业革命。世界主要国家也加大了对石墨烯产业的扶持力度，以抢占新兴产业发展战略高地。

近年来，中国政府从国家层面出台了一系列文件指导石墨烯产业发展，

---

[*] 余新创，国家工业信息安全发展研究中心工程师，研究方向为产业经济。

[①] 2016年4月，国家质量监督检验检疫总局和国家标准化管理委员会联合发布了首个石墨烯国家标准——《石墨烯材料的术语、定义及代号国家标准草案（征求意见稿）》。征求意见稿中对石墨烯作了精确定义，并从层数、功能化形式、外在形态等方面对石墨烯进行了分类。本文关于石墨烯的定义引用自该征求意见稿。

2015 年工信部、国家发改委、科技部三部门联合印发《关于加快石墨烯产业创新发展的若干意见》，2016 年石墨烯被纳入《"十三五"国家战略性新兴产业发展规划》，《新材料产业"十三五"发展规划》也即将发布，其中石墨烯产业成为重点关注对象。在国家政策的引导下，各地方开始积极布局石墨烯产业，推动石墨烯产业发展。

一 产业发展及动态

作为新材料的宠儿，近年来石墨烯产业吸引了大量人力资本、资金、科研力量等产业要素注入，但受到技术研发周期长、社会接受程度不高等因素的影响，我国石墨烯产业还处在初步发展阶段，总体呈现产业规模小、上游产业不成熟、下游产业仍在探索、市场环境鱼龙混杂、引领性产品少、需求侧仍在观望等特征。但随着产业发展要素不断向石墨烯产业聚集，研发制备技术逐步走向成熟，下游应用空间持续拓展，石墨烯功能逐渐被接受，石墨烯产业正步入快速发展的轨道。

（一）石墨烯产业规模

1. 石墨烯产业规模处在增长期

目前我国石墨烯产业整体还处在实验室研究向产业应用过渡的初级发展阶段，产业规模不大，产值较低。但是，随着技术的不断发展，产品趋于成熟，石墨烯产业有望释放出巨大的增长潜力，推动相关产业发展，甚至引发新的产业革命。作为新兴产业，石墨烯产业统计体系还不够健全，各个机构统计数据不一，但基本上都验证了我国石墨烯产业初步发展的特征。Innova Research 公司调研数据显示，2014 年中国石墨烯产业市场规模为 140 万美元，2015 年增长到 610 万美元，增幅超过 336%①。中国石墨烯产业技术创

---

① 《2015 年中国石墨烯市场规模达 610 万美元》，http://mt.sohu.com/20160506/n448060008.shtml，2016 年 5 月 6 日。

新战略联盟统计数据显示，2015 年我国石墨烯相关产业产值达到 6 亿元人民币，在全球的市场份额为 80%。在石墨烯产业发展预期方面，该联盟预测我国石墨烯产业会在 2018 年迎来一个新的爆发点，到 2020 年产业整体营收有望超过 1000 亿元，带动约 1 万亿元规模的制造业发展①。前瞻产业研究院提供的预计数据则更为乐观，该报告预测 2015 年我国石墨烯产业规模有望突破 100 亿元，未来 5~10 年这一规模有望突破 1000 亿元②。

表 1　石墨烯规模预测情况

机构	2015 年	2020 年
中投顾问产业研究中心	5 亿元	260 亿元
中国石墨烯产业技术创新战略联盟	6 亿元	1000 亿元
前瞻产业研究院	100 亿元	1000 亿元
Innova Research 公司	610 万美元	—

资料来源：笔者根据相关材料整理。

2. 石墨烯产业链上游产业初具规模

石墨烯产业链的上游主要是指石墨烯材料的研制行业。石墨烯材料的制备是整个石墨烯产业发展的基础和起点，经过多年的发展，我国相关研究机构和企业已经摸索出相对成熟的石墨烯材料制备方法③，用于制备高品质石墨烯材料，形成了一系列石墨烯材料产品，石墨烯产业链的上游产业初具规模。

目前，我国石墨烯产品基本形成了以石墨烯薄膜和石墨烯片等为主的石墨烯原材料产品体系④。其中，石墨烯薄膜有三条比较成熟的生产线，分别是 2013 年投产的江苏常州石墨烯薄膜生产线、2016 年投产的重庆石墨烯生

---

① 《中国目前应注重石墨烯产能转换》，http：//www. xcl. net. cn/news/show. php？itemid = 20801，2016 年。

② 《2016~2021 年中国石墨烯行业深度市场调研与投资战略规划分析报告》，2016。

③ 根据《石墨烯材料的术语、定义及代号国家标准草案（征求意见稿）》的划分，石墨烯材料制备技术可分为机械剥离法、化学气相沉积法、氧化还原法、高温裂解法、插层剥离法、液相剥离法 6 种常见的制备方法。

④ 根据《石墨烯材料的术语、定义及代号国家标准草案（征求意见稿）》，从外在形态上石墨烯材料可分为石墨烯片、石墨烯膜、石墨烯量子点、石墨烯纳米带、三维石墨烯网络等。

产线和江苏常州国内首条石墨烯薄膜连续生产线。层数是区分石墨烯材料质量高低的重要标准，层数越低石墨烯品质越高，单层石墨烯被认为是品质最高的。目前，我国在制备高品质石墨烯方面还存在技术难题，但一些公司已经初步掌握了高品质石墨烯的生产工艺。恒力盛泰（厦门）石墨烯科技有限公司在厦门投产的石墨烯量产化基地，具备了年生产 100 吨单层石墨烯的能力。该基地被称为全球首个单层石墨烯量产基地。此外，江苏南通维亚石墨烯科技有限公司也具备了单层石墨烯量产的能力，其年产能为 5 吨，预期 2017 年可装备年产能 100 吨的生产线。

此外，一些石墨烯公司通过相关技术工艺，将石墨烯材料与碳纤维、服装纤维、树脂等材料合成，制成石墨烯复合材料。这些复合材料往往综合了石墨烯及其他材料的特殊属性，具有较广的应用空间。市场上常见的复合材料有石墨烯织物材料、石墨烯涂料、石墨烯碳纤维材料等。

3. 石墨烯下游产业已具雏形

作为新材料之王，石墨烯在光、电、热、力等方面具有较强的属性，这使得石墨烯材料既可作为其他材料的替代材料制造相关器件，也可发挥添加剂的作用增强相关材料的性能。目前，石墨烯材料初步确立了能源、电子器件、环保材料、节能环保、健康等主要应用领域，市场上不断推出一些石墨烯电容器、石墨烯复合纤维、石墨烯静电轮胎产品。例如，珠海聚碳复合材料有限公司、东旭光电等公司推出的石墨烯锂电池，深圳烯旺新材料科技公司推出的石墨烯智能理疗产品系列，中国碳谷科技集团、中国科技开发院江苏分院、江苏康润净化科技有限公司等推出的石墨烯光催化网等。未来，随着石墨烯研发的不断深入，生物医学、航空航天、智能制造等都有可能成为石墨烯材料的重要应用领域。

虽然石墨烯产业下游领域初步出现了一些应用产品，但总体来看石墨烯材料的应用还处在初级探索阶段，研制出的产品呈现低端化、质量不高、缺乏实质性突破的特点。在大部分产品中，石墨烯材料并未展示出其良好性能，只是充当添加剂的作用，甚至一些产品的应用还存在很大的争议，有炒作之嫌，如石墨烯锂电池等。但是，随着上游石墨烯材料制备工艺不断完善，市场对石墨烯产品需求不断增加，石墨烯下游产业研发能力进一步成熟，石墨烯产业有望释放出更大的能量。

表2 部分石墨烯应用产品

产品名称	属性及应用	重点生产企业
锂电池、超级电容	能量密度大、功率密度高、充放电快、高低温性能好	珠海聚碳复合材料有限公司、东旭光电、珠海聚碳复合材料公司、常州立方能源技术有限公司等
石墨烯光催化网	用于大规模水质处理	中国碳谷科技集团、中国科技开发院江苏分院、江苏康润净化科技有限公司
石墨烯涂料	耐盐雾、耐磨、附着力强	中国碳谷科技集团
石墨烯屏幕	透光度好、书写方便，是手机、平板电脑等电子产品的关键零部件	中科院重庆绿色智能技术研究院
石墨烯手机	可穿戴、可触控、可储存	重庆墨烯科技公司、嘉乐派科技公司
石墨烯电子书	屏幕大、无蓝光、不伤眼、功耗低和待机时间长	重庆墨烯科技公司、嘉乐派科技公司
电子纸	弯曲能力强、强度更高、耐摔耐撞，可用于制作显示屏	广州奥翼电子科技股份有限公司、重庆墨烯科技有限公司
石墨烯智能健康产品、服装产品、家纺用品、家庭取暖产品	相比传统产品，性能更优越	深圳烯旺新材料科技公司
石墨烯空气净化器	甲醛的吸附速度快、吸附力强	北京碳世纪科技有限公司
石墨烯导静电轮胎	可实现全时段、连续、可靠地导出车体静电	森麒麟公司、青岛华高墨烯科技股份有限公司
石墨烯贴片	可监控肌肉的血糖、电解质和乳酸	美国 GraphWear 公司
石墨烯发动机油节能改进剂	省油，具有超强的抗磨损性	北京碳世纪科技有限公司
石墨烯材料制造的汽车	使用石墨烯使得后轮拱质量变轻，但强度增大	BAC 公司
石墨烯复合纤维	可有效抗菌、防螨、抗紫外线抗热、抗静电、抗切割	南通维亚石墨烯科技有限公司、济南圣泉集团股份有限公司
生物质石墨烯散热板	导电导热性能好，电热能转化率高	济南圣泉集团股份有限公司
石墨烯中医诊脉手环	使用石墨烯电路可制作柔性诊脉传感器，能实现长时间实时监测和远程诊疗	常州二维碳素科技股份有限公司

资料来源：笔者根据相关材料整理。

（二）石墨烯产业区域分布状况

1. 世界石墨烯产业分布

目前世界上已经有 80 多个国家和地区从事石墨烯及应用的研究工作，但主要集中在美国、日本、英国、韩国、德国等发达国家及中国、马来西亚等发展中国家。从综合实力来看，美国凭借其强大的科研能力和发展的产业支撑，在石墨烯领域处于领先地位；中国、日本、韩国、英国、德国、新加坡发展程度相对落后于美国，但发展势头非常强劲①。从研发角度来看，石墨烯领域的高质量论文和专利主要集中在中国、美国、韩国、日本等国。据不完全统计，1991 年至今，中国、美国、韩国、日本四个国家发表的石墨烯相关 SCI 论文占全世界总量的 66%；1994 年至今，这四个国家申请的石墨烯专利量占全球总量的 76%。② 从石墨烯材料制备及应用的角度看，美国、日本、韩国、英国等国的知名企业研发能力强，发展成熟，在石墨烯材料制备及应用领域处于世界领先地位，中国的石墨烯企业以中小企业为主，在石墨烯领域尚未取得突出成就。目前，世界主要从事石墨烯研发及应用的知名公司有 IBM、英特尔、三星电子、索尼、东丽等。

2. 我国石墨烯产业分布

长三角地区是我国石墨烯产业主要聚集区。石墨烯产业是资本和技术密集型产业，对资本、人才的要求比较高，目前我国石墨烯产业主要分布在工业发达地区，这些地区工业基础好、人才聚集、科研能力强，为石墨烯产业的发展提供了良好的基础。具体区域上，长三角地区特别是江苏省是我国石墨烯材料制备、研发和应用的主要地区，当前江苏省已经形成了"1 + 1 + 4"的产业创新格局③。除江苏省以外，四川、重庆、山东、京津冀三省份、广东也是我国石墨烯产业的重要产区，云南、贵州等省（区）也布局了石墨烯产业。在产业链分工上，江苏、重庆、浙江、山东等地企业由于研发力

---

① 详细排名参见《新华（常州）石墨烯指数报告》。
② 笔者根据《美、欧、日、韩石墨烯产业发展现状及启示》整理得来。
③ 江苏省是我国化工材料大省，这为推动江苏省成为我国石墨烯主产区提供了有力的支撑。

量相对较弱，主要侧重于石墨烯材料制备，在研发和应用环节还需要借助相关科研机构的力量。北京、深圳等地区科研能力强，但发展一般制造业已不符合城市功能定位，因而将精力主要放在了石墨烯的研发领域，如北京市中关村科技园区丰台园打造国际石墨烯产业创新中心等。

表3 我国部分区域石墨烯产业简介

区域	发展成果	发展规划
无锡江阴	已实现高品质石墨烯规模化生产；开展石墨烯材料在锂离子动力电池、防腐涂料、陶瓷及金属材料等领域的应用	打造万吨级石墨烯量产基地，带动形成千亿级规模的应用产业集群
常州	初步打造石墨烯产业集群，已聚集石墨烯相关企业70家左右，两家企业先后上市。率先在全国打造了集石墨烯研发、制备、应用及产品生产于一体的石墨烯全产业链	打造东方碳谷
南通如东	实现石墨烯改性防腐涂料规模化生产，已投入海上风电防腐领域应用	推动石墨烯重防腐涂料在军工、海洋工程、船舶制造和高端集装箱等领域的应用
青岛	制备方面，可连续生产大面积、高品质、低成本石墨烯薄膜；可成功利用高分子为媒介分离出石墨烯；可大规模生产石墨烯浆料。应用方面，成功研制出用于电动自行车的石墨烯基锂离子电容器	打造国际石墨烯创新中心和国家级石墨烯产业创新示范基地
高碑店市	打造了"微波持续膨化剥离一步法"和"超声辅助研磨一体化"两条石墨烯量产流水线	规划建设石墨烯产业园，以隆泰丰博石墨烯制备为龙头企业，打造石墨烯全产业链发展模式
四川	约10家企业在石墨烯产业化方面取得了实质性进展，基本囊括石墨烯作为"工业味精"领域的热门应用	组建四川省石墨烯产业发展研究中心、全省石墨烯橡胶轮胎创新中心，积极推动石墨烯复合材料生产，打造石墨烯"一体两翼"产业布局
云南曲靖	该生产线年产700公斤超高纯石墨烯粉末和1000余片纳米级单层石墨烯片	
北京丰台	已完成石墨烯国际标准检测室一期建设，石墨烯汽车领域的高端应用取得阶段性成果	打造石墨烯标准检测计量、知识产权服务与运营等科技服务平台，创建国际石墨烯产业服务平台

资料来源：笔者根据相关资料整理。

（三）企业动态

中小企业是我国石墨烯产业中的主导力量。近几年，石墨烯的市场价值逐渐被发掘放大，吸引了大量资本进军石墨烯领域，据不完全统计，截至2016年8月，我国已经有超过400家企业从事石墨烯相关领域的研发、生产、应用，其中不乏华为、中兴等明星企业通过与国内外研发机构合作等方式开展石墨烯应用研究。但总体而言，小型、初创型企业是我国石墨烯产业的主力军[1]，且主要集中在石墨烯原材料制备、石墨烯复合材料研制等低端领域，在所有企业中上市公司大约70家，其中真正投资石墨烯的上市公司不到20家[2]，华为、中兴等大型企业也只是初步涉及石墨烯研发领域。中小企业大量聚集，一方面反映了资本看好石墨烯发展前景，另一方面说明了我国石墨烯市场充满泡沫和风险，中小企业自身研发能力和可持续发展能力不强、风险高的特点也会影响到我国石墨烯产业的健康发展，导致产业低端化、同质化，制约产业的总体竞争力。相反，国外大多由大型企业来主导石墨烯产业，巴斯夫、三星、陶氏化学等企业都已经在石墨烯领域进行了布局，这些大型企业充分发挥自身在研发能力、市场、模式等方面的优势，在石墨烯研发和推广应用中取得了一些关键性成果。

表4　国内重点石墨烯企业动态

序号	公司名称	业务范围	近期发展动向
1	深圳烯旺新材料科技公司	主攻石墨烯家庭生活系列用品	成立安徽省鑫烯旺石墨烯科技有限公司
2	北京碳世纪科技有限公司	制备石墨烯干粉及分散液、氧化石墨烯干粉及分散液	发布了首款石墨烯空气净化产品烯净

---

[1]《2016年度石墨烯产业发展白皮书》，http://www.escn.com.cn/news/show - 340126.html，2016。

[2]《三年疯长石墨烯产业面临生死大考?》，http://www.xcl.net.cn/news/show.php? itemid = 20417，2016。

续表

序号	公司名称	业务范围	近期发展动向
3	中国碳谷科技集团	从事石墨烯宏量制备工艺的研发,产品主要用于高分子材料、陶瓷和金属材料等复合领域	计划在五年内建成年产 10000 吨优质石墨烯的生产基地
4	东旭光电	从事石墨烯研发、投融资、产品生产和销售	推出了首款基锂离子电池产品烯王及石墨烯基锂离子电池产品动力滑板车
5	恒力盛泰(厦门)石墨烯科技有限公司	主要生产石墨烯原材料系列产品	15% 的股份被华西能源收购
6	珠海聚碳复合材料公司	从事石墨烯及其新型碳材料的复合材料的研究、生产和销售	与北京中誉御林源供应链公司签署战略合作协议,大力推广石墨烯润滑油抗磨改进剂的应用
7	常州立方能源技术有限公司	专注于石墨烯新材料、新能源领域储能产品研发和商业化应用	研发了中国首条石墨烯基超级电容器,系列产品即将批量投产
8	南通维亚石墨烯科技有限公司	专注石墨烯复合纤维产品的研发和生产	在石墨烯应用服装纤维领域取得显著突破,达到了国际先进水平
9	常州二维碳素科技股份有限公司	主要产品有石墨烯压力传感器、石墨烯发热膜、石墨烯触控传感器等	发布了世界首款石墨烯压力触控传感器

资料来源:笔者根据相关资料整理。

二 产业技术进展

石墨烯已被公认为最具价值的新材料,近年来世界各国相关机构纷纷加大了对石墨烯材料的研究力度,在基础研究领域和应用研究领域均取得了较大进展。目前,从世界范围来看,高校、科研院所依然是石墨烯研究领域的主力军,石墨烯技术进展主要集中为石墨烯材料制备、石墨烯复合材料制备,以及石墨烯材料及复合材料在电子、能源、环保、健康等领域的应用。

（一）国外技术进展

当前国外石墨烯技术进展主要体现在石墨烯的制备方法创新和应用领域的突破，此外一些科学家经过长期研究，还发现了石墨烯材料新的属性，如巴西研究人员发现石墨烯具有摩擦各向异性等。

石墨烯材料制备方法的创新主要有两种：一种是研究出新的制备方法，另一种是对原有制备方法的改进。前一种方法如韩国蔚山科学技术大学的研究人员探索出制备石墨烯材料的微波法，即利用微波去除石墨烯氧化物中的含氧官能团，有利于解决石墨烯的大规模制备难题。后一种方法如美国伊利诺斯大学的研究者在化学气相沉积法的基础上研发了一种通过激光切割模具制造的石墨烯固定技术，这种方法也被认为会带来高品质石墨烯制备的突破。

应用方面，石墨烯技术突破主要集中在电子、能源、医疗、环保等石墨烯重点应用领域。应用领域技术突破的重要方式是利用某种方法将石墨烯材料与其他材料合成制成新的复合材料，用于相关应用领域。虽然这种方式依然没能摆脱石墨烯"工业味精"的命运，但是合成材料的技术越来越高，合成后的材料性能也更加优越。例如，英国研究人员利用银纳米丝线和石墨烯制成的复合材料可以用于制造业触摸显示屏。德国研究人员首次将石墨烯和功能分子交联，合成的复合材料可用于分子电子技术领域、催化领域甚至传感器领域。

表5　国外部分石墨烯技术进展

国家	技术动态	企业或机构
韩国	通过氢化石墨烯，提升石墨烯的光电特性	基础科学研究所
韩国	采用化学气相沉积法合成堆叠有序性的石墨烯材料	韩国成均馆大学、苏州大学以及波兰的 H. Ru mmeli
美国	开发出激光处理工艺，优化印刷石墨烯的方法	爱荷华大学
韩国	利用三维石墨烯气凝胶制造氧化石墨烯基扬声器	韩国科学技术学院

续表

国家	技术动态	企业或机构
英国	利用银纳米丝线和石墨烯制成复合材料	英国苏塞克斯大学
韩国	利用微波去除石墨烯氧化物中的含氧官能团	韩国蔚山科学技术大学
巴西	发现石墨烯材料具备摩擦各向异性	坎皮斯那州立大学物理研究所
德国	成功地将石墨烯与卟啉交联,构成新的杂化结构	慕尼黑理工大学
美国	将石墨烯嵌入到镍中,发现新的纳米复合材料	美国阿肯色大学
美国	利用纳米级焊接技术,将石墨烯构造成一种硬度高、透气性强的新型材料	美德州莱斯大学
美国	首次使用石墨烯封装合成了二维材料氮化镓	宾夕法尼亚州立大学
意大利	利用新的抑制神经突触的方法,制备出可以在不影响细胞活性的同时抑制神经元信号的氧化石墨烯纳米片	里雅斯特大学

资料来源:笔者根据相关资料整理。

(二)国内技术进展

近年来,中国在石墨烯产业研发方面一直走在世界前列,我国在石墨烯专利数量和发表高水平论文方面处于世界领先地位[1]。国内石墨烯技术进展也主要体现在制备技术和应用领域这两方面,并且高校和研究所依然是推动石墨烯行业技术进展的主力军。制备方面,一些国内研究机构制备出新的石墨烯材料,一些企业则在制备技术方面取得了突破,如上海交通大学研发出具有良好性能的聚环氧乙烷功能化石墨烯纳米带等。应用方面,石墨烯在电子器件、锂电池、环保等领域取得了一定的进展,如2016年12月初中国明星企业华为技术有限公司宣布推出首个石墨烯电池,该电池在寿命和耐热性方面有了较大程度的改善。

---

① 资料来源:《全球石墨烯产业的发展现状与前景分析》,http://www.ocn.com.cn/chanjing/201604/vazxw27120239.shtml,2016年4月。

表6 国内部分石墨烯技术进展

技术动态	企业或机构	亮点
首次利用噻吩纳米片和电化学剥离的石墨烯制备出堆叠层异质结膜,并将其应用于高倍率、柔性化ASSSs和微型超级电容器	中国科学院大连化学物理研究所、德国	制备出堆叠层异质结膜;应用于高倍率、柔性化ASSSs和微型超级电容器
发明了一种氧化石墨烯太阳能电池,可在没有光学集中器的情况下做到热量集中	南京大学	提供了一种低成本、便携的热脱盐净化水技术
在器件中加入石墨烯阻挡层,有效抑制了Ag细丝过度生长到Pt中	中科院微电子所	石墨烯提高阳离子基存储器件稳定性
使用苯胺对GO分散液的性能进行调控,获得了油灰状氧化石墨烯材料	北京理工大学	油灰状石墨烯材料具有优异的可加工性能,容易被设计加工成各种宏观和微观结构
通过直接CVD工艺合成石墨烯玻璃	北京大学	免转移CVD合成工艺不仅能生产出质量可控、均匀性好、具可伸缩性的石墨烯,而且绕过了具有破坏性的转移过程
利用石墨烯与高质量的$\beta-Ga_2O_3$单晶片制成深紫外光电探测器	合肥工业大学	该深紫外光电探测器具有优异的光谱选择性
证实了石墨烯量子点同时具有抗氧化和助氧化的能力	苏州大学、国家纳米科学中心、美国食品药品监督管理局、马里兰大学帕克分校	石墨烯量子点能消灭自由基,抑制脂质过氧化
将超声处理和水热法相结合可制备出多种还原染料/石墨复合材料	南京工业大学、南洋理工大学	用石墨烯制备出复合材料,用于锂离子电池制作
将活泼金属锡量子片局限在石墨烯层中,提高了电催化活性和稳定性	中国科学技术大学	为电解燃料合成设计高效的催化剂提供了很有价值的新思路
研发出具有良好加工性能的聚环氧乙烷功能化石墨烯纳米带	上海交通大学	提升了功能化石墨烯纳米带的研制能力
研发出微型石墨烯薄膜灯丝热电子发射器	北京大学	微型石墨烯电子发射器为实现大型可寻址的电子发射器阵列在真空电子器件的应用提供了可能
推出业界首个石墨烯电池	华为技术有限公司	将电池的寿命延长了2倍、耐热度提高了10倍

191

三　产业发展问题及对策建议

（一）石墨烯产业发展存在的问题

石墨烯产业作为一个刚刚形成的幼稚产业，具备所有幼稚产业的"通病"——产业规模小、产业集中度低、产业结构不合理、产业分布不均衡等。目前我国石墨烯产业主要集中在上游，其突出问题表现为研发能力不强、市场化程度不高、行业资源分散等。

1. 产业整体还处在起步阶段

近年来，石墨烯产业在全球范围内呈井喷式发展态势，产业市场价值和发展前景被看好，但依然改变不了石墨烯产业现为幼稚产业的现状，产业整体规模小，石墨烯材料产量低、品质低，对其他产业的带动作用难以显现。目前，因为制备技术问题，石墨烯材料尚未实现真正意义上的规模化生产，生产出来的石墨烯材料存在成本过高、品质难以保障等问题，特别是高品质的石墨烯材料规模化量产问题更加突出；石墨烯材料难以规模化量产制约了下游的石墨烯材料的应用，当前市场中出现的石墨烯应用产品大多还处在研发阶段，能够真正面向市场销售的产品少之又少，石墨烯产业被标榜的市场价值还远未实现。石墨烯短时间内的"难产"源头在研发阶段，虽然我国石墨烯研发成果处于世界领先地位，但整体上存在研发力量分散，高端成果少，基础研究多、应用研究少，研发成果难以转化等问题，研发端支持不足导致石墨烯材料在生产方面短时间内难以取得重大突破。

2. 产业市场环境有待进一步优化

作为新兴产业，石墨烯产业正处在大量产业要素进入阶段，市场秩序尚未确定，市场结构和市场环境需要进一步优化。目前我国石墨烯产业以中小企业为主体，企业之间抢夺市场的竞争异常激烈。石墨烯行业聚集了大量中小企业，虽然带来了市场活力，推动了石墨烯产业走向繁荣，但因为缺少大企业的引领及完善的监管体系，也容易导致大量不公平竞争的现象发生，引发市场失序。一些自身实力有限的中小企业，难以通过提升产品竞争力等方式抢占市场，只能通过虚假宣传、恶意炒作等方式抢占市场，这种行为短期来看阻碍了公平竞争、使消费者利益受损，长期来看不利于整个产业的健康发展。

3.产业发展缺乏有力支撑

当前，我国石墨烯产业发展还处在起步阶段，配套产业和政策对该产业的支持力度还不够。配套产业方面，石墨烯产业在研发和制备等方面存在的问题在很大程度上受制于相关产业发展不够成熟，目前我国制造业创新能力不强、产品技术工艺不强、高端领域过于依赖进口，导致我国制造业在关键产品、关键零部件方面能为石墨烯产业发展提供的支撑有限，一些研发生产的技术和工艺难以实现或者实现成本过高，如石墨烯材料研发设备的购置和维护费用十分昂贵，仅透射电子显微镜就需要 600 万元左右，极大地增加了石墨烯研发成本；而作为新兴产业，石墨烯虽然拥有巨大的市场潜力，但市场价值尚未体现，对金融业、物流、咨询、设计等现代服务业的吸引力有限，影响了石墨烯产业的发展。配套政策方面，目前我国中央政府和地方政府先后出台了多项鼓励石墨烯产业发展的政策，基本起到了引导产业发展的作用，但是在市场监管、产业统计、标准等方面还缺乏相应的政策，需要进一步完善，以优化石墨烯产业发展的市场环境和政策环境。

（二）政策建议

根据当前我国石墨烯行业存在的主要问题，本文从研发、市场化、市场环境等方面提出以下政策建议。

1.努力提升石墨烯产业研发能力

建立和完善相关财税金融政策，加大对企业研发的支持力度，鼓励企业注重关键、核心和前沿技术的研发。充分发挥国家重大科技专项的引领作用，针对石墨烯行业的重大关键共性技术、核心技术设立国家科技重大专项，支持企业和高校开展相关领域的研究。加大科技成果转化力度，建立和完善石墨烯行业科技成果转化市场，鼓励高校科研机构积极向企业转移科技成果。依托国内高校，设置相关专业，加强高校与企业的合作，培养专业型人才，鼓励企业积极引进海内外优秀人才。

2. 提高研发成果转化效率

以石墨烯产业化前期的应用技术开发为重点，大力支持和引导生产企业、科研机构与应用单位联合开发各种石墨烯增强复合材料、零部件及成品，扩大工业领域的应用市场。主要应在三个方面加强研发与商业化的有机融合：一是大力发展"研发机构＋孵化器＋加速器"的三位一体模式，为技术研发向成果转化提供完善的一站式服务；二是鼓励下游应用企业通过股权投资、联合研发等方式支持和孵化石墨烯初创企业，围绕需求链建立创新链；三是为研发机构和企业联合研发搭建沟通合作平台，依托国家科技专项、自然科学资金等，大力支持研发机构和下游应用企业联合承担科技成果转化项目。

3. 优化石墨烯行业市场环境

一是加强石墨烯市场监管体系建设，构建完善的事中事后监管体系，进一步加强企业信用体系和企业产品追溯体系建设，建立以质检、工商、环保、工信等部门为组成单位的监管小组，形成定期督查机制，构建信息服务公共平台，加大对石墨烯企业生产、销售、运营的监管力度，防止恶意炒作、扰乱市场秩序的行为，提升石墨烯产品品质，确保产品质量安全。二是提升行业标准化水平，加强国家标准的制定，进一步完善《石墨烯材料的术语、定义及代号国家标准草案（征求意见稿）》，逐步确立石墨烯生产技术、工艺和产品的国家强制性标准和推荐标准，推动建立行业标准，鼓励企业建立高于国家标准和行业标准的企业标准。三是加强对石墨烯产业运行的宏观掌控，建立和完善石墨烯产业统计分类，明确石墨烯分类范围、结构编码、统计分类表等关键统计指标，定期统计石墨烯产业运行数据，形成完善的统计制度。

参考文献

张继国、施国洪、宦娟：《我国石墨烯产业的现状及发展思路》，《经济纵横》2014年第2期。

张颖：《我国石墨烯产业化创新政策导向》，《商品与质量》2016年第21期。

江洪、杜妍洁：《我国石墨烯产业上市公司发展现状》，《新材料产业》2015年第11期。

孟良、孙明娟：《石墨烯产业发展现状与建议》，《新材料产业》2014年第11期。

佚名：《全球首个石墨烯指数在江苏常州发布》，《功能材料信息》2015年第3期。

B.13
医疗器械产业发展现状及对策

方鹏飞*

摘　要： 作为医药产业的重要分支，我国医疗器械产业发展迅速。
2015年，国内市场规模超过3000亿元，我国成为全球重要
的医疗器械生产国、出口国与消费国，形成了京津冀环渤
海、长三角、珠三角三大医疗器械产业聚集区；企业兼并、
收购及互相合作异常活跃，国际交流进一步加强。然而，
产业的进一步发展仍面临着一系列问题，包括：行业集中
度低，企业竞争力弱；研发能力弱，高端产品严重依赖进
口；审批观念落后，科技成果转化率低等。对此，建议加
强行业发展顶层设计、多维度助推企业发展、完善医疗器
械审批制度等。

关键词： 医疗器械　技术进展　医药产业

医疗器械产业是医药产业的重要分支，引领着未来尖端医学的前进方向。《中国制造2025》将高性能医疗器械列为重点支持领域，力求利用十年的时间实现国产医疗器械的跨越式发展。2016年是中国医疗器械产业的政策利好之年，《医药工业发展规划指南》《"健康中国2030"规划纲要》等重磅政策的接连出台展现了健康产业，特别是医疗器械产业美好的发展前景。在人口老龄化态势不断加剧、全民健康意识日趋增强的新

---

* 方鹏飞，国家工业信息安全发展研究中心工程师，研究方向为生物产业。

时期，大力发展医疗器械产业对于我国经济社会的持续健康发展具有重要意义。

一 产业发展及动态

医疗器械是指单独或者组合适用于人体的仪器、设备、器具、材料或者其他物品。按照用途划分，医疗器械可以分为检验诊断、诊断监护、医用装备、高值耗材/低值耗材、家庭护理、制药装备等六大类。自1816年全球第一部听诊器问世至今，医疗器械产业经历了200余年的发展历程。与发达国家相比，我国医疗器械产业起步较晚，但受益于庞大的国内需求，多年来始终呈现增长高位。进入21世纪，我国已成长为全球最为重要的医疗器械消费市场之一。

（一）产业规模

国际方面，根据权威机构EvaluateMedTech的统计，2015年全球医疗器械销售规模达到3903亿美元，创下了历史新高，2011～2015年复合年均增长率为1.90%。EvaluateMedTech预测，在多重因素的综合作用下，未来五年，全球医疗器械市场的复合年均增长率为4.1%，2020年的市场规模有望突破4700亿美元。

具体到细分市场，根据EvaluateMedTech的预测，体外诊断产品是医疗器械产业中占比最高的子行业，2015～2020年的复合年均增长率达6.1%，2020年的销售额约为673亿美元，占全部医疗器械销售额的13%；罗氏将持续保持在体外诊断市场的领军地位，2020年的全球销售额预计为119亿美元。

心脏病学市场方面，未来五年全球市场的复合年均增速约为4.4%，2020年的销售额在542亿美元左右；美敦力在心脏病科器械领域的领先位置将愈发牢固，2020年的销售额有望达到116亿美元，占全球同类产品市场份额的21.4%。

整形外科和骨科市场方面，2015～2020年全球市场的复合年均增长率为3.2%，2020年的销售额为420亿美元；强生依旧掌握着世界范围内骨科产品市场的话语权,2020 年的销售额约为 105 亿美元。

影像诊断市场方面,2020 年全球销售额约为 408 亿美元;西门子将继续领跑影像诊断器械领域,2020 年的销售额有望达到 108 亿美元,占全球市场份额的 26.5%。

眼科市场方面,法国光学镜头生产商依视路公司将在 2020 年取代诺华,成为全球第一大眼科公司;行业增长冠军属于 Cooper 公司,其在 2015 ~ 2020 年的复合年均增长率将达到惊人的 8.7%。

此外,根据 Evaluate Med Tech 的预测,未来五年,世界范围内医疗器械领域研发投入的复合年均增长率将达到 3.5%,至 2020 年,全球医械企业的研发投入比均值预计为 6.2%。

国内方面,中国医药物资协会医疗器械分会的统计数据显示,"十二五"期间,我国医疗器械产业发展迅速,年均增长率超过 20%,2015 年全国医疗器械市场规模超过 3000 亿元人民币。

工业和信息化部发布的《2016 年 1 ~ 9 月医药工业主要经济指标完成情况》显示,2016 年 1 ~ 9 月,规模以上医疗仪器设备及器械制造业实现主营业务收入 1916.16 亿元,同比增长 12.03%;实现利润总额 204.51 亿元,同比增长 36.63%,增速为医药工业各子行业之冠。

另据数据显示,2015 年,全国实有医疗器械生产企业 14151 家,比 2014 年减少了上千家,一批规模小、竞争力弱、低水平重复建设的企业退出了历史舞台。近万家医械生产企业中,90% 以上为中小企业,这表明行业集中度低、龙头企业带动示范效应差的问题尚未得到根本性缓解。

（二）区域布局

国际方面,全球医疗器械行业集中度进一步提升,欧盟医疗器械委员会的统计数据显示,世界排名前 25 位的医疗器械公司的销售额之和占全球市场的比重达到 60%,数量庞大、遍布全球的中小型医疗器械企业只能就剩余 40% 的市场份额展开竞争。美国在医疗器械市场的龙头地位日趋稳固,其医疗器械销售收入占全球的 38.8%,西欧次之,占比为 30.8%,日本约占 9.4%，中国约占 3.8%，其他国家和地区占 17.2%。全球医疗器械产业分布情况如表 1 所示。

表 1　全球医疗器械产业分布情况

分类标准	国家
医疗器械主要生产国	美国、德国、荷兰、日本、中国
医疗器械主要消费国	美国、中国、日本、英国、加拿大
医疗器械主要出口国	美国、中国、德国、日本、荷兰

具体来说，在全球医疗器械领域美国拥有最为雄厚的研发实力，其在植入性电子医疗器械、大型电子成像诊断设备、远程诊断设备等方面的技术水平居于世界领先地位。欧盟在医疗器械领域的地位仅次于美国，2012 年，西欧主要国家的医疗器械市场销售额达到 824 亿美元。其中，德国的医疗器械产业规模位居全球第二，是欧洲最大的医疗器械生产国和出口国，医疗器械产业的产值占 GDP 的 11.9%。亚洲方面，日本是全球最大的医疗器械消费国之一，年均医疗器械销售额在 200 亿美元左右。中国的医疗器械产业迅速崛起，以庞大的国内市场为依托，已成长为全球主要的医疗器械生产国、出口国与消费国。

企业方面，来自标普的数据显示，2015 年全球医疗器械企业收入排行榜中，美国和欧洲企业包揽前 10 名，美国企业更是在前 10 名榜单中占据 6 席（见表 2），彰显了美国在医疗器械产业的领军者地位。

表 2　2015 年全球医疗器械企业收入前 10 名

单位：亿美元

排名	企业	收入	国家
1	强生	2584	美国
2	美敦力	2313	美国
3	通用电气公司	1803	美国
4	费森尤斯	1698	德国
5	百特国际	1633	美国

续表

排名	企业	收入	国家
6	西门子	1460	德国
7	康德乐	1140	美国
8	诺华	1049	瑞士
9	飞利浦	1040	荷兰
10	史塞克	982	美国

国内方面，我国医疗器械产业集群化发展趋势愈发明显，目前已初步形成了珠三角、长三角和京津冀环渤海三大产业聚集区。据不完全统计，三大产业聚集区医疗器械总产值之和及销售额之和占全国的比重均已超过80%。

珠三角产业聚集区主攻综合性高科技医疗器械产品，包括超声诊断、MRI等医学影像设备和伽玛刀、X刀等大型立体定向放疗设备，以及肿瘤热疗设备等；京津冀环渤海产业聚集区以北京为中心，辐射华北，主攻方向为DR、MRI、数字超声、加速器、计算机导航定位医用设备、呼吸麻醉机、骨科器材和心血管器材，近年来发展势头强劲；长三角产业聚集区以上海为龙头，辐射华东，区域内中小企业发展迅速，一次性医疗器械和耗材的国内市场占有率已超过50%。苏州的眼科设备，无锡的医用超声，南京的微波、射频肿瘤热疗，宁波的MRI等皆在我国医疗器械版图中占据重要地位。

2015年我国医疗器械销售额排名前10的省份及其销售额在全国的占比情况如表3所示。

表3　2015年我国医疗器械销售额排名前10省份及其在全国的占比

单位：%

排名	省　份	占比
1	广　东	13.39
2	河　南	10.10
3	北　京	6.94
4	浙　江	6.92
5	安　徽	5.90

排名	省　份	占比
6	山　东	5.75
7	四　川	5.48
8	上　海	5.21
9	黑龙江	4.53
10	湖　南	4.50

资料来源：中商情报网。

从医疗器械企业的分布来看，中商情报网发布的数据显示，我国医疗器械企业集中分布在华东、华南和华北地区。其中，华东占比44.01%，华南占比24.54%，华北占比16.1%，其他地区占比15.35%。

（三）企业动态

主要企业最新进展——企业扩张情况（产能利用、新建生产线、投资并购、技术研发等）可列表阐述。

1. 投资并购情况

（1）国际方面

①整体情况

在经历了2015年的并购热潮后，2016年的医疗器械投资市场依旧活跃，多笔重量级交易宣告完成。美敦力、雅培制药、史塞克等领军型企业并未停止扩张的脚步，各中坚型企业则希望通过并购来保持在细分领域的竞争优势。2016年国际医疗器械市场的部分并购情况如表4所示。

表4　2016年国际医疗器械市场并购情况（部分）

单位：亿美元

序号	收购方	被收购方	交易金额
1	松下医疗	拜耳糖尿病业务单元	11.61
2	NuVasive	Ellipse	4.1
3	三诺生物	尼普洛（诊断业务）	2.725

续表

序号	收购方	被收购方	交易金额
4	史塞克	Sage	27.8
5	雅培制药	Alere	58
6	史塞克	Physio-Control	12.8
7	佳能	东芝医疗系统	59
8	QIAGEN	Exiqon	10.35
9	中信产业基金	Biosensors	10.5
10	强生	雅培医疗光学	43.6
11	雅培制药	圣犹达医疗	250
12	美敦力	Heartware	11
13	丹纳赫	Cepheid	40

②重磅交易简介

a. 松下医疗收购拜耳糖尿病业务单元

拜耳是全球第一台便携式血糖仪的发明者，是传统的糖尿病管理巨头，近年来，其糖尿病业务已被罗氏、强生赶超。松下医疗主攻生产电子病历系统和血糖监测设备，拜耳的两款血糖仪产品是对松下产品线的有力补充。

b. NuVasive 收购 Ellipse

收购方 NuVasive 公司主攻脊椎手术器械，被收购方 Ellipse 为矫形手术器械公司。Ellipse 的先进技术有望成为脊椎与矫形手术领域的标杆。收购 Ellipse 使 NuVasive 顺利进入早发性与先天性脊柱侧凸领域。

c. 三诺生物收购尼普洛（诊断业务）

收购方三诺生物是中国血糖监测业务的领军企业，被收购方尼普洛（诊断业务）在全球血糖监测行业中排第六位。通过本次收购，三诺生物跃升为全球第六大血糖仪企业。

d. 史塞克收购 Sage

收购方史塞克为美国著名骨科医疗公司，被收购方 Sage 公司主营业务为一次性医疗和个人护理产品，提供口腔医疗护理，皮肤再生及保护，病人清洁护理、安装及定位足部医疗器械服务等。史塞克将 Sage 视为公司现有产品线的有益补充。

e. 雅培制药收购 Alere

Alere 公司在护理诊断领域拥有全球影响力，拥有领先的诊断平台和覆盖全球的 14 亿个保健测试点。收购 Alere 公司，将使雅培制药的产品线得到有力补充，同时可以在全球范围内拓展新的渠道和业务区域。

f. 史塞克收购 Physio-Control

Physio-Control 是著名的除颤器制造商，在行业内处于领军地位。史塞克表示，突发性心脏停搏是目前全球最主要的死亡诱因之一，每年在美国就造成 30 万名患者死亡。对 Physio-Control 的收购将拓展史塞克在欧洲地区的急救医疗器械市场。

g. 佳能收购东芝医疗系统

东芝医疗系统曾为东芝优质子公司，主要从事核磁共振成像仪（MRI）、X 射线检查仪等医疗器械的制造和销售业务。佳能认为医疗器械产业的发展潜力巨大，今后将以东芝医疗系统拥有的图像诊断等技术为基础，强势进军医疗器械市场。

h. QIAGEN 收购 Exiqon

被收购方 Exiqon 是丹麦著名的生命科学和分子诊断公司，拥有先进的 RNA 分析技术，同时与制药和诊断公司展开合作，开发分子诊断检测。通过本次收购，QIAGEN 将进一步巩固自身在 RNA 分析市场中的地位。

i. 中信产业基金收购 Biosensors

Biosensors 是全球排名第四的心脏支架和重症护理相关医疗设备的研发、制造及销售商，总部位于新加坡，于 2005 年在新加坡证券交易所主板上市，市值约为 13 亿新元。中信产业基金收购 Biosensors，是中资私募基金在资本市场上私有化大型海外上市企业，获取国际高端医疗器械制造技术的成功案例。

j. 强生收购雅培医疗光学

2016 年 9 月，强生宣布以 43.6 亿美元的价格收购雅培医疗光学。2015 年，雅培医疗光学在白内障手术产品、激光屈光手术产品和眼科药物等领域的销售额达到了 11 亿美元。通过本次收购，强生在获得激光视力技术（LASIK）的同时，强势进军白内障手术领域，有望一举成为全球眼科医疗行业的领导企业。

k. 雅培制药收购圣犹达医疗

雅培以现金加股票的方式收购心脏设备制造商圣犹达医疗，合并交易价值 250 亿美元，是雅培公司有史以来最大规模的收购，同时是 2016 年全球医疗器械领域最大规模的收购。此次收购将令圣犹达医疗在心脏衰竭治疗设备、心导管和除颤器领域的强劲优势与雅培在冠状动脉介入及瓣膜修复方面的优势结合，预计至 2020 年将产生 5 亿美元的销售和经营收益。

l. 美敦力收购 Heartware

美敦力是全球领先的医疗科技公司，Heartware 则主要从事微型植入式心脏泵或心室辅助装置的开发和生产。通过对 Heartware 的收购，美敦力进一步巩固了其在心律失常、心衰、血管疾病、心脏瓣膜置换、体外心脏支持、微创心脏手术等领域的优势地位。

m. 丹纳赫收购 Cepheid

Cepheid 拥有先进的分子诊断技术，收购完成后，Cepheid 将被并入丹纳赫的诊断部门，从而提升丹纳赫在分子诊断市场的影响力。

（2）国内方面

2016 年，国内医疗器械市场主要的投资并购交易如下。

①迪安诊断收购杭州德格

2016 年 11 月，迪安诊断宣布以自筹资金人民币 3.161 亿元受让杭州德格 100% 的股权。被收购方杭州德格主要从事医院检验类知名品牌的仪器代理销售业务，作为浙江省最具影响力的体外诊断产品销售企业之一，杭州德格已与多家全球知名的体外诊断生化产品供应商建立了稳固的合作伙伴关系。通过本次收购，迪安诊断可进一步强化其"产品 + 服务"的一体化产业模式，进一步提升公司的核心竞争力。

②迪瑞医疗参股兰丁高科

2016 年 1 月，迪瑞医疗对外宣布，以自有资金 859.41 万元受让武汉东湖新技术开发区发展总公司持有的武汉兰丁医学高科技有限公司（以下简称"兰丁高科"）10%股权。受资方兰丁高科当前主要产品包括细胞DNA自动检测分析仪、全自动细胞组织染色机、间歇性气压血栓治疗仪、血细胞图像自动分析仪、多功能氧气面罩等，其在肿瘤早期诊断方面的技术及研发优势是吸引迪瑞医疗投资的主要原因。

③凯利泰收购艾迪尔、易生科技

2016年1月，凯利泰公告，公司拟收购艾迪尔20%股权和易生科技43.05%股权。交易完成后，艾迪尔和易生科技成为凯利泰的全资子公司。艾迪尔主攻骨科医疗器械领域，易生科技专注心血管科医疗器械领域，通过对两家公司的收购，凯利泰搭建起了横跨骨科、心血管领域的高值耗材类医疗器械产品平台。

④汇医慧影完成A轮融资

2016年10月，独立第三方医学影像咨询平台汇医慧影对外宣布，已于近日完成A轮融资，规模达到数千万元。汇医慧影于2015年4月正式成立，致力于为医学影像诊断和处理提供精确的解决方案。2015年5月初，其PACS系统产品正式对外发布，主要功能包括普通医院疑难影像阅片咨询与基层私立医院常规阅片咨询。

⑤贝登医疗完成A轮融资

2016年11月，医疗器械B2B平台"贝登医疗"完成A轮6500万元融资。贝登医疗于2010年在南京成立，其业务模式为打通医疗器械行业销售环节，向上游的医疗器械厂家采购，服务下游的中小型医疗器械经销商以及部分民营医疗机构。

⑥平安租赁进军第三方独立影像中心市场

2016年，平安租赁对外宣布，为加速从金融服务向医疗实业方向的拓展，平安租赁计划通过"平安健康（检测）中心"品牌推动其第三方独立影像中心战略落地。按照规划，平安健康（检测）中心未来5年内将投入上百亿元在全国范围内建立100个独立影像中心，此外还将发展千余家加盟店，打造连锁性的第三方独立影像中心模式。实体店建成后，平安好医线下将组建专家团队，线上将依托 APP 和微信等开展远程诊断业务。同时，平安好医将在各省建立专家工作室，聚集全国的影像专家资源。

⑦华为与上海联影签署战略合作协议

2016 年 10 月，上海联影医疗科技有限公司与华为公司双方正式签署战略合作协议。双方将通过优势资源互补，即基于联影在高端医疗设备制造、互联网医疗解决方案等方面的产品和技术优势，结合华为在"云服务"方面的综合优势，联手打造包括医疗设备、医疗软件、医疗云、医疗大数据、顶级医生资源在内的一站式分级诊疗整体解决方案。

2. 中外合作情况

2016 年，本土企业积极推进国际合作，在"走出去"与"引进来"两方面皆有斩获，部分中外合作情况如表 5 所示。

表5　2016 年我国医疗器械产业中外合作情况（部分）

序号	合作双方	合作详情
1	鱼跃医疗、德国图特林根地区	德国图特林根地区是欧洲医疗器械制造中心，享有"全球手术器械之都"的美誉。2016 年 11 月，鱼跃医疗集团"金钟德国研发中心"正式成立，手术器械国际化进程开启
2	美年大健康、西门子医疗中国	2016 年 12 月，双方宣布将在上海共同设立与运营一家独立医学影像诊断中心。中心总投资额为人民币 1 亿元，其中美年大健康出资人民币 5100 万元，持有合资公司 51% 的股权；西门子医疗拟出资人民币 4900 万元，持有合资公司 49% 的股权
3	复星医药、美国直观医疗器械公司	2016 年 12 月，双方宣布将共同注资 1 亿美元在上海成立合资企业。企业将依托机器人辅助导管技术，研发、生产、销售针对肺癌的早期诊断及治疗的创新产品
4	微创医疗、Lombard Medical	2016 年 12 月，双方达成协议，微创医疗享有 Lombard Medical 两款主打产品在中国的独家经营权，并有权为中国市场制作此两种产品的技术许可。同时，微创医疗和若干投资者向 Lombard Medical 投资了共计 1500 万美元
5	先进科技、美敦力	2016 年 4 月，先进科技从国际心脏起搏器领导者美敦力引进的生产线正式在深圳落成，心脏起搏器的国产化进程提速

序号	合作双方	合作详情
6	华为、通用电气（GE）	2016 年 7 月，GE 发布了 Predix 软件平台，华为是其重要的合作伙伴。Predix 软件平台号称"工业中的 iOS 系统"，基于 Predix 的医疗＋互联网，GE 已经开发出了支持远程超声/远程心电的医疗临床应用和支持智能数据分析的 GE Centricity 企业级影像解决方案等产品

二 产业技术进展

2016 年，国内医疗器械领域各类研发工作持续推进，新的技术成果不断涌现，彰显出医疗器械行业美好的发展前景。

（一）国外技术进展

国际方面，3D 打印、纳米机器人、医疗机器人等热门技术日趋成熟，医学影像、心血管、哮喘、眼科等领域皆有创新型产品问世。2016 年医疗器械领域部分国外技术进展情况如表 6 所示。

表 6　2016 年医疗器械领域国外技术进展（部分）

序号	国家	技术进展详情
1	以色列	通用电气（GE）医疗集团及其海法工程团队研发出新型扫描技术——"Revolution CT"。"Revolution CT"配备了通用电气新一代低剂量技术，在保证相同图像质量的情况下可使 CT 扫描辐射减少量高达 82%
2	荷兰	代尔夫特理工大学的"生物启发"科研小组在 3D 打印人类心脏模型的基础上开发了一种拯救生命的导管。新开发的导管具有"改进的机动性"，有望开启导管心脏手术的大门
3	美国	美国西北大学的科研团队使用 3D 打印技术开发出了能够根据患者身体情况进行定制的可生物降解弹性支架。新的支架可以最大限度地减少植入过程中的并发症

续表

序号	国家	技术进展详情
4	美国	来自 Massachusetts Eye and Ear、Boston 儿童医院和 Harvard 医学院的研究人员开发出了一种可释放药物的隐形眼镜,可有效改善对青光眼的治疗效果
5	加拿大	加拿大麦吉尔大学、蒙特利尔大学和蒙特利尔工学院的研究者们通过合作,研制出一款纳米机器人,可以在人体血管内运行,精准地锁定癌细胞并投递药物。通过纳米机器人投放药物,人体的组织和器官不会受到损伤,病人的服药剂量可以大幅减少
6	加拿大、瑞士	加拿大不列颠哥伦比亚大学和瑞士 Paul Scherrer 研究中心的研究人员开发了一种可无痛采血的微型设备。该设备上设有 0.5mm 长短的微型针头,在采血的过程中,针头会刺入皮肤表皮的外层,而不继续进入表皮的更深处或是真皮层,从而做到无痛检测
7	澳大利亚	澳大利亚墨尔本迪金大学的智能系统研究所(IISRI)研发出一款具有触感的医疗机器人。这款医疗机器人可以为病人进行腹部超声波扫描检查,并量度病人的不适程度。一旦病人觉得不舒服,这种感觉会经由网络传送给远方的超声波检查医生或放射治疗师,让他们了解病人的情况,从而判断病人的肾、膀胱、胰脏等是否有异样
8	美国	北卡罗来纳州立大学的研究人员设计了一种可穿戴的哮喘早期预警系统——健康环境追踪器(HET)。这套系统包括腕带和胸贴,可以监控病人身体及周围环境,帮助哮喘病人尽可能远离过敏源
9	英国	英国萨里大学的研究人员使用 3D 打印技术开发出了世界上第一个喷嚏测量仪。它具有足够的灵敏度来测量一个喷嚏的速度,从而可以用于诊断各种呼吸道疾病

(二)国内技术进展

国内方面,尽管同国际先进水平仍存在明显差距,但国内医疗器械产业在技术研发方面从未停止过追赶的脚步,2016 年的主要技术进展如下。

1. 国产 PET/CT 设备获准上市

2016 年 10 月,经国家食品药品监督管理局审查,由浙江明峰医疗系统股份有限公司生产制造的正电子发射及 X 射线计算机断层成像装置(PET/CT)获准上市。国产设备进入市场,可以打破国外产品对国内市场的垄断,同时标志着中国大型高端医疗影像设备的研制与生产迈上了新台阶。

2. 华中科技大学成功研制全球首台癌症早期检测设备

2016 年 4 月，在国家重大科学仪器设备开发项目"超高分辨率 PET 的开发和应用"支持下，武汉光电国家实验室（筹）研究员、华中科技大学生命学院谢庆国教授科研团队成功研制全球首台癌症早期检测设备，可以在 5 分钟内检测出患者是否患癌。该款"全数字 PET"的空间分辨率已达到 2.2 毫米，比当前进口设备的最高水平提升近一倍。

3. 哈工大研制成功全新纳米操作机器人

2016 年世界机器人大会上，哈工大机器人集团发布了具备位移反馈传感器的纳米操作机器人。纳米操作机器人具有超级灵敏、超高精确等特点，可以在极微小尺度下完成传统机器人无法实现的各种观测、表征和操控作业，将原子级别的药物输入细胞中。近年来，哈工大机器人集团聚焦智慧工厂、工业机器人、服务机器人、特种机器人四大方向，已经彰显出了在机器人领域的前沿技术实力。

三　产业发展问题及对策建议

（一）存在的问题

1. 行业集中度低，企业竞争力弱

当前，我国实有各类医疗器械生产企业 14000 余家，其中 95% 以上为中小企业，行业集中度偏低、低水平重复建设等问题十分突出。企业受规模、资金等方面的限制，竞争力弱，产品附加值偏低，同质化现象严重，中低端市场竞争日趋白热化。中小企业林立导致行业竞争生态恶化，企业为求生存而忽略质量品牌建设、为打开销路而违规销售等现象屡禁不止。

2. 研发能力弱，高端产品严重依赖进口

相较于传统医疗器械强国，我国在研发能力方面仍存在较大差距。数据显示，我国医疗器械企业研发投入占销售收入的比例普遍低于 3%，而发达国家医疗器械企业研发投入占销售收入的比重在 7% 左右，2015 年，罗氏、

雅培、波士顿科学等行业巨头的研发投入比已经超过 10% 。考虑到中国企业在销售额方面与外国企业存在巨大差距，双方在产品研发方面的净资金投入更不可同日而语。2015 年，美敦力的研发投入超过 22 亿美元，强生、西门子、罗氏、飞利浦的研发投入都在 10 亿美元以上，而国内医疗器械领军企业迈瑞医疗的年产值仅在 70 亿元人民币左右。研发能力弱导致绝大多数本土企业只能采取模仿、跟随策略，产品停留在国际价值链中低端。国内市场高端产品严重依赖进口，先进仪器设备、高值耗材的定价权被外国企业牢牢把持。

3. 审批观念滞后，科技成果转化率较低

近年来，我国在临床领域涌现出一批发明专利，但最终的产品转化率仅在 5% ~ 10% 。例如，"十一五"和"十二五"期间，在艾滋病和病毒性肝炎重大传染病防治科技专项带动下，我国在相关领域出现了一批发明专利，包括前景可期的新药、试剂盒等，但最终获准上市的产品寥寥无几。究其原因，一是审批时间过长，二是因为国外没有同类产品上市，国内审批机构的态度便不够积极，最终的审批结果往往趋向于保守。如果观念上的问题得不到理顺，国内医疗器械科研成果的产品转化率便难以获得实质性提升。

（二）发展思路及对策建议

1. 加强顶层设计

以推进《中国制造 2025》为契机，加紧出台《医疗器械产业"十三五"发展规划》，科学布局"十三五"期间医疗器械产业的发展，对数字化诊疗设备、组织修复与可再生材料、分子诊断仪器及试剂、人工器官与生命支持设备、健康监测装备五大方向予以重点支持。组织科技部、工业和信息化部等相关部委在医疗器械领域启动实施重大工程、重大专项，力争在"十三五"期间实现国产高端诊疗设备的突破，逐步在高端产品领域摆脱对进口产品的依赖。

2. 多维度助推企业发展

积极拓展医疗器械企业融资渠道，推动各地出台鼓励医疗器械企业通过资本市场融资的专项措施，推动医疗器械领域的兼并重组；尝试成立融资租赁公司，为医疗器械企业提供专业化、个性化融资租赁服务，缓解医疗器械企业资金压力；成立国家层面的医疗器械产业发展投资基金，加大对优质项目的投资力度；搭建医疗器械产业公共服务平台，通过发放服务券等形式为医疗器械企业提供服务，实现科研信息、仪器设备的共享；构建面向行业的检验检测服务平台，为医疗器械企业提供专业化的第三方检验检测服务；鼓励各级诊疗机构加大对国产医疗器械产品的采购力度，加速推进相关产品的产业化进程。

3. 完善医疗器械审批机制

进一步完善医疗器械审批机制，缩短医疗器械上市审批时间。充分发挥《创新医疗器械特别审批程序》的先行先试作用，在审批环节给予国产医疗器械产品，特别是高附加值医疗器械产品更多的政策红利，力争早日实现国产医疗器械对外来产品的进口替代。

参考文献

工业和信息化部：《产业技术能力创新发展规划》，2016。
中共中央、国务院：《"健康中国2030"规划纲要》，2016。
《中国医疗器械三大产业带》，生物谷网，2016。
《2016中国医疗器械行业试产规模分析》，中商情报网，2016。

B.14
智能网联汽车产业发展现状及对策

宋晓晶*

摘　要：　伴随着信息通信技术的快速发展，智能化、网联化成为汽车产业发展的必然趋势。近年来，智能网联汽车进入快速发展阶段。世界许多国家和地区纷纷制定智能网联汽车发展战略，美国、德国和瑞典在全球智能网联汽车发展中处于领先定位。我国政府也出台多项政策助推智能网联汽车发展，已具备汽车网联化的初步基础。但与国外相比，我国在一些核心技术环节仍存在短板和不足，未来应从政策、创新、标准、数据等方面不断完善，推动我国智能网联汽车快速发展。

关键词：　智能网联汽车　产业规模　产业布局　核心技术

随着通信和信息技术日新月异的发展，汽车智能化、网联化逐渐成为汽车产业发展的必然趋势。近些年，智能网联汽车进入了飞跃式发展阶段。许多国家和地区纷纷把智能网联汽车作为其重要的发展战略。据麦肯锡公司发布的《展望 2025：决定未来经济的 12 大颠覆技术》，智能网联汽车为第六大颠覆技术，并预估其在 2025 年的潜在经济影响为 2000 亿～19000 亿美元。

---

* 宋晓晶，国家工业信息安全发展研究中心高级工程师，研究方向为产业经济、财税政策。

一 产业发展及动态

（一）智能网联汽车相关定义

根据中国汽车工业协会的定义，智能网联汽车（Intelligent Connected Vehicle），为搭载先进的车载传感器、控制器、执行器等装置，并融合现代通信与网络技术，实现车与X（人、车、路、后台等）智能信息交换共享，具备复杂的环境感知、智能决策、协同控制和执行等功能，可实现安全、舒适、节能、高效行驶，并最终可替代人来操作的新一代汽车。

按照汽车控制权及安全责任分配，智能网联汽车可以分为不同级别。每个不同组织所采用的标准有所差别：美国高速研究所（BASt）、国际自动机械工程师学会（SAE）、美国国家公路交通安全管理局（NHTSA）所采取的标准大致相同，只是级别略有差别。其中分级最为详细的是SAE，把无人驾驶技术分为0~5级，它对应的级别分别是完全手动驾驶、辅助驾驶、部分模块自动化、特定条件下自动化、高度自动化及全自动化的无人驾驶。而NHTSA把4级定义为高度自动化和全自动化的无人驾驶；0~2级仍以手动驾驶为主，需要驾驶员对周边驾驶环境进行观测；3级及以后可通过智能驾驶系统对周边环境进行观测。中国汽车工业协会提出五级分

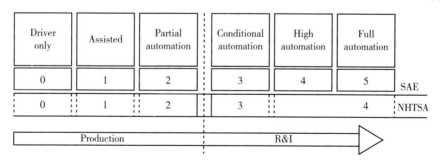

图1 SAE、NHTSA关于智能驾驶分级定义

资料来源：中信证券研究部。

类，分别为一级驾驶资源辅助阶段（DA）、二级部分自动化阶段（PA）、三级有条件自动化阶段（CA）、四级高度自动化阶段（HA）、五级完全的自动化（FA）。

从产业链来看，智能网联汽车的上游为终端感知层，主要包括软件和硬件两大部分。软件包括车机操作系统、人工智能操作系统、地图、娱乐、语音、导航等。而硬件包括车机、智能芯片、摄像头、车载电池、传感器、RFID 等。中游为数据传输层，主要包括各类电信运营商。实现汽车系统与外界进行信息交流的重要手段主要为 3G、4G、5G、WiFi 等各种信息通信技术。未来，车与车、车与人、车与路之间可通过电信运营商的通信网、互联网传递信息，实现汽车互联，并可为用户提供各种定制服务。下游平台应用层包括整车厂商、行业应用提供商、互联网厂商。处于产业链最核心位置的

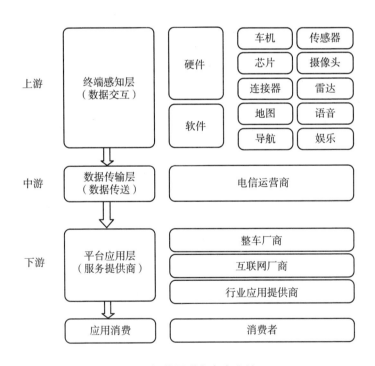

图 2　智能网联汽车产业链

资料来源：笔者整理。

是汽车生产商，其掌控力最强，由于整车厂商拥有汽车自身和车载终端资源的信息，可轻松切入智能网联汽车的软硬件搭载。特别是在前装市场上，整车厂商在前装车载系统的生产、设计、测试等方面有绝对的话语权。互联网厂商的优势主要体现在软件数据方面，通过积极与车厂合作形成战略联盟，运用大量用户数据进行运营，可通过抓住智能汽车这个入口形成平台优势。

（二）产业规模

目前全球智能汽车产业市场规模已突破300亿元。罗兰贝格咨询公司于2016年第1季度发布了《全球智能汽车发展指数》。研究报告对市场规模的衡量采用了搭载高级辅助驾驶系统（SAE 2级以上）的车辆销量这一指标。根据这一指标，美国、德国和瑞典在全球处于领先地位。美国是世界上智能驾驶车辆市场规模最大的国家，这主要得益于美国安装辅助驾驶系统的车辆保有量较大。德国是全球智能网联汽车市场规模第二大国，其商用车辆中搭载辅助驾驶系统的比例较高，且德国国内市场的绝对规模较大。瑞典全球规

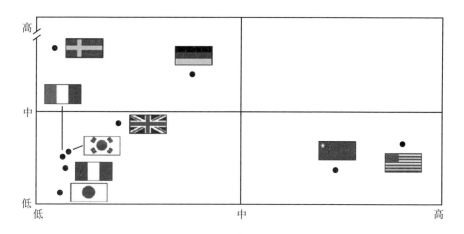

图3 罗兰贝格咨询报告中"智能驾驶汽车市场份额"指标情况

注：搭载驾驶辅助系统的车辆的理论渗透率，通常是标配或者选配。
资料来源：罗兰贝格咨询报告。

模排名第三，虽然其绝对规模相对而言不大，但瑞典安装高级辅助驾驶系统车辆的占比为全球最高。位于第四名的是英国，但与处于前三名的国家相比差距较大。其他国家均表现一般。

据中国汽车工业协会的数据统计，中国 2015 年乘用车销售量已经达到 2114.6 万台，到 2020 年销售量预计达到 2773.3 万台。根据 Analysis 的相关研究，中国智能驾驶乘用车渗透率在 2015 年已经达到 15%，但大部分智能

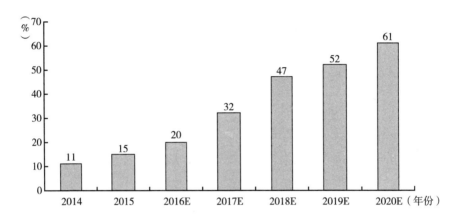

图 4 易观国际对中国智能驾驶汽车渗透率预测

资料来源：易观国际。

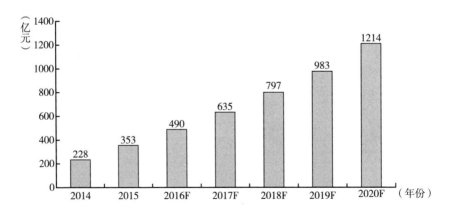

图 5 易观国际对中国智能驾驶汽车市场规模预测

资料来源：易观国际。

驾驶乘用车仍处于等级 1~2 水平。根据 Analysis 的相关预测，到 2019 年，中国智能驾驶乘用车渗透率将超过 50%，其中等级 3~4 水平的智能驾驶汽车所占比重将明显提高。从市场绝对规模来看，根据 Analysis 的研究，截至 2015 年，中国智能驾驶市场规模已经达到 353 亿元人民币；到 2020 年，预计市场规模将达到 1214 亿元人民币。

（三）区域布局

1. 全球布局

在世界范围内，欧美等发达国家于 20 世纪 70 年代就开始从事智能无人驾驶汽车的研究与开发，这一研究最初主要使用于军事领域。智能汽车研发因受到研发环境和内在驱动不足等因素限制一度被搁置。经过若干年的发展，由于无人驾驶技术下放与硬件系统成本快速下降，智能网联汽车技术进入合适的性价比区间。发达国家如美国、德国及日本等都积极对智能网联汽车进行布局，各国整车厂商纷纷加大核心技术研发力度，积极为产品搭载有条件自动驾驶及驾驶辅助技术。美国、德国、英国、法国、日本、韩国等国均制定了多项政策，推动本国智能网联汽车发展，并投入了大量资金用于支持自动驾驶和无人驾驶的相关研究。罗兰贝格咨询公司的《全球智能汽车发展指数》显示，从"行业"这个指标来看，德国依然保持着全球领先地位，并超越了美国和瑞典。这一领先地位产生的原因主要是德国整车厂在高级辅助驾驶系统和无人驾驶功能上表现突出。最近一段时间，德国整车厂相继推出了几款新车型，如宝马 7 系和奥迪 A4L。通过新车型的上市，量产车中搭载智能网联汽车技术的数量进一步增加，有利于市场可用性的提高。一些驾驶辅助系统首次成为标配，如奥迪 A4L 上配置的紧急辅助转向系统。同上期报告相比，美国、日本和韩国整车厂与德国之间的差距有所缩小。然而对某些高端车型（如雷克萨斯 LX、现代 Genesis G90）却设置了严苛的政策来限制其上市，使这些整车厂在智能网联汽车技术的市场化上面临许多挑战。在此种情况下，特斯拉正在通过采用一种替代策略来克服这些限制，使车辆的智能驾驶功能提高：在车辆的传感器匹配的情况下，车主通过购买软件的方式就可以升级获得特斯拉最新的"自动泊车"功能。在概念车的研发方面，德国和美国基本并驾齐驱，而来自美国的谷歌和优步将关注点更多地放在城市道路的应用上。日本在概念车的研发方面也同样表现不俗。在东京车展上，日本整车厂商展示了一系列附带智能驾驶功能的先进概念车。

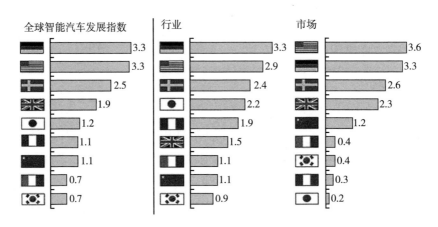

图6 罗兰贝格报告全球智能汽车发展指数排名

资料来源：罗兰贝格咨询报告。

美国是汽车制造大国和智能网联汽车相关技术强国，一直处在智能网联汽车研发的前沿。在美国发布的《智能交通战略规划2015~2019》中，明确将智能网联车和自动化作为两大主要发展目标；美国成立交通变革研究中心对智能网联汽车开展大规模示范测试。通过大力扶持、引导以谷歌为代表的IT企业，以及以福特为代表的传统汽车企业从事跨界研发，推动无人驾驶技术的发展。

日本对智能网联汽车和智能交通系统的研究开始于20世纪90年代。日本拥有良好的交通基础设施，日本政府部门由内阁牵头，多部门联合推进智能网联汽车发展，并组织成立了车辆自动驾驶系统委员会，制定了智能汽车发展规划。2015年，日本政府推出了"自动驾驶系统"的研发计划，计划提出的目标是自动驾驶的部分系统市场化要在2017年实现，而到2030年则要实现全自动驾驶系统市场化，这一目标由总务省、经产省等多个部门联合

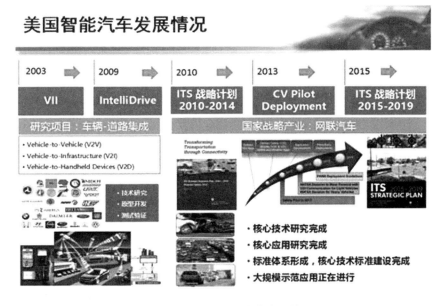

图 7　美国智能网联汽车发展情况

资料来源：《国外智能网联汽车现状对比评价》。

实施。此外，从 2017 财年开始，日本政府将放宽规定，允许在公路上对自动驾驶汽车展开测试，从而使企业在 2020 年可以为东京奥运会提供服务。

欧洲在自主式自动驾驶技术方面较为领先，并拥有世界先进的整车企业和汽车电子零部件供应商。2014 年，通过与十几家整车制造商和零配件供应商合作，欧盟推出了"Adaptive"项目（Automated Driving Applications & Technologies for Intelligent Vehicles），其中文意为"智能车辆自动驾驶应用和技术"项目。项目主要目标是研发能在高速公路和普通城市道路上行驶的部分或完全自动化汽车。这个项目预计持续时间为 3 年半，并将获得欧盟 2500 万欧元的资金支持。德国大众汽车集团总部——沃尔夫斯堡为 "Adaptive"项目总部所在地。目前在整车制造商中参与该项目的有大众、标致雪铁龙、宝马、雷诺、福特、沃尔沃、戴姆勒、菲亚特、欧宝等。参与该项目的零配件供应商有德尔福、博世、大陆等。一些研究中心、大学和中小企业也参与到该项目中。因受《维也纳协定》（道路交通公约部分）的限

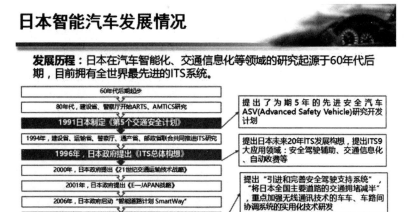

图8　日本智能网联汽车发展情况

资料来源:《国外智能网联汽车现状对比评价》。

制,目前部分欧洲国家无法实现无人驾驶汽车的应用。由于此原因,"Adaptive"项目还将对无人驾驶汽车匹配的道路交通法规和标准进行研究。

2.国内布局

目前,我国智能网联汽车的生产企业主要分布在东部沿海城市。企业依托当地自身的汽车产业基础,加大智能网联汽车研发、测试和应用力度。各级地方政府也在积极推动智能网联汽车基地建设和发展,打造国际级示范区成为各地方政府发展智能网联汽车的重要抓手。目前,工信部在全国开展智能汽车与智慧交通创新示范区建设,这也是推动《中国制造2025》的重要跨界平台。国内目前已经获批的示范区主要有北京(与河北共建)、上海、浙江和重庆。其他一些城市,如武汉、长春、深圳也正在积极申报。同时地方政府合作项目也在如火如荼地展开。武汉、深圳拟建"无人驾驶"小镇。北汽和辽宁盘锦合作开发无人驾驶商用化项目。这标志着我国智能网联汽车发展从规划阶段进入实操阶段,最终将形成具有初步规模的智能网联汽车产业集群。

欧洲智能汽车发展情况

发展战略：形成了三纵四横的发展战略。以三纵为研究内容和方向，提升和解决四横面临的问题

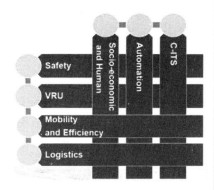

三纵：
C-ITS（协同智能交通系统）、智动化、社会经济与人为因素

四横：
安全、易受伤害道路使用者（VRU）、移动与效率、物流

☐ 2011年，欧盟委员会发布白皮书《一体化欧盟交通发展路线——竞争能力强、资源高效的交通系统》提出2020年交通事故数量减少一半，2050年实现"零死亡"从建设高效与集成化交通系统、推动未来交通技术创新、推动新型智能化交通设施建设等三个方面推进具体的工作

☐ 2012年，欧盟委员会提出了《欧盟未来交通研究与创新计划》。该计划制定议了交通领域包括清洁、节能、安全、低噪声和智能化道路汽车等在内的10个关键技术和创新点，优化了相关研究和创新

图9　欧洲智能网联汽车发展情况

资料来源：《国外智能网联汽车现状对比评价》。

表1　国内智能汽车与智慧交通创新示范区情况

地区	示范区具体情况
上海	工信部批准国内首个智能网联汽车试点示范区，位于上海嘉定区，总规划面积122平方公里，到2018年，力争在汽车城核心区形成1000辆以上的多种车型智能网联汽车示范规模
北京	位于亦庄经济技术开发区，截至2020年底，分阶段部署1000辆全自动驾驶汽车实现基于开放道路、半开放道路和封闭道路的多种复杂场景下的应用示范
浙江	以杭州市云栖小镇和桐乡市乌镇为核心区，建立一个集智能汽车、智慧交通、宽带移动互联网于一体的实验验证示范区
重庆	将在智能驾驶、智慧路网、绿色用车、防盗追踪、便捷停车、资源共享、大范围交通诱导和交通状态智慧管理等八大领域，陆续打造多个应用示范项目

资料来源：笔者整理。

（四）企业动态

从企业角度分析，智能网联汽车发展的一个显著特征就是多方合作。从国外来看，在各国政府的大力引导和支持下，国外车企和大型互联网公司都纷纷投入到智能网联汽车的生产和研发当中。从国内来看，智能网联汽车已经成为传统汽车生产企业和互联网企业竞争的焦点。车企的发展路径以车联网和 ADAS 为主，而互联网的发展领域则直接切入到无人驾驶层面。传统车企和互联网公司在智能网联汽车领域跨界合作的情况愈加普遍，在"互联网 +"的背景下，成为推动传统行业和互联网行业融合创新的重要领域之一。

1.国外企业

近年来，世界汽车产业在以网联化和智能化为特点的自动驾驶领域实现了快速发展。大型互联网企业如谷歌，以及传统整车企业如特斯拉、沃尔沃等纷纷推出自动驾驶技术。

表 2　国外主要互联网和科技企业智能网联汽车布局

公司名称	智能网联汽车具体业务领域
谷歌	2014 年发布首款无人驾驶原型车，并于 2015 年 1 月开始在加州路试，2016 年 2 月被美国政府正式认证为司机，预计 2020 年实现量产
苹果	研发车载 iOS 系统 CarPlay，目前已支持 200 余种车型
松下	拟推出无人驾驶小型电动汽车 EV
黑莓	与福特共同开发汽车 QNX 系统
特斯拉	2014 年开始推出 Autopilot 无人驾驶功能，汽车安装有前视摄像头、雷达、环绕超声波雷达，可以在部分路况下实现自动驾驶，并可支持 OTA 在线升级服务
Uber	与沃尔沃达成合作，将在美国匹兹堡推出自动驾驶出租车
三星	成立专注于自动驾驶汽车技术相关的业务部门。与特斯拉签署协议，共同开发自动驾驶功能芯片

资料来源：笔者整理。

表3　国外传统汽车企业智能网联汽车布局

公司名称	智能网联汽车具体业务领域
通　用	预计在2017款凯迪拉克CT6上采用V2V通信模块
奔　驰	奔驰S500已开始自动驾驶路试,并推出"High way Pilot"系统用于卡车,未来商用时间预计在2020年左右
奥　迪	2012年,与恩智浦签订关于V2V的协议,并于2015年对恩智浦和Cohda Wireless的V2V通信技术进行了大量现场测试
宝　马	2016年7月,联手Mobileye和英特尔合作开发自动驾驶汽车
沃尔沃	2016年8月,与Uber合作,共同投资3亿元开发自动驾驶汽车
福　特	2016年8月,联合百度投资美国激光雷达厂商
现　代	预计到2020年,具备无人驾驶功能的现代汽车将率先投入使用
起　亚	CES展上推出全新"Drive Wise"子品种,包含驾驶辅助和半自动驾驶。2016年集中在ADAS领域,关注安全和便捷度;2020年实现部分驾驶功能,2025年实现高度自动驾驶功能,2030年实现完全自动化,提高生活品质

资料来源:笔者整理。

2.国内企业

在国内,智能网联汽车领域展开协同创新、跨界等合作风起云涌。如北汽集团与乐视控股共同开展关于智能汽车生态系统的研究。阿里巴巴集团和上汽集团就互联网汽车开展合作研究。易到用车、奇瑞用车和博泰集团共同出资并制定互联网汽车共享的计划。腾讯与和谐汽车、富士康科技集团共同展开"智能汽车+互联网"相关的合作。华为技术有限公司和长安汽车在车联网领域开展合作创新等。

表4　国内主要互联网和科技企业智能网联汽车布局

公司名称	智能网联汽车具体业务领域
百度	2015年12月,宣布与宝马合作的无人驾驶汽车在北京路试成功,并于同月成立无人驾驶事业部,预计将在2018年实现高自动化无人驾驶部分商业化,2020年实现无人驾驶汽车大规模生产
乐视	2016年1月,宣布与美国电动汽车公司Faraday Future合作,同月推出电动超级概念跑车FFZero1;2016年4月,投资10亿美元的电动车厂在美国拉斯维加斯奠基,同月推出首款无人驾驶超级概念车LeSEE

续表

公司名称	智能网联汽车具体业务领域
和谐富腾	成立于2015年6月,同月收购浙江绿野获得汽车生产资质;将推出"爱迪生"和"iCar"两个品牌,预计2018年可实现量产
蔚来汽车	成立于2014年底,2015年6月其TCR车队获得Formula E首个年度车手总冠军;2016年4月与江淮签署100亿元战略合作协议
阿里巴巴	宣布成立汽车事业部,力图提供全产业链条的汽车电商服务。与上汽集团合作,发起10亿元"互联网汽车基金",搭建互联网汽车的开发和运营平台
腾讯	车载智能硬件产品"路宝盒子",与四维图新共同推出车载互联网整体解决方案"趣驾Webdrive"。与富士康、和谐汽车签订"互联网+智能电动车"战略合作框架协议,探索商业模式及产品

资料来源:笔者整理。

表5　国内传统汽车企业智能网联汽车布局

公司名称	智能网联汽车具体业务领域
长安	推出智能互联SUV CS95,完成2000公里无人驾驶路试,目标是2018年量产高速路无人驾驶汽车
上汽	推出智能互联SUV RX5、智能驾驶汽车MG IGS,计划在2020年推出能在结构化道路上行驶的无人驾驶汽车
北汽	研发无人驾驶电动车,面向公众试乘,尽快实现商业化
吉利	沃尔沃实现自动驾驶车量产,吉利博瑞搭载ADAS模块,未来2~3年推自动驾驶车
长城	已展示辅助驾驶技术,2020年推出高速全自动驾驶车辆
一汽	已展示自动驾驶技术,2025年实现50%车型高度自动驾驶

资料来源:笔者整理。

二　产业技术进展

在智能网联汽车的研发过程中,基于自车感知与控制的驾驶辅助系统(ADAS)和车内网、车际网及车云网三者组合的"三网"融合车联网系统,为智能网联汽车的核心技术环节。

（一）ADAS 技术的发展与应用现状

ADAS 技术是智能网联汽车的基础性技术，目前已经得到大规模产业化应用。ADAS 技术可分为控制类和预警类两大类技术。主要的控制类技术有自动泊车辅助技术、自动急刹车技术、车道保持系统等，而主要的预警类技术包括盲区预警、全景环视、前向碰撞预警、车道偏离预警等。

目前，美、日、欧等在新车评价体系中开始采用 ADAS 系统。从 2011 年起，美国新车评价规程引入车道偏离预警与前向碰撞预警作为测试加分项。2013 年，美国公路安全保险协会把前向碰撞预警作为其中一项评价指标。2014 年，欧洲新车评价规程引入了车辆偏离预警、自动紧急刹车等系统的评价。汽车辅助驾驶技术从 2014 年起成为获得 E-NCAP 四星和五星的必要条件。目前，我国也正在推动把驾驶辅助系统纳入 C-NCAP 评价体系。

目前，世界范围内 ADAS 核心技术与产品仍被外国公司所掌握。特别是在车载传感器和车载执行器等基础领域，一些国外大型公司，如博世、德尔福、法雷奥、TRW 等企业垄断了我国大部分市场。部分台资企业也在我国市场占有一定份额。近些年，我国一批 ADAS 自主企业也逐步发展起来，与国外品牌在某些方面形成了一定的竞争，但是总体上仍有较大差距。

（二）车联网技术的发展与应用现状

车联网由车内网、车际网和车云网组成，是智能网联汽车和智能交通系统的核心技术。车内网是构成单车智能网联的基础，其核心技术为 CAN/LIN 总线技术；车际网是一种短程通信技术，可形成车辆与周边驾驶环境的互联互通；车云网是一种远程通信技术，可将车载终端与互联网通过无线进行连接。

车内网的核心技术是 CAN/LIN 总线技术。目前国内乘用车市场的 CAN/LIN 总线技术基本被跨国汽车电子企业所垄断，特别是在大中型客车及部分重型卡车市场。国际知名的生产企业主要有博世、大陆、德尔福、博

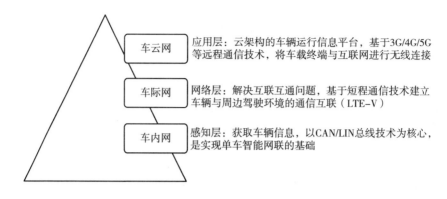

图 10 车联网系统构架

资料来源：《智能网联汽车研究报告》。

格华纳等，2015 年发达国家客车和重卡 CAN 总线装配率已达到 100%，而国内客车的装备率仅为 40%，特别是重卡 CAN 总线装配率仅为 10%。

车际网（V2X）是基于通信技术的无线局域网协议的动态网络，车际网的两种通信技术路线为 DSRC 与 LTE-V。DSRC 采用 5.9GHz 频段基于 IEEE 802.11p 与 IEEE 1609 系列标准，具有低传输延迟、高传输距离与高传输速度等特点。DSRC 是 V2X 的先行标准，技术较为成熟，国外公司已经形成产业化。与国外相比，我国在 DSRC 技术方面尚未成熟，只有少数企业正在研发 DSRC 终端。2014 年，大唐电信与欧洲恩智浦公司成立大唐恩智浦推进 DSRC 芯片组研发。2016 年，东软集团在国内率先推出基于 DSRC 的 V2X 产品 VeTalk。

LTE-V 是一种新型车载短距离通信网络，有两种通信方式：蜂窝链路式（LTE-V-Cell）和短程直通链路式（LTE-V-Direct）。LTE-V 与 DSRC 标准相比，在部署成本、覆盖范围、安全性及持续演进性等方面更具优势。LTE-V 未来将给 DSRC 技术带来巨大挑战，未来发展潜力较大。我国目前正在努力推进具有自主知识产权的 LTE-V 技术，该技术有望成为我国车联网标准。大唐电信于 2014 年 6 月成功研发出世界首台车联网设备，此后我国通信设备运营商、汽车电子商等纷纷布局。国外一些电信厂商和整车厂商也积极参与。

车云网主要包含两大技术层面。一是基于 2G、3G、4G、5G 的车和云之间的网络通信。二是云端数据计算处理。目前，2G、3G、4G 网络通信技术都已非常成熟。在网络覆盖方面，中国的 4G 已位居世界第一。但不断推出的车联网产品仍旧难以满足数据传输量和速度的需求。推进 5G 无线通信技术快速发展成为智能汽车未来发展的必然要求。美国运营商 AT&T、Verizon 等计划开始测试 5G 网络。我国预计于 2016～2018 年开展 5G 基础研发试验，试验共分为三个阶段，分别为 5G 关键技术试验、5G 技术方案验证和 5G 系统验证。之后我国将进入 5G 网络建设阶段，并有望最快于 2020年正式商用。

三　产业发展问题及对策建议

（一）存在的问题

近些年，中国智能网联汽车产业取得了较快发展，汽车智能化的基础已经初步具备。然而，与国外相比，我国智能网联汽车发展在某些方面仍面临严峻挑战，技术存在明显短板。

一是我国传统汽车产业与国际先进水平相比整体差距较大。目前，中国还没有建立起具备世界级水平的整车企业和汽车品牌，基础研发能力和质量控制能力都存在严重不足。本土供应商产业链条关键环节存在缺失，发展实力有限。一些汽车产业基础工业，如基础元器件、基础材料、基础工艺等存在严重不足。从德国的标准出发来衡量，整体上中国制造业发展处于工业2.0～3.0 的水平，难以支撑直接向 4.0 的跃升。智能网联汽车在本质上是一种汽车产品，因此发展好汽车产业是实现智能网联汽车快速发展的前提和基础。

二是在核心技术领域我国智能网联技术仍然落后于国际先进水平。目前，我国在新能源汽车发展方面基本实现了与国际同时起步，但智能网联汽车产业却未能实现如此发展。发达国家和地区，如美、欧、日等经过近10年的发展，已经从国家层面制定标准法规，提出 ADAS 系统强制装配时间表，对 V2X 通信及控制的大规模道路测试评价已基本完成，智能网联汽车发展已进入产业化及市场部署阶段。与国际先进水平相比，我国智能网联汽车的整体研发水平较低，如果不能在新一轮产业竞争中积极作为，未来很可能会丧失话语权，我国与国外的差距不仅不能缩小，反而有进一步拉大的危险。

（二）发展思路及对策建议

一是制定国家层面的智能网联汽车发展战略和规划。从顶层设计上明确智能网联汽车未来的发展方向和发展战略。加快编制智能网联汽车发展总体推进方案，根据发展战略和规划明确智能网联汽车发展的总体要求、重点任务及保障措施。积极推动智能网联汽车发展部门分工，为各部门开展智能网联汽车相关工作提供指导和依据。进一步推进智能网联汽车示范区建设与应用示范，发挥其在智能网联汽车产业发展中的引领作用。

二是实施智能网联汽车产业国家战略创新项目。可借鉴日本政府实施的"自动驾驶汽车研发"国家战略创新项目。加快推进基于 LTE 的车联网通信系统发展。大力支持车载 LTE 通信芯片、模组及设备的研发。支持 LTE-V 成为中国智能网联汽车标准体系的重要部分，并掌握标准制定的主导权。尽快确定我国车联网通信频谱资源，构建基于 LTE 的完善的车联网产业链。

三是推动传统汽车产业和电子信息产业、交通产业之间的深度融合。打破三者之间存在的行业壁垒。通过各项政策支持研发形成合力，重点攻关专用通信系统开发、车载智能设备开发、车路协同应用系统开发等方面，形成国家支持、企业支撑、合作分享的局面。

四是建设智能网联汽车基础数据交互平台。目前，我国企业间的数据平台与各级政府的监管平台数据尚未实现联通，智能网联汽车的"互联"没有真正实现。未来应加大力度建设智能网联汽车基础数据交互平台，实现政府与企业数据的互联互通，通过大数据共享、提供基础数据服务等方式，优化配置资源，提高行业监管效率。

参考文献

罗兰贝格：《全球智能汽车发展指数》，2016 年 5 月 11 日。

东吴证券：《智能网联汽车系列深度报告（二）》，2016 年 8 月 31 日。

《智能汽车与车联网的市场现状与趋势分析》，汽车网，2016 年 4 月 5 日。

《全球智能汽车产业市场规模已突破 300 亿元》，中国电子报，2016 年 8 月 31 日。

《智能汽车与车联网的市场现状及趋势分析》，搜狐公众平台，2016 年 4 月 6 日。

B.15
锂离子动力电池产业发展现状及对策

刘 丹*

摘 要： 随着新能源汽车产业的蓬勃发展，2016年锂离子电池产业进一步加快了发展步伐。产业规模方面，2016年全球锂电池电芯产值达到2088亿美元，首次突破2000亿美元，较2015年同比增长33%，连续6年保持25%以上的年均增速。同时，我国锂电池电芯产值达到1032亿元，动力锂电池成为最重要的增长极。产业布局方面，中国、日本和韩国是全球锂电池三大生产基地，当前三国企业合计占到全球市场份额的95%，国内动力电池企业分布并不集中，华东地区产业分布较为集中，达到53%，华南、华北和华中地区产业分布比较平衡。从企业动态看，全球锂离子电池产业企业间收购兼并风潮涌起，而日益激烈的国际竞争又使得跨国企业间采取更多的合作举措，以确保国际产业地位的稳固。从产业技术进展看，国际锂离子电池产业的技术突破均为实验室概念性技术突破，技术进展集中于超级电容技术和微电池技术。我国锂离子动力电池产业仍然在技术、管理、制度、标准等方面存在亟待解决的问题，应当从提高产业集中度、引导合理布局、规范行业监管制度和注重生产安全等四个方面入手，推动我国锂离子动力电池产业发展。

* 刘丹，博士后，国家工业信息安全发展研究中心高级工程师，研究方向为工业经济运行分析。

关键词：　锂离子动力电池　产业动态　技术进展

锂离子电池是目前全球性能最好、应用最广泛、发展最快的动力电池。锂离子电池具有其他类型电池所不具备的产业高性价比，锂离子电池储能水平分别是同质量铅酸电池和镍氢电池的 4～6 倍、2～3 倍，锂离子电池生产成本虽略高于铅酸蓄电池，但明显低于镍氢电池。2016 年，优良的性能推动锂离子电池产业蓬勃发展，锂离子电池已经成为电动汽车领域的主流动力电池，获得了最广泛的应用。

一　产业发展及动态

锂离子电池产业链较为复杂，产业链上游为电池原材料开采与加工，主要包括钴资源、锂资源和石墨。产业链中游为电池零部件生产，主要包括正极材料、负极材料、电解液和隔膜。产业链下游为电池应用配套设备生产，主要包括电控、配件、电容器和充电桩。当前锂离子电池产业已经形成专业化程度较高的产业链体系。

（一）产业规模

从全球产业规模看，2016 年全球锂电池电芯产值达到 2088 亿美元，首次突破 2000 亿美元，比 2015 年同比增长 33%，连续 6 年保持 25% 以上的年均增速。其中，动力锂电池产业已经成为全球锂电池产业的翘楚，而中国在 2016 年成长为全球锂电池发展最活跃的国家。2016 年全球锂电池总出货量达到 130.85GWh，较上年同比增长 34.2%。其中应用于交通工具类的动力电池出货量达到 46.27GWh，占全球锂电池总出货量的 40% 左右。在锂电池电芯中，2016 年软包电芯与方形电芯产量基本相当，出货量均在 37GWh 左右，均占市场份额的 40% 左右，而圆柱形电芯的国际市场需求量则为 28.33GWh，占比约为 20%。

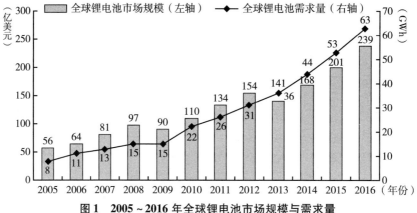

图1　2005～2016年全球锂电池市场规模与需求量

从我国产业规模看，2016年锂离子电池产业延续了此前快速发展的势头。2016年中国锂电池电芯产值达到1032亿元，动力锂电池成为最重要的增长极。同时，2016年锂电池产量达到62.34GWh，连续三年保持25%以上的增速；而同期动力领域共需锂电池29.39GWh，连续三年平均增速为15.10%，动力锂电池超过储能电池成为国内最大电池产业应用端。此外，2016年中国软包电芯、圆柱形电芯和方形电芯的产量分别为27.80GWh、14.23GWh和20.32GWh，同比分别增长32.82%、23.74%和41.41%，方形电芯产量增速明显快于软包电芯和圆柱形电芯。

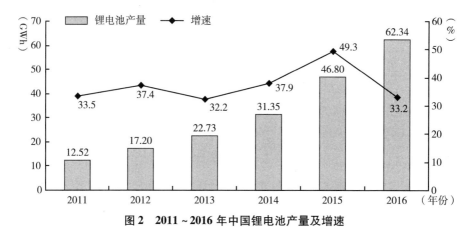

图2　2011～2016年中国锂电池产量及增速

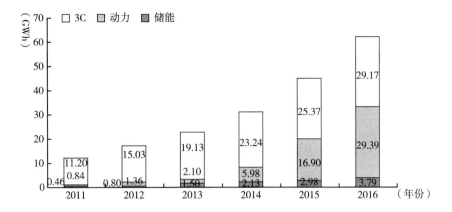

图3　2011～2016年中国锂电池三大应用终端需求量及预测

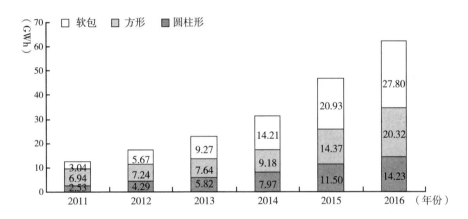

图4　2011～2016年中国锂电池三大应用类型产量

（二）区域布局

1.全球布局

从锂电池企业市场规模看，2016年全球锂电池排名前10企业的市场规模达到1257.66亿美元，占全球锂电池市场总规模的69.36%。在特斯拉的带动下，松下成为全球最大的锂电池企业，紧随其后的是三星与LG，中国有5家企业位列全球前十强，分别是BYD、力神、ATL、国轩、CATL。

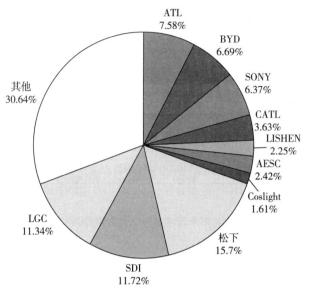

图5　2016年全球锂电池企业竞争格局

随着全球新能源汽车行业的快速兴起，全球动力锂电池连续6年呈高速增长态势，2016年全球动力锂电池市场规模达709亿美元。排名前十位企业的动力锂电池业务占全球动力锂电池的市场份额高达70.23%，其中，松

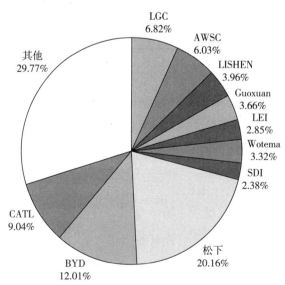

图6　2016年全球动力锂电池企业竞争格局

下凭借特斯拉相关业务，占据全球动力锂电池的市场份额为 20.16%，BYD
受益于自身新能源汽车业务的有力支撑，成为全球排名第二的动力锂电池供
应巨头，占据全球动力锂电池的市场份额为 12.01%。

从国家发展看，中国、日本和韩国是全球锂电池三大生产基地，当前三
国企业合计占到全球市场份额的 98%，其中日本占 60% 以上，韩国占 30%
左右，中国占 8% 左右。全球锂电池产业已经形成了中、日、韩多头垄断的
市场竞争格局。综观中日韩三国的锂电池产业，日本凭借技术优势，实现了
产业的高自动化和高品质化，但居高不下的成本始终限制着日本锂电池产业
的全球拓展。韩国虽然在技术上略逊于日本，但在国家产业政策的推动和大
财团的有力支撑下，集中优质资源发展关键产品，获得了相当高的市场认可
度，近五年迅速崛起。中国依托比亚迪等大型企业，通过刺激新能源产业内
需，在国内市场获得长足的发展。

2. 国内布局

目前，我国新能源汽车动力锂离子电池的国产化率超过 90%，新能源
汽车产业的蓬勃发展直接拉动了动力锂离子电池产业快速崛起。2016 年我
国动力电池企业数量接近 150 家。

从市场份额看，2016 年排名前十位企业所占国内市场份额达到 77.3%，
其中，排名第一的比亚迪所占市场份额达到 23.2%，动力锂离子电池产业

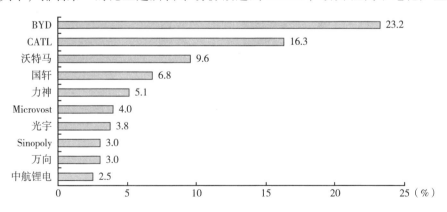

图 7　2016 年我国动力锂离子电池行业企业市场份额排名

呈现较高的集中度。

从区域布局看,与数码锂离子电池产业95%以上集聚于珠三角地区不同,国内动力电池企业分布并不集中,在华南、华东、华中、华北等地区均有分布,华东地区产业分布较为集中,达到53%,华南、华北和华中地区产业分布比较平衡。同时,受人力、土地等生产要素成本不断上升的影响,沿海地区的产业优势正在逐步消退,大量企业开始有计划、分阶段地进行国内产业转移,将劳动力密集的生产线转移到中西部地区。而中西部地区充分发挥成本优势,加快承接产业转移步伐,通过多种产业优惠政策,吸引企业落地。2016年中西部地区的锂离子电池总产量达到8.9亿只,占全国总产量的比重为18.8%,首次超越长三角地区。

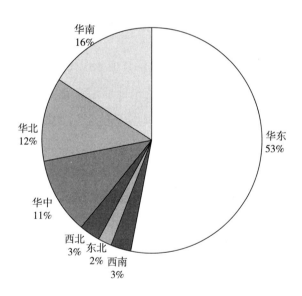

图8 2016年我国动力锂离子电池行业企业区域布局

（三）企业动态

2016年全球锂离子电池企业间收购兼并风潮涌起,由于低端产品技术含量低,高端产品技术垄断性不强,在产业发展日趋成熟的当下,国际企业纷纷将非技术性业务向发展中国家转移，同时，日益激烈的国际竞争使得跨国企业间采取更多的合作举措，以确保自身在国际产业中的地位，从而形成了企业发展的三大动态趋向。

第一，企业间收购兼并加剧，小企业对大企业更加依赖。受锂电产业链账期长、回款困难的特性制约，在融资渠道不畅、补贴退坡、资金短缺、产业政策门槛提高的多重压力下，企业的资金链变得极为脆弱，从而加速中小动力电池企业通过并购重组寻求出路。

第二，企业加紧抱团竞争，产业链协作程度进一步加深。在产业集聚加速、行业淘汰整合推进的大背景下，企业纷纷挖掘产业链多维协作模式。大量电池企业和新能源汽车企业签订战略框架协议。电池企业依托汽车企业在整车市场已经具备的品牌竞争力，而汽车企业依托电池企业在新能源动力电池领域已经具有的技术优势，双方紧密合作，共同打造产业合作平台，形成相互支撑、协同发展、优势互补、互利共赢的合作局面。

第三，全球化竞争进一步加剧，打破市场垄断成为焦点。国际动力电池巨头企业对新兴市场的争夺已经到了白热化程度。由于既有国际市场已经完成市场份额分割，打破市场垄断难度极大。而对于新兴市场虽然发展空间巨大，但受新兴市场国家产业保护政策的影响，打入新兴市场的成本居高不下，全球化竞争将更加残酷和艰难。

同时，从企业收购兼并类型看，2016年发生的十大产业收购兼并事件可以划分为两种类型。一是跨产业领域企业间收购兼并，其他产业领域企业通过收购兼并锂电产业链企业，从而进入锂电产业，成为2016年产业收购兼并浪潮的亮点。在2016年动力锂电池行业十大并购事件中，此类型并购多达5起。二是电池产业领域内企业间的收购兼并，以大企业收购小企业为主要形式，大企业通过收购上下游产业链上的小企业，实现自身产业链的完善和延伸。在2016年动力锂电池行业十大并购事件中，此类型并购达5起。

表1 2016年锂离子动力电池产业十大收购兼并事件汇总

收购兼并事件	收购兼并内容
坚瑞消防52亿元收购沃特玛100%股权	2016年7月,坚瑞消防并购深圳沃特玛电池有限公司100%股权。沃特玛是成功研发磷酸铁锂新能源汽车动力电池、汽车启动电源、储能系统解决方案并率先实现规模化生产和批量应用的动力锂电池企业之一。而并购完成后,坚瑞消防将进入动力锂电池以及新能源汽车等新领域,为公司增添新的盈利增长点,进而实现构建上市公司"消防安全+新能源"的战略布局
东方精工47.5亿元收购普莱德	2016年7月,东方精工发布收购预案,拟支付现金18.05亿元,并以9.2元发行3.2亿股,作价47.5亿元收购北京普莱德新能源电池科技有限公司100%股份且增募集配套资金29亿元,用于新能源汽车电池研发及产业化项目。普莱德是国内最新能源动力电池系统PACK厂商之一,通过此次交易,东方精工将快速切入新能源汽车动力电池系统业务,进一步深化公司在高端核心零部件板块的布局,增强公司的可持续性和稳定性
天际股份27亿元收购新泰材料	天际股份2016年6月发布公告,拟向交易对方以12.89元发行1.78亿股,支付现金4.05亿元,作价27亿元收购江苏新泰材料科技股份有限公司100%股份。通过收购新泰材料,天际股份得以切入新能源电池原料领域,并开始筹建6000吨锂离子电解质原材料六氟磷酸锂项目。天际股份将实现"家电锂离子电池材料"双主业发展模式,实现多元化发展战略
智慧能源25.14亿元投资远东福斯特	2016年8月,远东智慧能源股份有限公司(以下简称"智慧能源")投资25.14亿元用于远东福斯特新能源年产3G瓦时高能量密度动力及储能锂电池研发与产业化项目的实施,以大大提升福斯特的产能、加强产品质量、节省生产成本,巩固其国内龙头地位,进一步提升智慧能源的盈利能力
ST江泉22亿元收购瑞福锂业100%股权	2016年5月,＊ST江泉拟通过重大资产重组收购山东瑞福锂业100%股权,并已签订了重大资产重组框架协议。＊ST江泉还表示,此次重大资产重组所涉及的尽职调查、审计、评估工作正在有序进行中。随着新能源汽车快速发展,作为新能源汽车的核心材料,锂电池概念在近期的A股市场大热,而瑞福锂业的来头亦不可小觑,是全球第一家拥有锂辉石和锂云母提锂技术的生产企业
富临精工21亿元全资收购湖南升华	2016年10月,富临精工公布拟向对方以16.68元的价格发行9567万股,并付现金5.04亿元,合计作价21亿元收购湖南升华科技股份有限公司100%股权,并募资不超过亿元,用于"升华科技锂电池正极材料磷酸铁锂产业化项目"
长信科技8亿元入股比克动力	长信科技2016年2月拟向深圳市比克动力电池有限公司增资8亿元。比克动力电池业务范围包括生产经营锂离子电池、新型电池技术开发等。通过此次投资,长信将进入新能源汽车关键零部件行业,使得公司在新能源汽车行业的关键配套产品的产业链更加完整
澳洋顺昌6亿元收购绿伟锂能	2016年6月,澳洋顺昌宣布以现金6亿元收购香港绿伟和苏州毅鹏源持有的江苏绿伟/江苏天鹏(三元动力锂电池业务)40%股权,并以现金2亿元单方增资,合计取得江电核心功率器件业务、锂离子电池业务,三方将形成良好的协同效应

续表

收购兼并事件	收购兼并内容
新纶科技5.5亿元收购T&T锂电池铝塑膜软包业务	新纶科技以人民币5.5亿元收购株式会社T & T Enertechno 锂离子电池铝塑复合膜外包装材料。一方面可依托公司已有的完善的销售及服务网络、T & T成熟的产品技术，把握国内锂电池产业高速增长的机遇，获得良好的业绩回报；另一方面，可通过本次收购获得铝塑膜产品的生产技术，在常州功能材料产业基地建设新生产线，实现进口产品的国产化替代，对推动国家制造业升级与培育自主知识产权具有重要意义
科恒股份5亿元收购浩能科技	科恒股份2016年4月的董事会决议，同意以现金5亿元增资入股浩能科技并取得10%的股权。本次交易完成后科恒股份持有浩能科技100%股权。浩能科技致力于新材料高端装备的研发、设计、制造、销售与服务。国内锂离子电池产业，特别是动力产业正处于高速扩张阶段，受此因素影响，浩能科技订单数量急剧增长

资料来源：锂电网。

二 产业技术进展

2016 年，国际锂离子电池产业的技术突破均为实验室概念性技术突破，技术进展集中于超级电容技术和微电池技术，虽然这两项技术实现产业化还为时尚早，但其新颖的技术思路、高超的技术方法、新型材料的运用，受到业界普遍关注，极有可能改变产业发展趋向。

第一，超级电容技术。近年来，锂离子动力电池是获得国际产业技术领域普遍认可的电动汽车主要能源储备方式，但锂离子动力电池充电时间长、损耗大的弊端，一直受到市场诟病，新型电池技术的市场需求极为迫切。作为以市场为导向的电动汽车制造企业，普遍寄希望于超级电容技术，并加紧开发该技术，积极寻求产业化渠道，将其视为未来锂离子电池的补充设备。

韩国的超级电容技术产业化走在全球前列，2016 年 Neescap 公司在本公司出产的电力系统、交通和消费电子产品中，尝试使用超级电容技术电池。紧随其后的是美国企业，当前 EnerG2、Ioxus 和 GrapheneEnergy 是美国仅有的三家具备超级电容技术电解质和材料设计制造能力的企业，其中，2016

年 Ioxus 通过与电动汽车 Zenn 签署供货协议，迈出了美国超级电容技术产品产业化的第一步。

与传统电池产品相比，由于超级电容存在储能能力不高的技术瓶颈，当前超级电容电池，并不具备作为电动汽车独立储能装备的能力，只能作为辅助储能装备，在优先使用燃料电池的前提下，作为电动汽车的第二动能来源。但是，超级电容的技术优势又非常突出，充电时间短、泄能充分的优质特性，使得一辆电动汽车的充电时间从燃料电池的几小时缩短为超级电容电池的几分钟，且能保持电池性能在多次充电后依然稳定。

目前超级电容电池主要应用于数码相机等消费电子产品的生产，为闪光灯等设备提供瞬间大能量输入能源供应。超级电容产业化最大的技术瓶颈是电容工作电压的升压问题，如何使其适应高电压工作环境，是全球产业技术探索的尖端。

美国研究小组正在尝试将当前超级电容储能元件中采用的多孔活性炭材料，更新为碳纳米管材料，以使当前同体积超级电容的储能能力提高 2 倍以上。经过研究迭代，在纳米材料的推动下，未来两年内当前同体积超级电容的储能能力将提高到 5 倍以上，超过当前同体积燃料电池的储能能力。同时，在五年内完成技术产业化，超级电容电池将与燃料电池达到基本相当的市场份额，且在环保、材料、价格、配置等方面完全超越燃料电池。

第二，微电池技术。微电池技术是美国 2016 年在锂离子动力电池领域最受全球瞩目的实验室技术。该技术产品体积仅有当前市场电池的 1/30，而充电速度却达到当前市场电池的 1000 倍以上。该技术的产业化应用，将彻底改变移动数码产品和动力汽车产品的形态和观念，并形成全新的全球产业生产格局。

随着电子技术的快速发展，"快"和"小"已经成为全球计算机组件的发展趋势，然而落后的电池技术已经无法满足计算机组件的更新需求，极大地限制了智能移动装备产品的迭代，对电池技术的突破迫在眉睫，而与电子技术相对应，"充电快"和"体积小"也成为电池技术发展的国际主流导向。

美国研发出的最新微电池仍然采用锂离子材料，电池体积达到毫米级别，充电速度达到秒级别。这种微电池的材料为高功率锂离子，正负电极采用 3D 微结构，从而在材料方面保证了快速充电的实现。该产品功率密度是市面电池的 1/2000，体积是市面电池的 1/10，储能量是市面电池的 10 倍，广播信号接收强度是市面电池的 30 倍，并且在保证高功率的同时，实现了电池寿命的无损。

当前微电池技术仍然处于实验室研发阶段，产业化应用推广尚需时日，该产品所需的先进材料、高额成本、尖端技术、精密生产工艺，恰恰是该技术商业化的瓶颈。然而，鉴于该产品在智能电子消费产品和电动汽车领域的革命性市场前景，国际巨头企业对该技术均抱有较高的期望值。

三　产业发展问题及对策建议

（一）存在的问题

第一，大企业不强，技术水平与国际先进水平仍有不小差距。在我国诸多动力锂电池企业中，具有市场规模效应的企业不足 10 家，具有全球产业影响力的企业更是仅有 1 家，在国际市场上基本没有产业技术话语权和市场份额话语权。国内企业仍然以生产低端产品为主，企业研发能力弱、技术水平低、投入成本高、产业集中度低，这些因素严重阻滞了我国锂离子动力电池产业的发展，大而不强和技术缺失的局面使得我国在产业变革过程中明显落后于发达国家。

第二，出现产能过剩征兆，下游应用市场开发不足。在国家新能源汽车产业扶持政策的刺激下，锂离子动力电池产业获得了迅猛发展，直接导致该领域企业纷纷扩张产能，而非该领域企业和资本纷纷涌入进行产业投机。2010～2016 年，我国锂离子动力电池新增产能达到 75 亿安时，而 2016 年我国电动汽车市场的锂离子动力电池的需求量仅在 20 亿安时左右，锂离子动力电池产能出现了明显的产能过剩征兆，锂离子电池产能的增长远超电动汽车产能的增长，从而造成了锂离子电池产业的产能利用率低下和企业效益较差。

第三，国家标准建设不足，产品安全管理缺失。由于锂离子动力电池产业迅速崛起，产业管理和制度建设并没有跟上产业实际发展程度。我国电动汽车用锂离子动力电池标准建设严重滞后，当前并未出台有硬性约束力的国家标准，导致产业产品质量参差不齐，大量小企业浑水摸鱼，产品质量低下、安全隐患重重、国际竞争力不强、低端产品过剩、高端产品不足。行业失去了行业管理的良性约束，发展失衡现象比比皆是，严重制约了产业的国际竞争力提升。

（二）发展思路及对策建议

第一，提高产业集中度，力促产业集成优化发展。推动扶优扶强战略实施，加强行业规范制度建设力度，引导产业、土地、金融、财政等优质资源向行业龙头企业和技术企业倾斜，着力培育产业核心竞争力。支持企业兼并重组，以强强联合、产业链互补等方式完善经营链条、优化生产体系。推动产业链上中下游企业以园区发展的形态进行产业集聚，优化产业各配套环节间的企业协作关系，走出集约发展的产业提升路径。

第二，引导产业合理布局，防止市场出现泡沫。加强产业研究，提前对市场进行预警预测，适当挤出市场泡沫。改善当前新能源汽车产业的政府补贴模式，采用更加灵活多变的形式，分拆出电池和整车的补贴内容。通过"部—省"合作机制，合理进行全国产业布局，有效引导投资，防止产业盲目扩张。完善项目审批机制，对于产业低端产品项目坚决取消，对于条件不成熟的产业项目推迟上马，严格控制产能新增。

第三，加快规范行业监管制度，保障产业良好发展秩序。系统完善锂离子动力电池行业管理体系，尽快落地实施《汽车动力蓄电池行业规范条件》和《锂离子电池行业准入条件》，建立企业评估体系，从生产规模、安全保障、资源利用、技术水平等方面详细评估企业发展现状和前景，并据此提高行业准入门槛，同时合理纾解过剩产能，引导产业健康发展。

第四，重视生产安全，建立健全安全管理制度。加强锂离子动力电池生产安全管理，及时关注锂离子动力电池在新能源汽车和智能消费领域的产品安全事件，贯彻实施具有强制性的安全国家标准和行业规范条例，提高技术水平和生产线管理水平，从生产源头控制安全隐患。管理部门加强监测和监管力度，实行长效安全监管责任制，并推动锂离子电池产品科学再利用和规范回收的制度建设。

参考文献

胡立彪：《启动"电池革命"要靠谁》，《中国质量报》2016 年第 5 期。

吴勇毅：《政策加码助推锂电池产业发展上市公司纷纷定增加大投入》，《通信信息报》2016 年第 4 期。

韩超：《锂离子动力电池行业的机遇与挑战》，《商用汽车》2016 年第 Z1 期。

陈庆明、吕勇强：《废旧锂离子动力电池回收体系与商业模式的构建》，《中国工程咨询》2016 年第 4 期。

B.16
风能产业发展现状及对策

郭 雯*

摘 要： 2015~2016 年，全球风电产业仍保持快速发展势头。受我国
风电产业快速发展势头影响，2015 年度亚洲新增装机容量位
居全球第一，欧洲排名第二，北美洲排名第三。2016 年，国
际风电巨头纷纷动作，开展了一系列的并购。2015 年，我国风
电新增装机量再创新高，西北地区仍是新增装机容量最多的地
区。2016 年，我国在风电产业技术研发方面又有新突破。

关键词： 风力发电 区域布局 产业规模 技术进展

风能是一种就地可取、分布广泛、不污染环境的可再生能源。风能利用
主要包括两大类，一类是直接利用风能驱动设备，如风力提水、风力磨坊，
另一类是风力发电。近些年，为解决传统能源日益枯竭、环境污染日趋严重
的问题，世界几十个国家均在广泛开发和利用风能进行发电。目前，风能发
电是新能源领域中技术最为成熟、最有开发规模，且商业化发展前景最为广
阔的发电方式之一。风能产业不仅在能源供给和污染防治方面发挥着重要作
用，而且在刺激经济增长和创造就业方面的作用也不容忽视。

一 产业发展及动态

2015~2016 年，全球风电产业仍保持高速增长态势。随着技术更新，

---

* 郭雯，国家工业信息安全发展研究中心工程师，研究方向为产业政策。

发电成本降低、风电可靠度上升，这两年风电的发展已超越了核电。2016年，世界风电巨头频繁并购整合，并购浪潮有可能延续到下一年。

（一）产业规模

1.全球风电

根据全球风能理事会（CWEC）统计，2015年，全球风电新增装机容量63013MW，同比增长22%；全球风电累计装机容量达到432419MW，同比增长17%。

根据世界风能协会发布的半年度报告显示，2016年1～6月，全球风电新增装机容量为21GW，全球累计装机容量达456GW；根据报告预测，截至2016年底，全球风电累计装机容量将达到500GW。2016年上半年，西班牙和美国的新增装机容量只占到了全球新增装机总容量的4%，而德国和印度的新增装机容量约为5GW，中国新增装机容量为10GW，约占全球新增装机容量的一半。

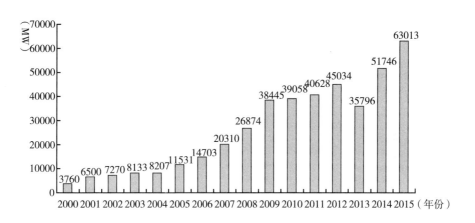

图1 2000～2015年全球风电年新增装机容量

资料来源：根据全球风能理事会统计数据整理。

2.国内风电

根据中国可再生能源学会风能专业委员会发布的《2015年中国风电装

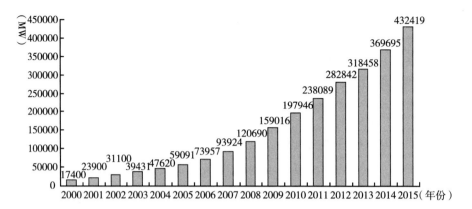

图 2　2000～2015 年全球风电年累计装机容量

资料来源：根据全球风能理事会统计数据整理。

机容量统计简报》显示，2015 年，我国风电新增装机量再创新高。全国（除台湾地区外）新增安装风电机组 16740 台，新增装机容量 30753MW，同比增长 32.6%；累计安装风电机组 92981 台，累计装机容量 145362MW，同比增长 26.8%。

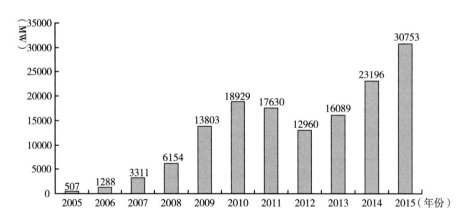

图 3　2005～2015 年我国风电年新增装机容量

资料来源：《2015 年中国风电装机容量统计简报》。

根据中电联统计，2016 年前三季度，我国并网风电装机容量及发电量快速增长，但设备利用小时降幅略有收窄。其中，风电投资下降至 29.2%。

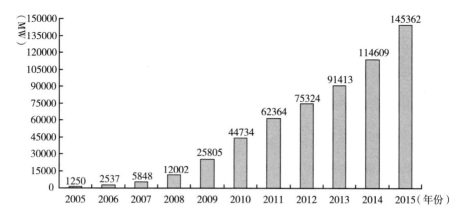

图 4 2005～2015 年我国风电年累计装机容量

资料来源:《2015 年中国风电装机容量统计简报》。

截至 9 月底,全国风电新增并网容量 10GW,累计并网容量达到 139GW,同比增长 28%;全国风电上网电量 1693 亿千瓦时,同比增长 27%;平均利用小时数 1251 小时,同比下降 66 小时;风电弃风电量 394.7 亿千瓦时。此外,上半年新增装机预计超过 8GW,2016 年全年新增风电装机量预计为 22～25GW。

从海上风电来看,2015 年,我国海上风电新增装机 100 台,容量达到360.5MW,同比增长 58.4%。其中,潮间带装机容量 181.5MW,占海上风

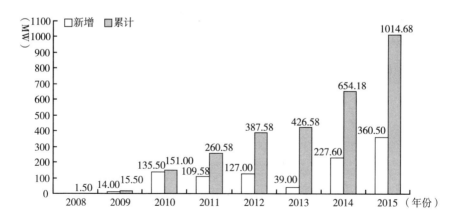

图 5 2008～2015 年我国海上风电新增和累计装机容量

资料来源:《2015 年中国风电装机容量统计简报》。

电新增装机总量的50.35%；其余为近海项目，容量179MW。截至2015年底，我国已建成的海上风电项目装机容量共计1014.68MW。其中，潮间带累计风电装机容量达到611.98MW，占海上装机容量的60.31%，近海风电装机容量402.7MW，占39.69%。

（二）区域布局

1. 全球布局

按区域分布来看，截至2015年，亚洲以175573MW的累计装机容量保持全球第一，欧洲以147771MW排名第二，北美正缩小与欧洲市场的差距，以88744MW暂列第三。亚洲地区，2015年，中国新增装机容量在世界和亚洲均位列第一；印度新增装机达到2623MW，分别位列世界第四、亚洲第二；此外，日本、韩国和中国台湾也有一些新增装机。欧洲地区，2015年，德国以创纪录的6013MW新增装机容量领先其他欧洲国家，位列其后的依次是波兰（1266MW）、法国（1073MW）、英国（975MW）和土耳其（956MW）。北美洲地区，2015年，美国以新增装机容量8598MW排名北美洲第一，加拿大以1506MW新增装机容量排名第二，墨西哥排名第三。

表1　2015年分区域风电装机容量

单位：MW

区域	新增装机容量	累计装机容量
亚洲	33606	175573
欧洲	13805	147771
北美	10817	88744
拉丁美洲和加勒比地区	3532	12220
大洋洲	380	4822
非洲和中东	753	3289

资料来源：根据全球风能理事会统计数据整理。

按国别来看，截至2015年底，全球有26个国家累计装机容量超过1000MW，包括：欧洲17个国家，亚太地区4个国家（中国、印度、日本、

表2　2015年全球风电新增装机容量

单位：MW

排名	国　别	新增装机容量
1	中　国	30500
2	美　国	8598
3	德　国	6013
4	巴　西	2754
5	印　度	2623
6	加拿大	1506
7	波　兰	1266
8	法　国	1073
9	英　国	975
10	土耳其	956
	全球其他	6749
	全球前十	56264
	全球总计	63013

资料来源：根据全球风能理事会统计数据整理。

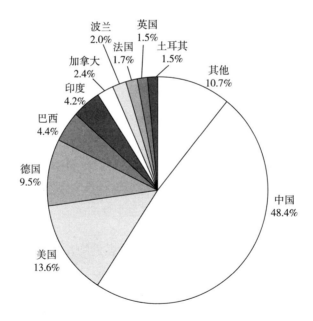

图6　2015年全球各国风电新增装机容量占比

资料来源：根据全球风能理事会统计数据整理。

澳大利亚)，北美地区 3 个国家 (加拿大、墨西哥、美国)，拉丁美洲 1 个国家 (巴西)，非洲 1 个国家 (南非)；全球累计装机容量超过 10000MW 的国家有 8 个，分别是中国 (145104MW)、美国 (74471MW)、德国 (44947MW)、印度 (25088MW)，西班牙 (23025MW)、英国 (13603MW)、加拿大 (11200MW) 和法国 (10358MW)。

表 3　2015 年全球风电累计装机容量

单位：MW

排名	国　别	累计装机容量
1	中　国	145104
2	美　国	74471
3	德　国	44947
4	印　度	25088
5	西班牙	23025
6	英　国	13603
7	加拿大	11200
8	法　国	10358
9	意大利	8958
10	巴　西	8715
全球其他		66951
全球前十		365468
全球总计		432419

资料来源：根据全球风能理事会统计数据整理。

2. 国内布局

2015 年，我国六大区域的风电新增装机容量均保持增长态势，西北地区依旧是新增装机容量最多的地区，超过 11GW，占总装机容量的 38%；其他地区均在 10GW 以下。与 2014 年相比，西南地区同比增长幅度最大，为 91%；其次为中南地区，同比增长为 37%，东北地区同比增长 35%，西北地区同比增长 27%，华北地区和华东地区同比分别增长 22% 和 20%。

2015 年，我国各省 (区、市) 风电新增装机容量较多的为新疆、内蒙

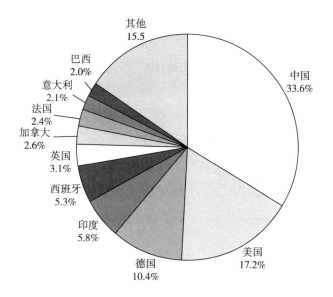

图7　2015年全球各国风电累计装机容量占比

资料来源：根据全球风能理事会统计数据整理。

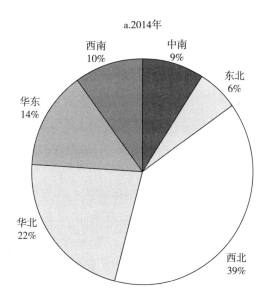

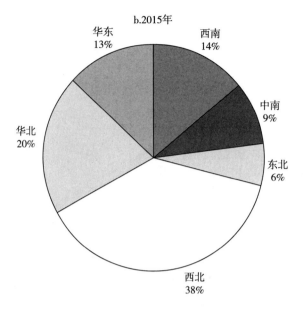

图8 2014年和2015年中国各区域新增风
电装机容量份额占比

资料来源:《2015年中国风电装机容量统计简报》。

古、云南、宁夏和甘肃,占全国新增装机容量的53.3%。2015年,我国各省(区、市)风电累计装机容量较多的为内蒙古、新疆、甘肃、河北、山东,占全国累计装机容量的51.7%。

(三)企业动态

1.国际企业

从风电总装机容量情况来看,2015年,我国的金风科技以7.8GW的全球新增装机,超越丹麦维斯塔斯(Vestas)公司,成为年度全球最大风电整机制造商。丹麦维斯塔斯(Vestas)以7.3GW位列全球第二。美国通用电气(GE)公司以5.9GW的新增装机,排名全球第三。德国西门子(Siemens)、西班牙歌美飒、德国ENERCON分列第四至第六位。国电联合动力和远景能源同以2.8GW并列第七,明阳风电位列第九,SENVION以2.1GW排名第十(见表4)。

表4 2015年全球前十大风电整机制造企业新增装机排名

单位：GW

排名	企业	所属国	总装机容量
1	新疆金风科技股份有限公司	中　国	7.8
2	维斯塔斯公司	丹　麦	7.3
3	通用电气公司	美　国	5.9
4	西门子股份有限公司	德　国	5.7
5	歌美飒风电公司	西班牙	3.1
6	ENERCON GmbH 公司	德　国	3.0
7	国电联合动力技术有限公司	中　国	2.8
7	远景能源	中　国	2.8
9	中国明阳风电集团有限公司	中　国	2.7
10	SENVION	德　国	2.1

资料来源：根据公开资料整理。

从海上风电装机情况来看，德国西门子凭借海上风电的独特优势，领跑全球海上风电市场。排名第二、三位的分别是 ADWEN 和 MHI-VESTAS。排名第四至第八位的分别为上海电气、SENVION、湘电风能、金风科技、东方电气，除 SENVION 外均为中国整机商（见表5）。

表5 2015年全球前八大海上风电整机制造企业新增装机排名

单位：MW，%

排名	企业	所属国	新增装机容量	所占市场份额
1	西门子股份有限公司	德国	7035	58.4
2	ADWEN	西－法合资	2067	18.2
3	MHI-VESTAS	丹－日合资	810	6.7
4	上海电气	中国	630	5.2
5	SENVION	德国	407	3.4
6	湘电风能	中国	405	3.4
7	金风科技股份有限公司	中国	161	1.3
8	东方电气	中国	131	1.1

资料来源：根据北极星风力发电网资料整理。

从全球企业并购情况来看，2016年，国际风电市场并购事件接连涌现，从 GE 收购 Blade Dynamics，甚至运维行业也出现了 Global Marine 收购

CWind 的情况。为了抢占更大的市场份额，2016 年国际风电市场并购事件接连涌现，国际风电格局也随之发生变化。根据预测，本轮并购潮 2017 年可能蔓延至国内风电企业。2016 年，国际大型风电企业并购项目如表 6 所示。

表 6　2016 年国际大型风电企业并购情况

收购企业名称	被收购企业名称	收购日期	收购项目描述
维斯塔斯	UP Wind Solutions	2015 年 12 月	维斯塔斯此次以 6000 万美元收购 UP Wind，该公司在美国的 9 个州提供风电场运维服务，运维总容量超过 3GW
	Availon	2016 年 1 月	维斯塔斯拟以 8800 万欧元收购风电独立运维公司 Availon
	MHI Vestas	2016 年 4 月	2013 年 9 月维斯塔斯与三菱重工组建合资公司 MHI Vestas，初期双方各持股份 50%，到 2016 年 4 月，三菱重工有权选择将持股比例变更为 51%，维斯塔斯降为 49%
	中国某龙头整机商	未公开	未公开
西门子	歌美飒(Gamesa)	2016 年 6 月	西门子官方宣布与西班牙公司歌美飒签订了约束性协议，合并双方的风电业务(包括西门子风电服务业务)。西门子将拥有 59% 的股权，歌美飒将拥有 41% 的股权
	adwen	2016 年 9 月	西门子 - 歌美飒从阿海珐手中成功收购 Adwen 50% 股份，收购金额为 6000 万欧元(折合 6750 万美元)
GE	LM	2016 年 10 月	GE 与 LM 拥有者 Doughty Hanson 达成协议，将以 16.5 亿美元收购全球最大的风电叶片制造商 LM
	阿尔斯通	2015 年 9 月	GE 以 123.5 亿欧元完成对阿尔斯通电力和电网业务的收购，收购完成后，GE 将成立可再生能源集团，其中包括 GE 与阿尔斯通的风电业务，以及阿尔斯通水电业务
Senvion	EUROS	2016 年 12 月	全球风电整机商巨头 Senvion 以现金形式 100% 收购欧洲叶片公司 EUROS Group
	Kenersys	2016 年 8 月	为扩大国际影响力，德国风电整机商巨头 Senvion 收购了印度风电整机商 Kenersys，收购金额不明

收购企业名称	被收购企业名称	收购日期	收购项目描述
Nordex	Acciona	2016年4月	Nordex斥资7.85亿欧元收购Acciona旗下风能业务
GMSL	CWind	2016年2月	GMSL宣布收购海上风电集成服务供应商CWind的多数股权

资料来源：根据公开资料整理。

2. 国内企业

从陆上装机容量来看，除金风科技、国电联合、广东明阳、远景能源四家已在2014年入围全球前十的中国企业外，中船重工（重庆）海装凭借中国本土2GW的新增装机，首次跻身全球十大陆上（不含海上）整机制造商行列。得益于国内风电市场的快速增长，我国整机制造企业2015年的全球排名显著提高，但风电整机的海外出口业务仍未实现突破性增长。

从海上装机容量来看，2015年全球前十大海上风电整机制造企业中，有四家中国企业。其中，上海电气持有的是德国西门子海上风电的生产许可，湘电风能将其5MW直驱风机安装在福建省，金风科技在江苏安装了2个样机、1个3MW风机和1个6MW风机。

从技术研发来看，根据2016年我国风电企业海上风电机组研发情况判断，"十三五"期间，4～5MW海上风电机组将成为我国海上风电场建设的主流机型，5MW直驱永磁式风电机组将批量进入海上风电场。2018年以后，6MW海上风电机组将在我国批量应用，少量7～8MW风电机组将进入海上风电场试应用。

表7　2016年我国重点企业海上风电机组研发应用情况

单位：MW

序号	公司	型号	功率	技术组合	所处研发阶段
1	华锐风电	SL3000	3	高速齿轮箱＋双馈发电机＋变流器	产品运行
		SL6000	6	高速齿轮箱＋双馈发电机＋变流器	样机运行

序号	公司	型号	功率	技术组合	所处研发阶段
2	金风科技	SWT－6.0～154	6	直驱永磁式风电机组＋全功率变流器	样机运行
		GW121/3MW	3	直驱永磁式风电机组＋全功率变流器	产品运行
3	东方永轮机	FD140～5000kW	5.5	高速齿轮箱＋永磁同步发电机＋全功率变流器	样机试验
4	广东明阳	SCD6000	6.5	两叶片风轮＋中速齿轮箱＋永磁同步发电机＋全功率变流器＋液压变桨	样机试验
5	湘潭电机	XD115/128	5	直驱永磁式风电机组＋全功率变流器	产品运行
6	海装风电	H127-5MW H151-5MW	5	高速齿轮箱＋永磁式风电机组＋全功率变流器	产品试验
7	上海电气	W3600	3.6	高速齿轮箱＋双馈发电机＋变流器	产品运行
		SWT－4.0～130	4	高速齿轮箱＋鼠笼异步发电机＋全功率变流器	产品运行
		SWT－6.0～154	6	直驱永磁式风电机组＋全功率变流器	产品引进
8	中国南车	WT5000	5	高速齿轮箱＋永磁同步发电机＋全功率变流器	样机研制
9	国电联合	GD6000	6	高速齿轮箱＋双馈发电机＋变流器	样机试验
10	远景能源	4MW-136	4	高速齿轮箱＋鼠笼异步发电机＋全功率变流器	产品运行

资料来源：根据北极星风力发电网资料整理。

二 产业技术进展

(一)国外技术进展

欧美发达国家的风电机组技术已经相对成熟,并处于领先水平。但为了进一步降低制造和安装成本,提高发电效率,欧美国家正在致力于研发更为高效和低成本的风电设备和相关组件。

分段式巨型风力涡轮机叶片在美研制成功。2016年2月,由美国弗吉尼亚大学、桑迪亚国家实验室和国家可再生能源实验室等机构研究人员组成的一个研究小组,研制出一种长度超过两个足球场的巨型轻韧风力涡轮机叶片,这种叶片将有助于建造功率达50MW的海上风力涡轮机。新研制巨型叶片的设计灵感源于棕榈树在风暴中的摇曳方式。叶片被设计成由一段一段小的叶片衔接组装而成,其轻量化的分段躯干相当于一系列的圆柱壳,可使整个叶片在风中弯曲的同时保持每段叶片自身的硬度,从根本上降低了对叶片硬度的要求。而由于分段制造,生产和安装成本都大大降低。

德国西门子致力于研发风电储热系统以大幅降低风电成本。2016年9月,西门子公司宣布正在研制风电储热系统,致力于大幅降低风电成本。该项目由西门子与汉堡-哈尔堡技术大学及城市公用事业单位共同合作开发,并得到了德国联邦经济事务和能源部资助。目前,西门子公司操作的储能解决方案装置还处于测试阶段,被称作"未来能源解决方案"(FES)。该系统是将过剩的风电转换为热能储存在绝缘罩内。当需要额外的电力时,蒸汽轮机将把热能转换回电力。该装置正在测试温度超过600摄氏度时的工作性能。

突尼斯研发出超高效无桨叶风力发电机。2016年4月,突尼斯的Saphon Energy公司开发了一种名为"Saphonian"的无桨叶风力发电机,其设计灵感来自古迦太基船只的船帆。经过测试,Saphonian的发电量是传统桨叶发电机的两倍。此外，与传统风力发电机相比，这种风力发电机更加轻便、安全和高效。该发电机造价低廉，对发展中国家尤其适用。

（二）国内技术进展

我国的风电装备制造水平相较于欧美发达国家起步较晚，且处于模仿和追赶阶段，其发电效率有待提高，风电技术方面也尚未实现创新突破。近两年，我国正致力于攻克大功率发电机组和相关组件的技术。

我国研制的全球风轮直径最大的 5 兆瓦海上风电机组投入批量生产。2016 年 10 月，中船重工（重庆）成功研发 5 兆瓦海上风电机组，并在江苏形成批量化生产。该成果是目前我国第一个具有自主知识产权并形成批量生产的海上风电机组，其风轮直径超过 151 米，该设备每小时可输出 5000 度电，供 1 万户家庭使用。中船重工（重庆）自主研发的机组在同等风速条件下，比国际上同级别机组发电量提高 20% 以上，这标志着我国装备制造业成功掌握了大型海上风电设计制造技术，打破了国外技术垄断。

大连瓦轴集团大功率风力发电机组配套轴承研制成功。2016 年 12 月，由瓦轴集团承担的辽宁省科技创新重大专项"5MW 及以上大功率风力发电机组配套轴承"顺利通过专家组验收。该项目研发的 5MW 偏航轴承、变桨轴承及 6MW 主轴轴承是大功率风力发电机组的核心零部件，打破了我国目前大功率风力发电机组配套轴承依赖国外进口的局面，填补了国内空白，是辽宁省重大能源装备领域取得的又一重大成果。在大功率风力发电机组配套轴承项目研发过程中，瓦轴集团在自主研发的基础上与大连理工大学合作，攻克了轴承载荷特征分析与计算技术、轴承结构设计技术、轴承材料与热处理技术、保持架制造技术、滚子表面母线形状稳定性控制技术、轴承检测与试验技术等 6 项关键核心技术，成功研制出的 5MW 偏航轴承、变桨轴承及 6MW 主轴轴承，性能达到国际同类产品先进水平，已在客户装机运行，产品性能稳定可靠，得到了客户的认可。

福建通尼斯公司成功研制新型 6MW 海上风电机组。福建通尼斯新能源科技有限公司研发的 6 兆瓦海上风电机组已制造完成，并于近期在福建平潭组装运行，该技术拥有完全自主知识产权和核心技术，计划 2017 年进行批量生产。通尼斯耗时十余年自主研发的机组在 3～70m/s 风速下均可运行发电，具有抗超强台风能力，安装可在岸基进行、无需大型吊机，只需将配套的浮体桩与整机直接拖运到指定海域安装点铆链固定即完成安装，后续运维成本极低，发电成本方面相比火力发电较具竞争力。这标志着海上风电革命性技术的开始。该公司具有更高性价比、单机容量 12MW 的新型海上风力发电机组的设计工作已开始，天河一号国家超算中心的 12MW 新型海上风力发电机浮体桩仿真运算工作也同步启动。

三 产业发展问题及对策建议

（一）存在的问题

我国风电经过十几年的高速发展，取得了许多令人瞩目的成绩。但在快速发展的同时，也面临着风电价格成本优势不足、跨省区补偿调节能力不强、风电技术开发能力不强等问题，并逐渐成为制约我国风电产业持续健康发展的突出问题。当前，制约我国风电产业发展的问题主要集中在以下几方面。

第一，风电经济性问题仍是制约风电发展的关键。目前，由于石化能源尚不需负担环境治理方面的成本，致使传统的石化能源仍是一种具有经济优势的能源。由于本身技术成熟度不高、规模发展不大等因素，风电成本高于传统石化能源，仍需依靠政府补贴才能进入市场，维持运营。

第二，跨省区补偿调节能力有待加强。目前，我国整个电力市场的交易机制尚不完善，各市场主体之间或跨省区的交易都缺乏较为完善的机制。由于跨省区交易的上网电价被政策锁定，发电主体和购电主体失去了根据市场供需情况而自由商定价格的权利，降低了市场活力，从而影响了电力市场优化资源配置的作用。

第三，风电技术开发能力有待提高。大多数风电整机企业最初都是通过直接购买图纸来生产风电设备的。由于自主创新需要长期的科学实验和经验积累，为追求短期的利益和快速的发展，企业往往忽视了对引进技术的消化和吸收。在对并网性能等核心技术掌握不够，部分风电机组质量稳定性不高的情况下，某些企业片面追求新机型的快速下线批量生产，造成了多起严重的风电机组质量事故。

（二）发展思路及对策建议

为推动风电产业健康发展，完善我国风电产业的管理体制，同时解决当前我国风电中存在的主要问题，建议我国行业主管部门应从以下几个方面着手。

第一，加强对风电行业的管理。针对我国弃风限电的突出问题，建议有关部门重视对风电项目核准的管理，优化当前的风电开发布局，并根据我国当前产业发展现状，合理控制风电开发的速度。特别是对弃风问题突出的地区，应更为严格地控制项目的审批，杜绝重复建设。同时，建议避免地方保护主义，进一步规范市场秩序，保证风电开发企业有权选择到最适合现场条件、高性价比的风电设备。

第二，加快风电产业相关标准体系建设。为提高我国风电设备的质量水平，建议政府、协会等有关部门组织协调风电产业上下游企业和单位，尽快完善风电并网标准和管理规定及实施监督办法等，形成完善的并网机制，同时，尽快出台风电设备入质保、质保期要求和出质保的相关行业管理规定。

第三，重视风电产业后服务市场的发展。近十年，风电装机的高速发展带来了巨大的后服务市场。根据预测，我国风电运维服务市场将于2016年迎来发展拐点，至2020年市场容量将达300亿元左右，我国风电运维市场前景广阔。特别是在风机产品趋于同质化的形势下，服务将成为新的利润增长点。为推动风电运维产业创造良好的发展环境，建议有关部门抓紧制定相关政策规划、行业标准，抓紧解决各市场主体在技术、管理、人员、规模等方面的问题，推动风电行业的健康发展。

参考文献

《2015 年中国风电装机容量统计简报》，中国能源网，2016 年 4 月 5 日。

《世界风能协会最新报告：2016 年底全球风电有望达到 500GW》，中国新能源网，2016 年 10 月 13 日。

《可再生能源"十三五"开发建设应与消纳利用并重》，《21 世纪经济报道》2016 年 12 月 21 日。

《我国风电消纳的关键：跨区输送和能源格局的转变》，国际能源网，2016 年 5 月 12 日。

《中国跨省区电能交易存问题影响资源优化配置》，中国新闻网，2016 年 7 月 30 日。

热 点 篇

Hot Issues Reports

B.17
工业大数据将迎来快速发展机遇

杨培泽*

摘　要：　在信息化与工业化深度融合的背景下，工业企业在产业链的
各个环节产生了大量的数据，随着工业自动控制系统和工业
物联网等技术的进步及工业传感器等设备成本的降低，工业
大数据将给工业企业的发展带来前所未有的创新和变革。目
前我国工业大数据应用正处于发展孕育期，需要加大对工业
大数据产业的支持力度。工业大数据将会为我国制造业转型
升级开辟新的途径，未来将是我国工业在全球市场竞争中发
挥优势的关键。

关键词：　工业大数据　工业企业　制造业

---

* 杨培泽，国家工业信息安全发展研究中心工程师，研究方向为产业经济。

一 工业大数据的概念

工信部下发的《智能制造综合标准化体系建设指南》提到，工业大数据是工业领域在完成相关信息化所产生的大量数据的基础上，经过深入分析和挖掘，以制造企业提供看待价值网络的全新视角，从而为制造业创造更大价值。工业大数据是大数据与互联网及工业产业相结合的产物，工业产业的各个环节运用大数据技术，使工业系统具备描述、诊断、预测、决策、控制等智能化功能的模式和结果。从企业的角度看，工业大数据是在一个企业的设计、创新、生产、经营和管理决策过程产生、使用和转型升级过程需要的信息之和。工业大数据按照来源可分为机器设备数据、信息管理系统数据和外部数据（见表1）。

表1 工业大数据分类

分 类	数据定义	数据范围
机器设备数据	工业生产线设备、机器、产品等方面的数据	多由传感器、设备仪器仪表进行采集产生
信息管理系统数据	传统工业自动化控制与信息化系统中产生的数据	ERP、MES 等
外部数据	来源于工厂外部的数据	来自互联网的市场、环境、客户、供应链等外部环境的数据

资料来源：中国信息通信研究院。

随着工业制造的智能化及信息技术的不断发展，工业化和信息化深度融合，工业企业获得的数据资源猛增，工业大数据所涵盖的范围越来越广，比传统的工业大数据在范围、数据量及应用等方面都有扩展和延伸。工业大数据与互联网大数据有较多相似的地方，数据量和数据范围都很大，但在具体应用及分析方面差异较大，工业大数据与行业的关联性极强，在大数据分析层面要重点关注数据的属性，不仅需要准确，更要有清楚的逻辑关系，这也要求企业对业务有深入的了解和认识，对设备和技术的要求很高。

表2 传统工业大数据、工业大数据和互联网大数据对比

类 别	传统工业大数据	工业大数据	互联网大数据
采集范围	小(参数较少)	大(参数较多)	大(参数较多)
采集频率	低(小时或天)	高(ms)	中(s)
数据量	小	大	大
数据格式	结构化	大多是结构化数据,小部分是非结构化数据	大多是非结构化数据,少量是结构化数据
多元关联	不关注数据属性	关注数据属性,强调特征之间的物联关联	只分析统计显著性
多元结果实时性	低	高	中
分析结果精度	高	高	低

资料来源:中国信息通信研究院。

工业大数据的发展是未来制造业和新一代信息技术融合发展下不可阻挡的趋势。传感器设备对工业大数据产业发展至关重要,近年来传感器技术大幅改进,成本较以前大幅下降,工业企业采集的数据更加广泛和精准。借助于工业大数据平台,打通了原本隔离的控制层工业自动化数据和IT层数据,数据得以高效整合。大数据技术与工业应用融合不断深入,不仅可以帮助企业解决实际问题,而且可以给企业的发展带来新的增长点。工业大数据在工业领域中的应用越来越广,对推动产业发展、推进经济结构转型都有着重要的意义。

二 工业大数据产业发展情况

信息化和工业化的融合不断推进工业大数据技术的发展,工业大数据在生产线的整个流程中都有应用需求(见图1)。目前,一些企业已经有工业大数据的具体实践应用。此外,在研发设计、供应链管理、市场营销等多个环节也需要工业大数据的支持(见表3)。

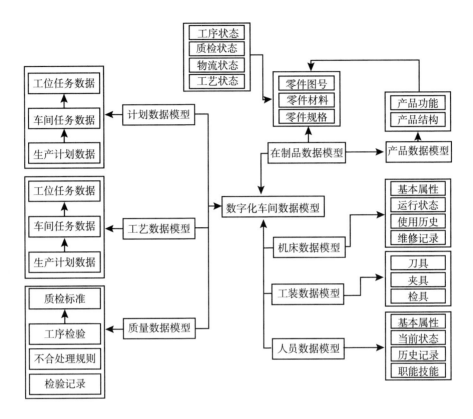

图1 工业大数据在生产线中的应用

表3 工业大数据在工业流程中的具体作用

工业流程	具体作用
研发设计	满足工程组织的设计协同要求,评估和改进当前操作工艺流程,提供更好的设计工具,缩短产品交付周期
生产制造	综合大量的机器、产线、运营等数据的高级分析实现制造过程优化
供应链	用于实现供应链资源的高效配置和精确匹配
市场营销	挖掘用户需求和市场趋势,找到机会产品,进行生产指导和后期市场营销分析

资料来源:笔者根据相关资料整理。

2015年5月国务院印发的《中国制造2025》指出,工业大数据作为战略任务,需大力推动该领域发展,突破工业大数据处理等高端工业软件核心技术，开发自主可控的高端工业平台软件和重点领域应用软件，建立完善工业软件集成标准与安全测评体系。2016年发布的《工业强基工程实施指南（2016～2020年）》中，在建设一批产业技术基础公共服务平台的专栏中指出，支持在工业园区（集聚区）建设工业大数据平台，实现对产品生产、流通、使用、运维及园区企业发展等情况的动态监测、预报预警，提高生产管理、服务和决策水平。

目前，我国工业大数据应用正处于发展孕育期，需不断引导企业需求，帮助企业形成对数据客观、科学的认识。作为新兴技术领域，工业大数据的产业格局尚处于集聚与形成阶段，但制造领域的领先企业正立足于已有优势，抓住技术升级和产业变革契机，在工业大数据发展初期通过优化重组优势要素将产业链各环节的单点优势扩大为产业生态的综合优势。

以互联网为基础的新一代信息技术正在深入推动制造业创新发展，我国工业逐渐向智能化、集成化、服务化和高效化迈进。作为实现智能制造的重要驱动力，工业大数据为企业制造与管理流程优化、服务和商业模式创新以及整个行业生态圈的快速聚合提供有效服务。国内企业需牢牢把握工业大数据发展的变革机遇，依托强大的市场内需和产业规模优势，借助创新要素的不断积累，整合竞争要素打造产业整体优势，建立贯穿于产业全生命周期的数据标准和安全防护管理技术体系，形成适用于智能制造新业态的标准和安全环境。

三　工业大数据发展趋势

新一代信息技术加速推进工业大数据产业的变革，在国家政策支持和各方面的努力下，我国工业大数据产业循序发展，应用不断深化，但仍需对工业大数据的应用思路、应用模式和应用方法提高认识。工业大数据作为新一代信息技术和产业发展的重要方向，对制造业研发设计、生产制造、经营管理、销售服务等全产业链具有重要影响，是实现智能制造的核心动力，为建设制造强国提供了难得的机遇。以"中国制造2025"实施为依托，企业更加注重整合、分析制造设备数据、产品数据、订单数据及生产过程中产生的数据，能够使生产控制更加及时准确，生产制造的协同度和柔性化水平显著增强，从而给制造业配备上"大脑"，使之能灵活应对各种业务场景，实现真正的智能。

　　未来国内制造业企业对工业大数据的需求将逐渐明显，应用的场景更加广泛（见表4）。对于工业大数据发展而言，需要结合产业具体应用特点和趋势，找到合适的应用方法和模式。工业大数据通过技术创新与发展，以及数据的全面感知、收集、分析、共享，为企业呈现看待制造业价值链的全新视角，同时也为企业带来巨大价值。企业通过工业大数据分析能使部门之间的数据更为协同，并由此对市场需求缺口进行精准预测，同时通过更为灵活的流程管理、更自动化的生产设备快速地装配调度，进行智能生产。工业大数据在制造业生产过程中起着越来越重要的作用，将为我国制造业转型升级开辟新的途径，未来将是我国工业在全球市场竞争中发挥优势的关键。

表4　工业大数据具体应用场景

应用场景	具体应用
产品创新	客户与工业企业之间的交互和交易行为将产生大量数据,挖掘和分析这些客户动态数据,能够帮助客户参与到产品的需求分析和产品设计等创新活动中,为产品创新作出贡献
故障诊断及预测	用于产品售后服务与产品改进,传感器、互联网技术的引入使得产品故障实时诊断变为现实,大数据应用、建模与仿真技术则使得预测动态性成为可能
工业物联网应用	现代化工业制造生产线安装有数以千计的小型传感器,用以探测温度、压力、热能、振动和噪声,利用这些数据可以实现很多形式的分析
供应链分析及优化	大数据分析已经是很多电子商务企业提升供应链竞争力的重要手段,通过大数据提前分析和预测各地商品需求量,从而提高配送和仓储的效能,保证次日货到的客户体验
产品销售预测与需求管理	大数据是一个很好的销售分析工具,通过历史数据的多维度组合,可看出区域性需求占比和变化、产品品类的市场受欢迎程度以及最常见的组合形式,以此来调整产品策略和铺货策略
生产计划与排程	生产环节的大数据可以给予更详细的数据信息,发现历史预测与实际的偏差概率,考虑产能约束、人员技能约束、物料可用约束、工装模具约束,通过智能的优化算法,制定排产计划

续表

应用场景	具体应用
质量管理与分析	高度自动化的设备在加工产品的同时,同步生成了庞大的检测结果。传统的制造业在产品研发、工艺设计、质量管理、生产运营等方面都迫切期待着有创新方法的诞生,以应对工业背景下的大数据挑战
工业污染及环保检测	在传统人工手动监测的基础上,使用先进技术,创新监测手段,推动开展环境质量连续自动监测和环境污染遥感监测,可以预测排污和预警、监控,提供关闭排污口的阀值

资料来源:数字化企业网。

参考文献

工业和信息化部:《"互联网+制造业"行动计划》,2015。

《工业大数据带来的创新与变革》,控制工程网,2016年3月14日。

钟海:《大数据在工业制造业的应用与研究》,《企业技术开发》2016年第13期。

王建民:《探索走出符合国情的工业大数据自主之路》,《中国设备工程》2015年第9期。

B.18
服务机器人将成为新蓝海

王邵军*

摘　要： 当前，服务机器人已成为全球消费和投资热点。《中国制造2025》等重大战略高度重视发展服务机器人产业。我国服务机器人产业处于发展初期，目前已经涌现出一批掌握关键技术、市场潜力可观的优势企业。未来，随着健康中国战略的实施推进、人口老龄化进程的加速等以及人们对高品质生活的追求，服务机器人将面临重要发展机遇。预计未来家庭服务机器人、教育服务机器人有望成为重点发展方向，医疗机器人等特种机器人的生产应用有望进一步加速。

关键词： 服务机器人　主流产品　中国制造2025

　　服务机器人是当今前沿高技术研究最活跃的领域之一。服务机器人是指除从事工业生产以外的半自主或全自主工作的机器人。根据国际机器人联盟（IFR）的分类，服务机器人可分为个人服务机器人和专业服务机器人两大类，根据应用领域的不同，服务机器人主要包括家庭服务机器人、养老/亲子机器人、教育娱乐机器人和残障辅助机器人等，专业服务领域的产品主要

＊　王邵军，国家工业信息安全发展研究中心工程师，研究方向为智能制造、投融资。

包括医疗机器人、商用机器人、场地机器人、国防应用机器人和物流机器人等①。

一 服务机器人产业规模快速发展壮大

当前，随着物联网、大数据等信息技术的不断完善，并与自动控制等技术加速融合，服务机器人产业快速兴起。根据《全球机器人报告 2016》统计，2015 年，专业服务机器人总销量 4.1 万台，同比增长 25%，销售额同比增长 14%，达到 46 亿美元；个人/家庭服务机器人总销量 540 万台，同比增长 16%，销售额增长 4%，达到 22 亿美元。预计 2016～2019 年，专业服务机器人将新增 33.32 万台，预计销售额达到 231 亿美元；个人/家庭服务机器人的总销量将高达 4200 万台。

从服务领域看，物流行业新增的专业服务机器人较多，2015 年为 1.9 万台，占总销量的 46.34%，同比增长 50%。安防领域专业服务机器人新增 1.1 万台，占总销量的 27%（见图 1）。个人/家庭服务机器人方面，家务机器人销量占比较大，预计 2016～2019 年将大幅增加（见图 2）。

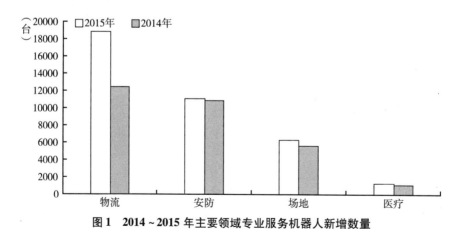

图 1 2014～2015 年主要领域专业服务机器人新增数量

---

① 此外，也有文献分为工业机器人、服务机器人和特种机器人三大类，为表述统一，本文采用 IFR 分类标准。

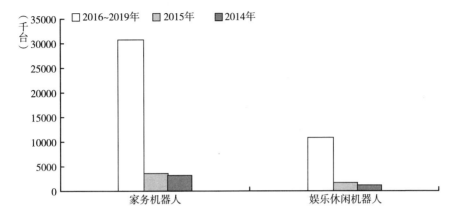

图2　个人/家庭服务机器人新增数量及预测

二　国内服务机器人领军企业不断涌现

与日本、美国等机器人强国相比，我国在服务机器人领域的研发起步较晚，与发达国家差距还比较大。但是，由于服务机器人的研发生产需要因地制宜，根据不同市场需求进行开发，从这一角度看，国内企业更容易贴合国内消费者需求，可以充分发挥熟悉国内市场需求的优势研发针对性产品、提供专业化服务。目前，我国服务机器人领域已经涌现出一批具有代表性的企业和品牌。

（一）科沃斯家庭服务机器人

科沃斯机器人是国内最早的家用机器人研发与生产商之一，其主要产品包括扫地机器人、擦窗机器人、管家机器人等家用机器人产品线。据科沃斯公司披露，自2010年首次参与"双11"活动至今，科沃斯已连续6年排名家用机器人行业"双11"全网销售额第一。从2013年"双11"的6200万元全网销售额提升到2016年"双11"的4.11亿元全网销售额，4年内实现逾500％的跨越。

（二）新松智能服务机器人

新松机器人是机器人行业的领军企业之一，在工业机器人、服务机器人领域具有强劲优势。在服务机器人领域，新松研发生产了迎宾展示机器人、送餐智能机器人、讲解引领机器人等产品。新松将创新技术融入机器人产品中，研发了基于多信息技术平台打造的多机器人调度系统、远程控制系统，进一步优化产品性能、丰富用户消费体验。

（三）中信重工专业服务机器人（特种机器人）

中信重工是国内最大的特种机器人研发制造基地，拥有履带式机器人、巡检机器人、水下机器人等产品，产品广泛应用于消防、市政排水管网巡查、高电压等级变电站、井工煤矿等多种高危和特殊环境，取得发明专利 4 项、实用新型专利 17 项、外观专利 4 项，市场占有率居于国内前列。

三　服务机器人未来发展潜力巨大

（一）政策层面高度重视

从政策层面看，我国高度重视培育发展机器人产业，着力将其打造为战略性新兴产业。近年来，《中国制造 2025》、战略性新兴产业发展规划等一系列战略政策均大力支持服务机器人发展，大力推动和引导服务机器人产业健康发展。

2012 年，科技部印发了《服务机器人科技发展"十二五"专项规划》，提出要重点布局服务于国家安全与装备、服务于国家民生科技、服务于未来引领科技的平台。引导科技研发方向的重点布局在重大前沿技术与原理创新、重大核心关键技术攻关、重大产业技术支撑等方面。

2015 年，国务院印发《中国制造 2025》，提出要围绕汽车、机械、电子、危险品制造、国防军工、化工、轻工等工业机器人、特种机器人，以及医疗健康、家庭服务、教育娱乐等服务机器人应用需求，积极研发新产品，促进机器人标准化、模块化发展，扩大市场应用。

2016年，国务院印发《"十三五"国家战略性新兴产业发展规划》，提出要推动专业服务机器人和家用服务机器人应用，培育新型高端服务产业。工业和信息化部、国家发展改革委、财政部联合印发的《机器人产业发展规划（2016～2020年)》提出，到2020年，服务机器人年销售收入超过300亿元，在助老助残、医疗康复等领域实现小批量生产及应用。

（二）未来市场需求潜力巨大

我国已连续三年成为全球第一大工业机器人市场，同时，民生领域对服务机器人的需求也显著提升。目前，医疗、家务、教育等领域的服务机器人研发与推广应用有望实现突破。

1. 医疗机器人

医疗机器人主要包括手术机器人、康复机器人、仿生假肢、行为辅助机器人等。目前，我国医疗专家资源仍相对稀缺，远程医疗等新业态、新模式正在快速兴起，为医疗机器人发展提供了重要机遇。特别是，"健康中国2030"战略提出，要发展健康服务新业态，积极促进健康与养老、旅游、互联网、健身休闲、食品融合，探索推进可穿戴设备、智能健康电子产品和健康医疗移动应用服务等发展。

2. 家庭服务机器人

随着人口老龄化进程的加快以及消费者对高品质生活的追求，家庭服务机器人的需求有望显著提升。IFR的统计数据显示，2015年全球家务机器人销售额达到12亿美元，同比增长1%。预计2016～2019年，销售额可以累计达到132亿美元。2015年全球家务机器人销量达到370万台，比2014年增长了11%。预计2016～2019年，家务机器人的销量将会出现爆发式增长，累计销量达到3100万台。

3. 教育服务机器人

《2016全球教育机器人发展白皮书——摘要版》指出，预计到2021年，

教育服务机器人与机器人套件市场规模将超过 111 亿美元。其中，教育服务机器人的服务与内容营收约占整个市场的 77%[①]。随着国内放开二孩政策的推进，以及消费者对教育的日益重视，教育服务机器人的潜在市场有望进一步扩大。

参考文献

北京师范大学智慧学习研究院：《2016 全球教育机器人发展白皮书——摘要版》，2016 年 9 月。

科技部：《服务机器人科技发展"十二五"专项规划》，2012 年 4 月 1 日。

国务院：《中国制造 2025》，2015 年 5 月 8 日。

工业和信息化部、国家发展改革委、财政部：《机器人产业发展规划（2016～2020年)》，2016 年 3 月 21 日。

国务院：《"十三五"国家战略性新兴产业发展规划》，2016 年 11 月 29 日。

[①] 北京师范大学智慧学习研究院：《2016 全球教育机器人发展白皮书——摘要版》，2016 年 9 月。

B.19
新型生物医用材料初具规模

余新创 *

摘　要：　新型生物医用材料是新材料重点领域，主要用于组织、器官的治疗、修复和替换。目前，我国新型生物医用材料产业已初具规模，呈现快速发展的趋势，但是我国新型生物医用材料在高端领域与发达国家相比还存在很大的差距。未来，纳米生物医用材料、组织工程生物医用材料、3D 打印生物医用材料是新型生物医用材料发展的重点领域。

关键词：　生物医用材料　新材料　纳米生物

一　新型生物医用材料受到高度关注

21 世纪是追求健康的时代，在健康需求的推动下，以医疗产业为代表的健康产业迅速发展壮大。在医疗产业中，生物医用材料因其独特的属性，逐渐发展为医疗器械的核心产品之一。如今，随着生物医用材料在医疗器械中的重要性越来越突出，作为新材料产业关注的重点领域之一，生物医用材料成为重要的战略性新兴产业，引起了各方的广泛关注。

我国高度重视发展生物医用材料产业，将发展生物医用材料纳入《新材料产业"十二五"发展规划》《生物产业发展规划》等国家发展规划及战略，并推行生物医用材料专项工程，重点给予生物医用材料政策支持。"十三五"

---

* 余新创，国家工业信息安全发展研究中心工程师，研究方向为产业经济。

期间，生物医用材料作为重要的新兴领域，被纳入《战略性新兴产业重点产品和服务指导目录》（2016 版征求意见稿），并有望入选《新材料产业"十三五"发展规划》《生物产业"十三五"规划》，继续得到国家层面的大力支持。

二　新型生物医用材料产业发展现状

（一）生物医用材料概况

生物医用材料是一种可用于诊断、治疗、修复生物体，能够对生物体病损组织、器官进行替换或增进其功能的材料。生物医用材料拥有悠久的历史，至少可以追溯到公元前 3500 年。[①] 如今，随着科学技术的进步，生物医用材料已经拥有相对完整的产品体系，在形态、功能、制作等方面与早期相比有了质的蜕变。

生物医用材料类别繁多，可根据不同标准对其进行分类。按使用用途划分，生物医用材料可分为骨骼—肌肉系统修复材料、软组织材料、心血管系统材料、医用膜材料等。按材料的组成划分，生物医用材料可分为生物医用金属材料、生物陶瓷、生物医用高分子材料、生物医用复合材料、生物衍生材料等。

（二）生物医用材料产业概况

1. 现代生物医用材料产业已初具规模

经过多年的发展，我国在生物医用材料的研制和生产方面已取得长足进步，目前已投产的生物医用材料制品达 400 多种，产业规模达千亿级别，生物医用材料产业的年增长率超过 20%，在医疗器械市场的占比达 40% ~ 50%，[②]

[①] 《生物医用材料》，http：//baike. baidu. com/link? url = Q - 0oaeX39_ DrufuvZzTfrgoHOoZSl1rm 7S6kcwTM6U_ dxAQW9ZyKxEuiR6 - noiaKMeEmeVhHgwrDkw6 - BrJPjru84D74Cm74-vz2TOS-ZU3jh_ Hly-O9Qal9s5hgqtksJltRu9wmSn8WwJoX8V63fK。

[②] 《生物医用材料现状和发展趋势》，http：//www. bioon. com/bioindustry/biomaterial/591286. shtml。另一说法为不到 17%，详见《生物医用材料发展现状分析》，http：//news. qqxcl. com/n - 861. html。

基础研究领域的一些成果达到了国际先进水平。但是由于我国研究成果的转化能力有限，研发与应用之间脱节问题比较严重，大部分高端生物医用材料还停留在实验室阶段，难以转化成实实在在的产品。

2. 高端产品对国外依赖较大

在国际市场上，我国生产的生物医用材料主要集中在中低端领域，高端产品在品质和数量上与发达国家还存在很大的差距。目前，美国、欧盟、日本等是新材料产业最发达的国家和地区，强生、美敦力、贝朗医疗、巴德等跨国公司基本垄断了高端生物医用材料领域。我国生物医用材料因基础薄弱、企业能力不足、配套零部件和产品支撑有限等原因，短时间内难以形成较强的竞争力，与发达国家之间还存在很大的差距。

三 新型生物医用材料重点发展领域[①]

（一）纳米生物医用材料

纳米生物医用材料是一种利用先进纳米技术制备的特殊生物医用材料。纳米技术的应用不仅为制备生物医用材料提供了关键技术，更有助于提升生物医药材料的功能。目前，我国在组织修复材料、药物载体材料等领域的基础研究方面基本达到了国际一流水平，如利用纳米羟基磷灰石等材料对骨损伤进行修复等，但在药物载体材料等大部分领域我国还存在技术与临床需求脱节的现象，真正成功的产品较少。此外，纳米生物医用材料在纳米磁性材料、高效生物诊断材料、纳米介孔材料、再生医学材料、纳米抗菌材料等领域都具有比较好的发展前景。

（二）组织工程生物医用材料

组织工程是一个运用工程学和生命科学相关理论研究人体组织器官的治

[①] http://www.ocn.com.cn/2012/1337shengwuyiyongcailiao.shtml.

疗、修复和替代的生命医学领域。与生物医用材料组织替代原理不同，组织工程技术利用组细胞—材料复合物引导生成新的组织或器官，最终达到修复、创建的目的。组织工程的兴起有 20 多年的历史，随着组织工程技术与生物材料的相互交叉，如今组织工程已经成为生物医用材料重点应用领域。目前一些前沿的组织工程生物材料包括可诱导被损坏的组织或器官再生的材料（如组织工程支架材料）、生物活性物质（疫苗、蛋白、基因等）靶向控释载体和系统等。

（三）3D 打印生物医用材料

3D 打印是当前最受关注的制造技术，如今 3D 打印技术在生物医用材料领域的应用已成为一个重要的关注点。3D 打印可以为组织工程、载体支架和基质结构制造提供更加个性化、快速、精密、完善的制造方法，同时 3D 打印技术也能对材料的微观结构进行精确控制，在提升生物医用材料研制能力的同时，有利于提高产品的制作工艺和质量，满足不同医用患者的需求。目前，在生物医用材料领域，3D 打印技术可用于假体制造、细胞三维间接组装制造和直接制造。未来 3D 打印技术有望在组织器官代替品、医学模型快速制造、脸部修饰与美容等方面发挥更大的作用。

参考文献

奚廷斐：《我国生物医用材料现状和发展趋势》，《中国医疗器械信息》2013 年第 8 期。

李玉宝、魏杰：《纳米生物医用材料及其应用》，《中国医学科学院学报》2002 年第 2 期。

李惠钰：《医用材料的"纳米"情结》，《医药前沿》2013 年第 12 期。

黄浩艳、刘盛辉、郎美东：《组织工程生物材料研究进展》，《组织工程与重建外科杂志》2005 年第 3 期。

陈贤明、陆国英：《生物医用材料与 3D 打印技术的完美结合》，《中国医疗器械信息》2015 年第 8 期。

B.20
医学影像产业具有良好发展前景

方鹏飞 *

摘　要： 医学影像产业是医疗器械产业的重要分支。近年来，我国医学影像产业发展迅速，国内市场规模不断扩大。伴随着人口老龄化的加速和产业支持政策的密集出台，我国医学影像产业面临重大发展机遇，各方资本已纷纷加速在相关领域的布局。未来，在老龄化、消费需求升级、医疗技术进步、医改持续深化等因素的作用下，我国医学影像产业有望实现跨越式发展，逐步缩小同发达国家的差距，至 2030 年，个别产品达到国际先进水平。

关键词： 医学影像　医疗器械产业　医疗技术

一　医学影像产业概念及规模

医学影像是指以医疗或医学研究为目的，以非侵入方式获得人体内部组织影像的技术和处理过程。医学影像产业可以划分为五大领域：①医学影像成像设备，包括 X 光、CT、正子扫描、超声、核磁共振等医学成像仪器；②医学影像信息化，以影像归档和通信系统、远程影像诊断系统为主；③独立影像中心，指独立设置 X 光、CT、正子扫描、超声、核磁共振等医学成像仪器对人体进行检查，并结合病史、临床症状、体征及其他辅助检查、综合分析，出具影像诊断意见的医疗机构，不包括医疗机构内设的影像部门；

---

　* 方鹏飞，国家工业信息安全发展研究中心工程师，研究方向为生物产业。

④线上医学影像平台，主要指提供线上医学影像诊断服务的网站和 APP；⑤医学影像智能分析，主要指基于影像大数据和人工智能技术开发的影像智能诊断分析应用，旨在提升影像诊断效率和诊断精准度。

　　Research and Markets 2013 的统计数据显示，2013 年，全球医疗影像设备市场规模为 302 亿美元，预计 2020 年将达到 490 亿美元，2010～2020 年的复合增速为 7%。根据 *Research and Markets 2013* 的预测，2020 年中国医疗影像设备市场规模将达 58.8 亿美元，占全球市场份额的 12%。国金证券的研究报告显示，目前国内医学影像市场规模在 2000 亿元人民币左右，其中，省会城市医学影像中心的市场规模为 250 亿～300 亿元，县级市医学影像中心的市场规模略超 300 亿元。

二　医学影像产业发展面临重大机遇

（一）人口老龄化加速带动医疗需求提升

　　近年来，我国人口老龄化不断加速。截至 2014 年底，我国 60 岁以上老年人口达到 2.12 亿，占总人口的 15.5%，处于快速老龄化阶段。据测算，我国老年人口数量将于本世纪中叶达到峰值，届时，60 岁以上人口数量将达 4 亿，占总人口的比重超过 30%。老年人口数量激增将催生巨大的医疗需求，带动医学影像市场不断扩容。医疗需求的攀升会给现行医疗系统带来巨大压力，引发影像等待时间长、误诊漏诊率高、服务质量差等问题。供需失衡可以为以影像信息化、独立影像中心、远程诊疗等为主要内容的医学影像产业创造巨大的市场空间。

（二）医学影像产业发展迎来政策红利期

　　2013 年以来，国家相关部门连续出台了一系列支持医疗、健康产业发展的政策，医学影像产业各细分领域被多次提及，在上述政策的支持下，医学影像产业的发展前景令人期待。

表1　国家层面支持医学影像产业的政策

年份	部门	政策	涉及医学影像产业的内容	细分领域
2013	国家发改委	《高性能医学诊疗设备专项》	重点支持医学影像设备、治疗设备、体外诊断产品三大领域的15个产品	医学影像设备
2013	国务院	《关于促进健康产业发展的若干意见》	引导发展专业的医学检验中心和影像中心,以面向基层、偏远和欠发达地区的远程影像诊断,发展远程医疗	医学影像设备
2014	国家发改委	《"十三五"医疗器械发展规划》	重点支持数字化诊疗设备和高端医学影响产品	医学影像设备、影像智能诊断
2015	国务院	《中国制造2025》	重点发展影像、医用机器人等高性能诊疗设备、远程诊疗等移动医疗产品	医学影像设备
2015	国务院	《全国医疗卫生服务体系规划纲要(2015~2020)》	到2020年实现全员人口信息、电子健康档案和电子病历三大数据库基本覆盖全国人口并动态更新	影像信息化
2015	国务院	《关于积极推进"互联网+"行动的指导意见》	支持第三方机构建立医学影像等医疗信息共享服务平台,逐步建立跨医院的医疗数据共享交换标准体系	线上影像平台
2015	国务院	《关于推进分级诊疗制度建设的指导意见》	探索设置独立的区域医学影像检查机构,实现区域资源共享	独立影像中心
2015	国务院	《全国医疗卫生服务体系规划纲要(2015~2020年)》	加强大型医用设备配置规划和准入管理,严控公立医院超常装备,发展医学检验机构和影像机构,逐步建立大型设备共用、共享、共管机制,推动建立区域医学影像中心和"基层医疗机构检查、医院诊断"的服务模式,提高基层医学影像服务能力,推进发达地区开展集中检查检验和结果互认	医学影像设备、影像信息化、独立影像中心
2015	国务院	《关于促进社会办医加快发展若干政策措施》	严控公立医院超常配置大型医用设备,鼓励社会办医疗机构配置医用设备,鼓励公立医疗机构与社会办医机构合作,实现医学影像检查结果互认	医学影像设备、独立影像中心

续表

年份	部门	政策	涉及医学影像产业的内容	细分领域
2016	国家卫计委	《医学影像诊断中心基本标准和管理规范》	逐步推进医疗机构与医学影像诊断中心间检查结果互认。鼓励利用信息化手段促进医疗资源纵向流动，由医学影像诊断中心向基层医疗卫生机构提供远程影像诊断等服务	影像诊断中心、影像信息化
2016	工信部、国家发改委、科技部、商务部、国家卫计委、国家食药监局	《医药工业发展规划指南》	建设影像中心，将医学影像设备列为重点发展领域	医学影像设备、独立影像中心

三 资本加速布局国内医学影像产业

近年来，基于对中国医学影像市场发展前景的乐观估计，国内外资本纷纷加速了在国内相关领域的布局。

表2 近年来国内医学影像市场部分投融资情况

年份	公司	细分领域	事件
2011	泰康人寿	影像设备	投资奥泰医药A+轮
2014	康联药业	影像设备	投资微清医疗
2014	鱼跃科技	影像设备、影像信息化	收购上海医疗器械有限公司和华润万东
2015	禾佳股份	影像信息化	出资1840万元控股广州卫软
2015	荣科科技	影像信息化	出资1.28亿元人民币控股米健医疗
2015	小米	线上影像平台	投资医杰影像
2015	平安好医（平安租赁旗下）	独立影像中心	未来5年投入上百亿元在全国范围内建立100个独立影像中心
2016	阿里巴巴	影像信息化、远程影像诊断、独立影像中心	2.27亿元人民币投资华润万里云医疗

年份	公司	细分领域	事件
2016	GE 中国医疗	独立影响中心	拟与泰和诚、上海虹桥医学国际中心合资建立独立影像中心
2016	西门子医疗中国	独立影像中心	拟与美年大健康共同设立与运营一家独立医学影像诊断中心
2016	汇医慧影	影像信息化	完成数千万元 A 轮融资

四 我国医学影像产业发展前景预测

当前，传统医疗器械巨头占据全球医学影像90%以上的市场份额，西门子、通用电气、飞利浦在医学影像领域的优势较为明显，被业界称为"GPS"。具体到我国，跨国企业的市场份额超过75%，本土产品基本能够满足中低端需求，在高端市场仍与跨国企业存在较大差距。

未来，在人口老龄化加速、居民消费需求升级、新一代信息技术与传统医疗深度融合、医疗体系改革不断深化四大因素的共同作用下，医学影像市场将迎来爆发式增长，各方竞争势必更加激烈。以《"健康中国2030"规划纲要》《医药工业发展规划指南》等政策为依托，我国医学影像产业有望迎来跨越式发展。预计到2030年，国产医学影像设备能够在中端产品领域实现对跨国公司产品的进口替代。在高端领域，本土产品与跨国公司产品的差距将不断缩小，个别产品能够达到国际先进水平。以赶超"GPS"为目标，本土企业需要加大研发投入力度，狠抓质量品牌建设，同时，需要国家层面加大对医学影像产业的资金支持力度。

参考文献

国务院：《全国医疗卫生服务体系规划纲要（2015～2020年）》，2015。

工业和信息化部、国家发展和改革委员会、科学技术部、商务部、国家卫生和计划生育委员会、国家食品药品监督管理总局：《医药工业发展规划指南》，2016。

国家卫生和计划生育委员会：《医学影像诊断中心基本标准和管理规范》，2016。

《资本涌入第三方医学影像，行业尚未步入爆发期》，网易财经，2016 年 12 月 9 日。

Abstract

In 2016, emerging industries continued to maintain the advantage of the global industry growth pole with the growth rate of 7.5% or more. The competition of emerging industries among the developed countries turned from the scale of products and markets of traditional leading industries, into the technology breakthrough and development control power of some special segments. Countries all over the world chose and cultivated segments that met the basic conditions of domestic industry development and had leading effects on global industries. The United States focused on robots and artificial intelligence. Japan devoted to business model innovation and the research of bottleneck technology and leading products. Germany established the global mode and standard of digital industrial production based on the integrated system of Industrial 4.0. The UK made breakthroughs in the core technology of biotechnology and new materials. Korea adjusted the industry growth power and cultivated new growth points. As a whole, in 2016, the overall size of the global emerging industry grew steadily; the development of market segmentation differentiated; the innovation of technology focused on subdivided fields instead of the common technology; and the support strategic policies were more precise. Looking forward to 2017, products of the global emerging industries such as artificial intelligence will develop rapidly; the global production network tends to stabilize, the development of internal integration will greatly promote the extension of value chain of the emerging industries.

China is in the period of economic structure deeply adjusting, during which strategic emerging industries play a more important role in supporting economic development. In 2016, the development of China's strategic emerging industry has shown a rapidly growth of total scale and an accelerating progress of technology breakthrough. The growth rate of advantaged enterprises and industries increased. The industrial agglomeration of different region has formed prominent features.

The policies and measures of central and local governments carried out intensively. The situation of financing has improved. However, the R&D investment still need to be raised and financial support still need to be increased. Meanwhile, the development of the eight industry segments have shown different characteristics.

In 2016, the relevant policies of strategic emerging industries have shown some highlights. The new generation information technology industry adopted a different and orderly development pattern. Policies of the high-end equipment manufacturing industry focused on providing guidance, promoting integration development, bringing forth new financial support measures, encouraging social capital investment and implementing international cooperation. The supporting policy system of the new material industry has improved, especially the level of financial investment and land security increased. Financial and taxation policies of bioindustry have imported, and building industrial clusters and supporting innovation were taken as main purposes. Policies of the new energy industry focused on the consumption of renewable energy, the strengthening of equipment and core technology and the price of new energy electricity. Policies of new energy vehicles focused on charging infrastructure, government agencies, public service procurement, and R&D support. Policies of energy saving and environmental protection industry were comprehensive, and the policy instruments diversified increasingly.

In 2016, the key areas of strategic emerging industry entered a period of accelerated development. The Internet of Things industry made progress in the fields of the research of technical standards, the promotion of technical application, and the cultivation of the industry. The market share of domestic industrial robot has increased, and governments at all levels devoted to promote the development of the industrial robot industry. a result the product researching and application generalizing accelerated significantly. The scale of Graphene industry began to increase, and the industry chain started to construct. The annual growth rate of medical device industry was the highest among all the subsectors of the pharmaceutical industry. Automobile network entered the stage of practical operation, and the project of building innovative demonstration areas for intelligent vehicle and intelligent transportation network has also been carried out. The lithium-ion battery industry entered the stage of industrial chain integration. The installed capacity and energy production of wind power increased rapidly, and the falling of equipment utilization hours has been eased. In 2016, a series of hot points of emerging industries emerged in China, such as industrial big data, service robots, new medical material, and medical imaging. These products and technologies will usher the opportunity of rapid development during the 13th Five-Year Plan.

Contents

I General Reports

Abstract: In the first three quarters of 2016, emerging industries represented by energy-saving and environmental protection, high-end equipment manufacturing, biomedicine, new energy, new materials, information industry and modern logistics, have maintained its advantage as the global industrial growth pole for three consecutive years. The average growth rate of global emerging industries in the first three quarters of 2016 reached 7. 8% , which is increased by 0. 2 percentage point compared to the last whole year, and by 0. 6 percentage point compared to the same period of 2015. As for the development trends of emerging industries in major countries in 2016, the United States takes the leading position in robots and artificial intelligence; Japan shifts it development emphasis; Germany promotes the implementation of Industrial 4. 0 by constructing industrial integrated systems; the UK dominates the bioindustry and new material industry; South Korea adjusts its strategies and develops new growth momentum in segmented domains. In 2016, emerging industries have presented the following features. Firstly, the overall market scale is stabilized, with growth declining and market differentiated. Secondly, the developed countries led the technological innovation, which shifted from general-purpose technology to applied technology in segmented fields. Thirdly, the international competition undergoes great adjustment, and competitions for the global dominance in segmented fields arise. Lastly, national strategies are introduced intensively, providing more detailed guidance. In 2017, graphene and artificial products will be attached great priority; Global modular production network tends to be stable; integral development within industry will enable the industry to extent the value chain.

Keywords: Global; Emerging Industry; America; Japan; Germany

B. 2 Overview and Trends on China Emerging
Industries in 2016   *Li Bin* / 015

Abstract: In 2016 as the beginning of "13th Five-Year plan", the structure of China's economy continues to adjust in the "new normal" economy. Strategic emerging industry which has achieved rapid development under the support of series of policies, has become an important force to stabilize economic growth. In the first three quarters of 2016, the added value of China's strategic emerging industry grew by 10.8%, far higher than the growth rate of the above-scale industrial added value. The domestic invention patents have increased by nearly 50%. Consequently the nationalization degree of the core technology continues to increase. The dominant position of communications equipment and other industries has become more salient. In addition, regional industrial division has become more distinct. Last but not least, the market has been still facing financial difficulties, although the funding support from government increased. In 2017, the relevant policy system of strategic emerging industries will be gradually refined and implemented. Therefore, the important position of strategic emerging industries in the economic development will be further highlighted. For instance, big data, cloud computing and Internet of Things will enter the gold age for development, and intelligent manufacturing will promote the breakthrough of industrial robots. Besides, energy-saving and environmental protection industry will usher in an important period of development, and the market size of the digital creative industry will expand rapidly.

Keywords: China; Strategic Emerging Industry; Technical Progress; Policy Environment

II Policy Reports

B. 3 Policy Analysis in New Generation Information
Technology Industry   *Yang Peize* / 034

Abstract: The new generation information technology, as an important part of the strategic emerging industries, has great significance in promoting China's economic growth and structural adjustment, and in promoting China's new technology, new industries and new commercial forms. In recent years, governments at all levels have introduced a number of policies to support the development of the new generation information technology industry. This paper aims to classify and analyze the policies with respect to the 6 sub-industries of the new generation information technology industry, carried out during the 12th Five-Year Plan and the early 13th Five-Year Plan. Through the policy research with consideration to the industrial characteristic and development trends, the paper makes constructive suggestions and provide policy reference for the development of the industry in the 13th Five-Year Plan period.

Keywords: New Generation Information Technology; Industry Policy; Policy Highlights

B. 4   Policy Analysis in High-end Equipment

Manufacturing Industry   *Wang Shaojun* / 057

Abstract: High-end equipment manufacturing industry is the core of equipment manufacturing industry. China attaches great importance to the development of high-end equipment manufacturing industry. Since 2010, a series of policies have been issued on this industry, such as the 12th Five-Year Plan for National Strategic Emerging Industry, the 12th Five-Year Plan for High-end Equipment Manufacturing Industry and Made in China 2025. Especially, Made in China 2025 clearly deployed the innovation-driven projects for high-end equipment manufacturing industry towards to high-end development. The policy system about high-end equipment manufacturing industry shows that policies focus on guidance and reference, innovative financial support, participation of social capital and all-round international cooperation. In the period of the 13th Five-Year Plan, high-end equipment manufacturing industry will continue to grow with relatively high rate, but the trend of differentiated development will still exist among different industries. Accordingly, relevant policies should be closely related to the situation of industry operation, strengthen interaction of policies, deepen the reform of institutional mechanisms, and continue to create a good market environment.

Keywords: High-end Equipment Manufacturing Industry; Policy; Innovative

B. 5   Policy Analysis in New Materials Industry   *Yu Xinchuang* / 070

Abstract: Industrial policy is an important driving force to promote the development of industry. A policy system for the new material industry has been formed in our country. represented by the 12th Five-Year Plan for the New Material Industry as the core policy. The current policy system for new materials industry is more perfect, and focused. And the safeguard policy such as fiscal policy and land policy is more powerful. However, the new material industrial policy of our country lacks the corresponding statistical policy and regulatory policies, and further perfection needs to be done to prevent excessive incentive.

Keywords: New Material Industry; Industrial Policy; Policy Analysis

B. 6 Policy Analysis in Bio-industry　　　　　　　　*Fang Pengfei* / 080

Abstract: Bioindustry is an important branch of strategic emerging industries. Central and local governments have been continuously strengthening policy support to the biotechnology industry in recent years, and the industrial policy system has basically formed. Highlights of China's biotechnology industry policy include: abundance of fiscal and monetary policies, promotion of industrial cluster development, emphasis on innovation and public service platform construction. It is suggested to further improve the system of industrial policy; improve the legal dimension of the industrial policy; increase funding support for the biotechnology industry.

Keywords: Biotechnology Industry; Industrial Policy; Funding Policy

B. 7 Policy Analysis in New Energy Vehicle Industry

Zhang Lusheng / 092

Abstract: In China, the NEV (New Energy Vehicles) has been expanded are increasingly since the government promoted in 2009. The industry policies introduced intensively and improved constantly in recent years. Preliminary policy system has been formed gradually, which covered research, production, sales and recycling. The emphases and highlights of the NEV industry policies are the fiscal support, construction of charging infrastructures, government agencies and public services procurement, support for technology RD (Research & Development).

In the future governments still need to better defined their position, exert the government effect, improve the management mechanism, strengthen the Top-level design, and improve the environment of the enterprises' RD and the consumption, to ensure the NEV industry's sustainable and healthy development.

Keywords: New Energy Automobile; Industry Policy; Policy System

B. 8　Policy Analysis in New Energy Industry　　　　*Guo Wen* / 112

Abstract: At present, China's total installed capacity of photovoltaic, wind power industry reached the world's first. Such rapid development could not be achieved without the support of China's policy. In 2006, China implemented the "Renewable Energy Law", highlighting the importance of the renewable energy in China's future sustainable development strategy. A series of supporting policies have been put forward to perfect the legislation. Based on the main policy progress of new energy industry, this paper analyzes the highlights of China's new energy industry policy, and puts forward the adjustment of industrial policy in the next step.

Keywords: New Energy; Photovoltaic; Wind Power; Biomass Energy; Industrial Policy

B. 9　Policy Analysis in Energy-saving and Environmental

　　　Protection Industry　　　　　　　　　*Song Xiaojing* / 128

Abstract: With the continous development of our economy, some environmental problems on resources and energy are becoming more and more pressing, and the ecological environment is worsening day by day. On this basis, the development of energy-saving and environmental protection industry is increasingly important. As one of China's strategic emerging industries, in recent years, energy-saving and environmental protection industry has been received a number of government policy support which has comprehensive policy coverage and increasingly diversified support instruments. This has rapidly promoted the development of energy-saving environmental protection industry. However, the present policy has existed many problems, such as Legal standards are not perfect, the management system is not smooth, fiscal and taxation policies are imperfect, etc. In the future, China should further consummate relevant policies, perfect the fiscal and taxation policies, widen the financing channels and make full use of the market mechanism to promote the sustainable development of energy-saving and environmental protection industry.

Keywords: Energy Saving and Environmental Protection; Industry Policy; Policy Tools

Ⅲ Industry Reports

B. 10 Development and Policy Suggestions in Internet
of Things Industry   *Yang Peize* / 148

Abstract: Internet of Things is one of the strategic emerging industries which has been the focus of national development in recent years. It is listed as the third wave of information industry after the computer, Internet and mobile communication network. Internet of things will be another trillion-level market after communication network. At present, the Internet of Things in the global are at the initial stage of development. Internet of things technology development and industrial applications have broad prospects and rare opportunities. After years of development, China has become one of the most active countries in the development of global Internet of Things industry. China laid a foundation In terms of technology research and development, standard development, industry cultivation and industrial application, etc. , With the chip, sensors and other hardware prices declining, communications networks, cloud computing and intelligent processing technology innovation and progress, Internet of Things ushered in a period of rapid development.

Keywords: Internet of Things Industry; Development; Development Countermeasure

B. 11　Development and Policy Suggestions in Industrial

　　　Robot Industry　　　　　　　　　　　　*Wang Shaojun* / 164

Abstract: In 2015, industrial robot sales hit a new record which increased by 15% to 253, 748 units. For three consecutive years, China has become the largest industrial robot market in the world. In recent years, market share of domestic brands has increased slightly. Governments at all levels actively design layout of industrial robot industry. Activities of R&D and application about industrial robot accelerate remarkably. International manufacturers focus on cutting-edge technology such as man-machine collaboration, while domestic enterprises focus on independent research and application. Industrial robot is still a hot spot for investment. However, research on core technology is still slow in China. The market share of high-end products is small, and the promotion of domestic brands need to be accelerated. In the future, Development Plan of Industrial Robot (2016-2020) would be deployed, in order to achieve technology breakthrough, application and policy guidance. Therefore, industrial robot industry can maintain sustainable and healthy development.

Keywords: Industrial Robot; Domestic Brands; R&D

B. 12　Development and Policy Suggestions in

　　　Graphene Industry　　　　　　　　　　　*Yu Xinchuang* / 180

Abstract: Currently, due to its unique properties, graphene received extensive attention from all walks of life, even known as "the king of new materials", which is widely applied in battery, display, luminous materials and chip ideal material, and its application area continues to expand. But the graphene industry in China is still in its infancy. How to realize graphene's mass production for the upstream enterprise becomes the key to the industry. Therefore, the government need to take effective measures to improve the ability of research, to create a good market environment to enhance development of the industry.

Keywords: Graphene Industry; R&D; New Material

B. 13 Development and Policy Suggestions in Medical
Device Industry   *Fang Pengfei* / 196

Abstract: As an important branch of pharmaceutical industry, Chinese medical device industry has developed rapidly. With domestic market scale exceeding 300 billion RMB, China has become an important medical equipment producer, exporter and consumer all over the world. The industrial cluster districts including the Beijing-Tianjin-Hebei Region, the Yangtze River Delta and the Zhujiang River Delta have taken shape; enterprise mergers, acquisitions and cooperation have been extremely active; international communication has been further strengthened. A range of problems, however, remain in further industrial development, such as low industrial concentration, weak competition ability, weak R&D capability, outdated administrative mindset, and low transformation rate of technological results. It is suggested to enhance top-level design for industrial development; promote enterprise development in multiple dimensions; and to improve the medical device approval system.

Keywords: Medical Device; Technology Improvement; Pharmaceutical Industry

B. 14 Development and Policy Suggestions in Intelligent
Connected Vehicle Industry   *Song Xiaojing* / 212

Abstract: With the rapid development of information and communication technology, intelligent Connected Vehicle industry has become an inevitable trend. In recent years, intelligent Connected Vehicle has entered into the rapid development stage. Many countries and regions in the world have set the development strategy of intelligent Connected Vehicle. The United States, Germany and Sweden hold a leading position in the development Of the vehicle. China's government also introduced a number of policies to boost the development of intelligent Connected Vehicle. China already has the initial basis for automotive networking. However, compared with foreign countries, China still has some shortcomings in core technology. In the future, we should promote the improvement of intelligent Connected Vehicle from the aspect of policy, innovation, standards and data.

Keywords: Intelligent Connected Vehicle; Industrial Scale; Industrial Distribution; Core Technology

B. 15　Development and Policy Suggestions in Lithium Ion

　　　Battery Industry　　　　　　　　　　　　　*Liu Dan* / 230

Abstract: With the vigorous rise of new energy automotive industry, the lithium-ion battery industry has further accelerated the pace of development in 2016. In terms of industrial scale, the output value of lithium batteries in the world will reach 208. 8 billion US dollars in 2016, surpassing 200 billion US dollars for the first time, 33% higher than that of 2015 and maintaining an average annual growth rate of 25% for 6 consecutive years. At the same time, China's lithium battery output will reach 103. 2 billion yuan, lithium battery power to become the most important growth pole with respect to the industrial layout, China, Japan and South Korea is the world's three major lithium battery production base, for the currently three countries accounting for 95% of the global market share. The domestic power battery business distribution is not concentrated. East China is more concentrated in industrial distribution, reaching 53%, while South China, North China and central China distribution is more balanced. With regard to the business dynamics, the global lithium-ion battery industry mergers and acquisitions surge in the industry, and the increasingly fierce international competition enables multinational companies to take more cooperative initiatives to ensure the stability of the international industrial status. For the industrial technology progress, the international lithium-ion battery industry achieved technological breakthroughs on laboratory conceptual and technological level, focusing on super-capacitor technology and micro-battery technology. China's lithium-ion battery industry still have problems in technology, management, systems, standards and other aspects, China should improve industrial concentration, and offer guidance to rational industrial distribution, perfect the industry regulatory system and focus on production safety, in order to promote Li-ion battery industry's development.

Keywords: Lithium-ion Battery; Industrial Dynamic; Technological Progress

B. 16 Development and Policy Suggestions in Wind Energy Industry *Guo Wen / 244*

Abstract: The global wind power industry continues to maintain rapid development momentum between 2015 and 2016. Affected by the rapid development of China's wind power industry, the 2015 annual new installed capacity of Asia ranked first in the world, with Europe in the top second, and North America in the top third. The international wind power giant launched a series of mergers and acquisitions in 2016. In 2015 China's new installed capacity of wind power hit a new record, The northwest region is still the area with the largest installed capacity. China's wind power industry in technology research and development has a new breakthrough in 2016.

Keywords: Wind Power Generation; Regional Distribution; Industrial Scale; Technical Progress

Ⅳ   Hot Issues Reports

Abstract: In the context of the deep integration of information technology and industrialization, industrial enterprises in the industrial chain, produced a large amount of data. Along with the cost of equipment industrial automation systems and industrial networking and other technological advances and industrial sensors to reduce, industrial data will give the development of industrial enterprises unprecedented innovation and change. At present, China's industrial application of large-scale data is in the incubation period, in need of increasing support for the development of large industrial data industry. Industrial data will pave the way for China's manufacturing industry to upgrade and will be the key for China to exploit its advantages in global competition in the future.

Keywords: Industrial Big Data; Industrial Enterprises; Mannufacturing Industry

Abstract: The service robot has become the hot point of consumption and investment in the world. Made in China 2025 and other strategic plans attach great importance to the development of this industry. The service robot industry in China is still sitting in the primary development stage. There are many enterprises with core technology and sizable market share in domestic market. In the future, due to the implementation of Healthy China 2030, aggravating trend of aging population, as well as need of high quality of life, service robot will face important opportunity. Household robot and educational robot will become main products of development. Also, the production and application of specialized robots such as medical robot will accelerate.

Keywords: Service Robot; Main Products; Made in China 2025

B. 19 New Biomedical Material Industry Begins to Take Shape
Yu Xinchuang / 275

Abstract: New type of biomedical material is a key areas in new material, which is mainly used for the treatment, repair and replacement of tissues, and organs. At present, the new type of biomedical material industry has begun to take shape, and presented a rapid development trend, but compared with developed countries t in the field of high-end there is a big gap. In the future, nano biomedical materials, tissue engineering, biomaterials 3d printing will be the key fields of the development of new biomedical materials.

Keywords: Biomedical Material; New Material; Nano Biomedical Material

B. 20 Medical Image Industry Possesses Bright Development Prospects
Fang Pengfei / 279

Abstract: Medical imaging is an important branch of medical device industry. With the aggravation of aging trend and intensive issuing of supporting policies, medical imaging industry here in China is facing great development opportunities and capitals from all walks of life have accelerated their layout in relevant fields. In the future, under the influence of such factors as population aging, consumer demand upgrading, advancement of medical technology and continuous deepening of health care reform, it is expected that medical imaging industry in our country can achieve great-leap-forward development, and gradually narrow its gap with the developed countries and individual products can reach the international advanced level.

Keywords: Medical Imaging; Medical Device Industry; Medical Technology

❖ 皮书起源 ❖

"皮书"起源于十七、十八世纪的英国，主要指官方或社会组织正式发表的重要文件或报告，多以"白皮书"命名。在中国，"皮书"这一概念被社会广泛接受，并被成功运作、发展成为一种全新的出版形态，则源于中国社会科学院社会科学文献出版社。

❖ 皮书定义 ❖

皮书是对中国与世界发展状况和热点问题进行年度监测，以专业的角度、专家的视野和实证研究方法，针对某一领域或区域现状与发展态势展开分析和预测，具备原创性、实证性、专业性、连续性、前沿性、时效性等特点的公开出版物，由一系列权威研究报告组成。

❖ 皮书作者 ❖

皮书系列的作者以中国社会科学院、著名高校、地方社会科学院的研究人员为主，多为国内一流研究机构的权威专家学者，他们的看法和观点代表了学界对中国与世界的现实和未来最高水平的解读与分析。

❖ 皮书荣誉 ❖

皮书系列已成为社会科学文献出版社的著名图书品牌和中国社会科学院的知名学术品牌。2016 年，皮书系列正式列入"十三五"国家重点出版规划项目；2012~2016 年，重点皮书列入中国社会科学院承担的国家哲学社会科学创新工程项目；2017 年，55 种院外皮书使用"中国社会科学院创新工程学术出版项目"标识。

中国皮书网

发布皮书研创资讯，传播皮书精彩内容
引领皮书出版潮流，打造皮书服务平台

栏目设置

关于皮书：何谓皮书、皮书分类、皮书大事记、皮书荣誉、
　　　　　皮书出版第一人、皮书编辑部

最新资讯：通知公告、新闻动态、媒体聚焦、网站专题、视频直播、下载专区

皮书研创：皮书规范、皮书选题、皮书出版、皮书研究、研创团队

皮书评奖评价：指标体系、皮书评价、皮书评奖

互动专区：皮书说、皮书智库、皮书微博、数据库微博

所获荣誉

2008 年、2011 年，中国皮书网均在全国新闻出版业网站荣誉评选中获得"最具商业价值网站"称号；

2012 年，获得"出版业网站百强"称号。

网库合一

2014 年，中国皮书网与皮书数据库端口合一，实现资源共享。更多详情请登录www.pishu.cn。

权威报告·热点资讯·特色资源

皮书数据库
ANNUAL REPORT(YEARBOOK) DATABASE

当代中国与世界发展高端智库平台

所获荣誉

- 2016年，入选"国家'十三五'电子出版物出版规划骨干工程"
- 2015年，荣获"搜索中国正能量 点赞2015""创新中国科技创新奖"
- 2013年，荣获"中国出版政府奖·网络出版物奖"提名奖
- 连续多年荣获中国数字出版博览会"数字出版·优秀品牌"奖

成为会员

通过网址www.pishu.com.cn或使用手机扫描二维码进入皮书数据库网站，进行手机号码验证或邮箱验证即可成为皮书数据库会员（建议通过手机号码快速验证注册）。

会员福利

- 使用手机号码首次注册会员可直接获得100元体验金，不需充值即可购买和查看数据库内容（仅限使用手机号码快速注册）。
- 已注册用户购书后可免费获赠100元皮书数据库充值卡。刮开充值卡涂层获取充值密码，登录并进入"会员中心"—"在线充值"—"充值卡充值"，充值成功后即可购买和查看数据库内容。

数据库服务热线：400-008-6695
数据库服务QQ：2475522410
数据库服务邮箱：database@ssap.cn
图书销售热线：010-59367070/7028
图书服务QQ：1265056568
图书服务邮箱：duzhe@ssap.cn

S 子库介绍
ub-Database Introduction

中国经济发展数据库

涵盖宏观经济、农业经济、工业经济、产业经济、财政金融、交通旅游、商业贸易、劳动经济、企业经济、房地产经济、城市经济、区域经济等领域，为用户实时了解经济运行态势、把握经济发展规律、洞察经济形势、做出经济决策提供参考和依据。

中国社会发展数据库

全面整合国内外有关中国社会发展的统计数据、深度分析报告、专家解读和热点资讯构建而成的专业学术数据库。涉及宗教、社会、人口、政治、外交、法律、文化、教育、体育、文学艺术、医药卫生、资源环境等多个领域。

中国行业发展数据库

以中国国民经济行业分类为依据，跟踪分析国民经济各行业市场运行状况和政策导向，提供行业发展最前沿的资讯，为用户投资、从业及各种经济决策提供理论基础和实践指导。内容涵盖农业，能源与矿产业，交通运输业，制造业，金融业，房地产业，租赁和商务服务业，科学研究，环境和公共设施管理，居民服务业，教育，卫生和社会保障，文化、体育和娱乐业等100余个行业。

中国区域发展数据库

对特定区域内的经济、社会、文化、法治、资源环境等领域的现状与发展情况进行分析和预测。涵盖中部、西部、东北、西北等地区，长三角、珠三角、黄三角、京津冀、环渤海、合肥经济圈、长株潭城市群、关中—天水经济区、海峡经济区等区域经济体和城市圈，北京、上海、浙江、河南、陕西等34个省份及中国台湾地区。

中国文化传媒数据库

包括文化事业、文化产业、宗教、群众文化、图书馆事业、博物馆事业、档案事业、语言文字、文学、历史地理、新闻传播、广播电视、出版事业、艺术、电影、娱乐等多个子库。

世界经济与国际关系数据库

以皮书系列中涉及世界经济与国际关系的研究成果为基础，全面整合国内外有关世界经济与国际关系的统计数据、深度分析报告、专家解读和热点资讯构建而成的专业学术数据。包括世界经济、国际政治、世界文化与科技、全球性问题、国际组织与国际法、区域研究等多个子库。

法 律 声 明